北京市经济、社会、人口特征与教育供给结构研究

姚翠友　石夫磊　付东普　著

当代中国出版社
Contemporary China Publishing House

图书在版编目（CIP）数据

北京市经济、社会、人口特征与教育供给结构研究 / 姚翠友，石夫磊，付东普著．-- 北京：当代中国出版社，2025．7．-- ISBN 978－7－5154－1562－8

Ⅰ．G649．281

中国国家版本馆 CIP 数据核字第 2025GK9907 号

出 版 人　蔡继辉
责任编辑　徐　芳
责任校对　贾云华　康　莹
印刷监制　刘艳平
封面设计　鲁　娟
出版发行　当代中国出版社
地　　址　北京市地安门西大街旌勇里 8 号
网　　址　http：//www．ddzg．net
邮政编码　100009
编 辑 部　（010）66572744
市 场 部　（010）66572281　66572157
印　　刷　中国电影出版社印刷厂
开　　本　710 毫米×1000 毫米　1/16
印　　张　17 印张　1 插页　218 千字
版　　次　2025 年 7 月第 1 版
印　　次　2025 年 7 月第 1 次印刷
定　　价　88．00 元

北京市教育科学规划项目（BGEA22003）

序　言

北京作为国际化大都市与中国的政治文化中心，需秉持首善标准，瞄准国际一流，加速打造为国际一流的世界级城市，为国家高质量发展与强国建设提供坚实的战略支撑。为实现显著增强首都“四个中心”功能，大幅提升“四个服务”水平，把握发展新阶段新形势新要求，推动“十四五”时期经济社会发展的战略目标，首都高等教育结构调整正面临新的挑战。高等教育供给结构与高校人才培养模式、学科布局、规模发展及高校特色等方面密切相关，合理的高等教育供给结构是推进首都经济社会发展的关键，也是适应人口结构变化的必然要求。

本书对北京市经济社会、人口特征以及北京市教育供给结构进行了分析，在对北京市科技发展水平现状分析的基础上，对北京市科技人才需求的影响因素进行了分析，并预测了北京市未来科技人才需求，深度剖析了北京市人口、高等教育供给与经济社会发展耦合协调程度，将北京的发展状况与上海、天津、重庆三个其他直辖市以及全国的发展状况进行了对比分析，基于系统动力学模型，构建不同的发展情景，对北京市的未来提升路径进行了分析。

北京市“十四五”规划中指出要大力构建特色与活力兼备的现代化经济体系，打造更具活力的高精尖产业。高精尖产业的打造以及科技创新需要不同的人才，而高等教育作为人才市场的主要供给方，对于2030年北京市经济社会发展目标的实现至关重要。以北京市“十四五”规划经济社会发展目标为依托，分析为实现2030年经济社会发展目标所需要的各种层次人才。各高校、研究院等高等教育供给方作为各方面人才培养基地，肩负着为经济社会发展提供各方面人才的重任，结合北京市第七次人口普查数据，通过对北京高等教育供给结构与经济社会、人口发展关系的实证研究，为科学调整北京市高等教育供给结构、提高教育质量提供研究支撑，同时也为全国高等教育结构调整与优化提供参考。

本书中的数据均来自国家和北京市统计部门以及教育部门公开发表的各类年鉴，每一项统计指标所需数据取自同一年鉴，以便统一统计口径，减少数据误差，增强统计处理结果的可靠性。国内对比分析采用了上海、天津、重庆三个直辖市的数据，以便把握北京市高等教育供给结构以及科技人才发展态势，便于北京市教育部门把握其高等教育供给结构。

本书在撰写过程中，博士生王欣、余林以及硕士生叶臻、田一凡等在数据采集、资料整理等方面承担了大量的工作，在此对他们表示感谢。

目　录

绪　论

一、研究背景

“十四五”时期是北京落实首都城市战略定位、提高“四个服务”水平、率先探索构建新发展格局的关键时期。北京市“十四五”规划中指出要大力构建特色与活力兼备的现代化经济体系，打造更具活力的高精尖产业。北京作为国际化大都市与中国的政治文化中心，须秉持首善标准，瞄准国际一流城市水平，加速打造为国际一流的世界级城市，为国家高质量发展与强国建设提供坚实的战略支撑。

北京市的协调可持续发展是一个多维度、多要素相互交织的复杂系统，其核心在于经济社会、人口特征以及教育供给结构之间的动态平衡与协同进化。在“十四五”时期，面对新的战略目标与挑战，北京市的经济社会结构、人口发展趋势以及教育供给体系均需进行深刻调整与优化。特别是教育供给结构，作为连接未来社会需求与人才培养的桥梁，其优化深刻影响着学校人才培养模式、学科布局的战略性调整、教育规模的合理控制以及学校特色的鲜明塑造。科学合理的教育供给结构，不仅是推动首都经济社会持续繁荣与科技创新的关键要素，也是适应并引领人口结构变迁、满足未来社会多元化需求的必要条件。

为了实现2030年北京市的发展目标，关注如何让经济社会、人口特征以及教育供给结构实现协调发展至关重要。本研究通过深入剖析北京高等教育供给结构与经济社会、人口发展之间的内在联系，探索当前体系中存在的问题与挑战，并据此提出一系列具有前瞻性与可操作性的优化路径与政策建议。这一研究不仅对于促进北京“十四五”规划目标的实现具有直接的战略意义，更为北京乃至全国范围内实现教育、经济、人口三者的协调发展提供了宝贵的理论参考与实践指导，对于构建宜居宜业、和谐共生的现代化大都市具有深远的积极影响。

二、研究意义

（一）丰富经济社会、人口特征与教育供给结构协调发展的研究成果

学术界对经济社会、人口特征与教育供给结构三个系统的协调发展及科技人才预测的研究已趋于成熟。然而，将这三个子系统视为一个相互依存、互为因果的复杂系统，并深入探讨的研究尚显不足。鉴于北京作为全国政治、文化中心的特殊地位，对其经济社会、人口特征与教育供给结构三系统协同发展的实证研究，不仅能够填补现有研究空白，更能显著提升对区域乃至国家层面协调发展理论研究的深度与广度，丰富并深化协调发展理论的研究成果。

（二）为北京市协调发展政策制定提供科学依据与策略建议

通过对北京市科技人才需求的预测，探究经济社会、人口特征与教育供给结构协调发展关系，识别制约三系统协同发展的关键因素与瓶颈问题，并提出相应的优化路径和政策启示。在促进北京市经济社会、人口特征与教育供给结构的和谐共生与可持续发展的同时，也为全国其他地区在推进类似协调发展进程时提供可借鉴的范例与启示，助力构建更加高效、公平、包容的区域发展格局。

三、研究内容

本研究根据北京市公开的数据，分析北京市经济社会、人口特征以及教育供给结构现状。采用回归模型、GM（1，1）模型对北京市科技人才需求的总量进行预测；利用耦合协调度模型探究经济社会、人口特征以及教育供给结构的协调问题；建立系统动力学模型，对不同发展情景进行计算机仿真，为相关部门提高北京市经济社会、人口、教育耦合协调性提供政策建议支持。

（一）北京市经济社会、人口特征分析

本部分通过梳理2010—2022年北京市地区生产总值、规模以上工业总产值、地方财政一般公共预算内收入与支出、产业结构、社会劳动生产率5个指标，分析北京市经济特征现状；通过创新协调发展、绿色共享发展、减量提质发展、安全稳定发展4个方面，分析北京市社会特征现状；通过人口数量、性别比例、年龄分布、受教育程度、城乡结构、就业结构、空间分布以及迁入迁出8个指标，分析北京市人口特征现状。

（二）北京市教育供给结构分析

本部分利用政府公开数据等资料，对北京市现有的高等教育、基础教育和职业教育供给分别从规模、层次、科类、布局等方面进行分析，分层次研究北京市教育供给结构现状。

（三）北京市科技人才需求分析

本部分在分析北京市科技人才队伍现状的基础上，发现科技人才队伍建设现存的问题，运用灰色关联度构建科技人才总量指标体系，利用回归模型、GM（1，1）模型预测北京市科技人才的总量需求。

（四）北京市经济社会、人口特征与高等教育供给结构耦合协调度分析

以科学性为前提、可操作性为基础，用熵值法确定权重，构建人口—教育—经济社会发展指数评价体系。其中，人口特征子系统主要包括人口规模、人口结构等，如人口密度、人口自然增长率、性别比等；经济社会子系统主要包括经济总量、经济结构、收入水平，如三次产业的总产值及占比等；高等教育供给结构子系统主要包括规模结构、层次结构、学科结构，如高等教育高校数、专任教师数、在校生人数等。构建协调度评价模型，计算各项指标权重，划分协调发展等级，对三个子系统以及两两组合的两个子系统的耦合协调度进行评价分析，并用障碍度模型识别出影响耦合协调度的障碍因子，为路径提升分析提供科学依据和参考。

（五）动力学模型构建及路径提升分析

以上述构建的指标体系为基础，建立系统动力学模型，绘制各子系统的流率基本入树图，分析各变量之间的影响关系，确定模型中的相关参数，采用计算机仿真软件对模型进行仿真，检验模型有效性。在该动力学模型的基础上，设置不同情景进行仿真分析，讨论各种仿真结果，并给出北京市经济社会、人口特征、高等教育供给结构耦合协调度提升的政策建议。

四、研究目的

北京市“十四五”规划中指出要构建特色与活力兼备的现代化经济体系，打造更具活力的高精尖产业。高精尖产业的打造以及科技的创新需要不同的人才，而高等教育作为人才市场的主要供给方，对于实现2030年北京市经济社会的发展目标至关重要。本研究以北京市“十四五”规划中的经济社会发展目标为依托，通过对北京市经

济社会发展、人口结构以及高等教育供给结构进行定性分析和定量建模，精准识别现存问题及潜在瓶颈，并提出相应的优化路径和政策启示，旨在强化经济社会、人口与教育的协同发展，为北京市乃至全国范围内实现经济社会、人口、教育三位一体的和谐共生提供坚实的理论依据与实践范例，对构筑一个宜居宜业，且和谐共融的现代化大都市具有深远且积极的推动作用。

五、研究方法

（一）文献研究

通过国内外文献阅读，对相关研究文献进行回顾总结，了解最新的研究成果和研究方法，深入探析高等教育供给结构与区域经济、社会人口发展间的互动机理。

（二）统计分析法

在对公开数据进行收集的基础之上，应用统计方法对北京市经济社会人口现状、教育供给现状以及科技人才需求现状进行分析，并对北京市未来的科技人才需求进行预测。

（三）计量分析方法

完成各子系统指标体系的指标权重测算，构建综合评价模型、耦合度模型、耦合协调度模型以及障碍度模型，并进行测算，分析北京市经济社会、人口特征与教育供给结构的耦合协调关系。

（四）计算机仿真

通过分析关键影响因素，使用 Vensim 仿真软件建立系统动力学模型，并进行仿真实现，对政策实施效果进行分析。

第一章

研究动态

本研究通过对北京市未来科技人才需求的预测以及对北京市经济社会、人口特征及教育供给结构的协调发展进行深入分析，构建系统动力学模型，应用计算机仿真方法进行研究，最后给出提升路径及政策建议。本部分系统性地回顾了科技人才需求预测、多系统协调发展以及系统动力学在相关领域的应用，为后续研究奠定基础。

一、科技人才需求预测研究

20 世纪 50 年代，我国人才需求预测研究逐步萌芽，至 70 年代进入鼎盛时期。目前，人才需求预测研究已经广泛应用于地区发展规划与企事业单位人力资源战略之中，成为优化人才布局的关键工具。科技人才作为现代经济社会发展的核心驱动力，其对区域发展具有深远影响。我国面对人口老龄化加剧、人口红利衰减的现实挑战，预测并规划科技人才需求成为保障经济可持续发展的战略要务[1]。改革开放以来，伴随经济的高速增长与国家对科技创新的日益重视，各领域对科技人才的需求急剧攀升，人才需求预测成为指导人才战略实施的重要环节，更是推动科技创新体系完善与经济社会高质量发展的关键要素[2]，因此推动了人才需求预测研究的快速发展与创新。在北京“十四五”时期，建设国际科技创新中心被赋予了战略高度，而高水平科技人才的集聚则是实现这一目标的核心支撑[3]。尽管北京市人才资源丰富，但现存问题亦不容忽视：领军人才政策偏重，青年科技人才发展受限[4]；高端制造企业面临技术人才短缺困境[5]；新兴领域高技能人才匮乏，培养体系滞后[6]；国际组织人才培养尚处于初级阶段，缺乏系统性规划[7]。这些问题共同构成了北京市科技人才发展的瓶颈，亟须通过科学的预测与规划加以破解。

回顾国内外相关研究，人才需求预测方法经历了从单一到多元、从定性到定量再到两者相结合的演进过程。早期，国内学者易德生利用灰色预测理论开创性地进行了区域人才预测，为后续研究奠定了坚实基础[8]。随后，殷淑严等引入 BP 神经网络模型，实现了对人才总量及结构的定量分析，拓宽了研究视野，推动了预测方法的多元化发展[9]。沈钰和韩永强基于 BP 神经网络视角构建了技术技能人才需求预测模型[10]。近年来，组合预测模型成为研究热点，如池敏青采用相关性分析与逐步回归相结合的方法对人才需求量进行预测[11]。瞿群臻等采用灰色 GM（1，1）与时间序列的组合模型对“十四五”期间我国科技人才需求总量进行预测[12]。殷林森等基于逐步回归法和主成分分析法构建了多元线性回归模型，预测了“十四五”时期上海市金融人才需求总量，展现了较高的预测精度与实用性[13]。此外，非线性自回归模型（NAR）[14]、ARMA 模型[15]等方法的应用，也进一步丰富了科技人才需求预测的“工具箱”。

国外关于人才需求预测研究的深度与广度也在不断拓展。据美国斯坦福研究所的数据统计，目前人才需求预测的方法已多达 820 多种[16]。被广泛使用的数学模型分为三类，分别是时间序列法、相关分析法以及组合预测法。Lapedes 和 Farber 将神经网络模型引入了无序时间序列的预测领域，预示了人工智能技术在人才预测领域的广阔应用前景[17]。在区域与特定领域的应用探索上，Akinnuli 等人聚焦于高等教育领域，运用回归分析模型对尼日利亚大学管理层在未来几年的有效人力和学生人数进行了预测，有效缓解了人力资源配置的不均衡问题，为高等教育领域的人力资源战略规划提供了科学依据[18]。Bu 等人根据相关数据对南京市科技人才进行了详细的定量和结构分析，通过构建 GM（1，1）模型，实现了对未来五年科技人才需求量的预测，为区域经济发展与科技创新战略的实施奠定了坚实基础[19]。Paul 运用单变量一阶灰色模型对施工人力进行了预测，拓展了该理论在施工管理领域的适用范围[20]。Lori 等针对美国生命科学行业的劳动力需求进行了深入分析，并提出了保持全球市场竞争优势的策略建议[21]。近年来，全科医生作为医疗体系的重要组成部分，其需求预测也备受关注，Wu 等人利用灰色 GM（1，1）模型与人口比例法，结合 2012—2015 年中国各地区全科医生数量的统计数据，对 2016—2020 年的需求进行了综合预测，为医疗资源配置的优化提供了数据支撑[22]。Wang 等针对中国农业可持续发展的迫切需求，运用神经网络分析方法对人才供需进行预测，揭示了我国可持续农业人才面临的巨大需求缺口，为政策制定者与农业教育机构指明了未来努力的方向[23]。

综上所述，当前人才需求预测领域的研究不仅方法多样且日益精细化，通过跨学科理论与方法的融合创新，不断推动着预测准确性的提升与应用场景的拓展，为人力资源的有效配置与社会经济的可持续发展提供了强有力的智力支持。

二、多系统协调发展研究

随着当下高质量发展目标的提出，传统二元系统分析范式已难以全面阐释区域发展的复杂性，多系统耦合分析成为区域发展研究的新趋势。当前国内外关于多系统耦合协调发展的研究不在少数，但经济社会发展、人口特征与教育供给结构三系统间耦合协调关系的直接研究仍显匮乏。因此，本研究主要从教育供给与经济社会发展的耦合协调关系和人口特征与经济社会发展的耦合协调关系两方面对国内外文献进行归纳梳理。

（一）教育供给与经济社会发展的耦合协调关系

教育供给与区域经济社会发展一直是管理科学与教育经济学领域关注的核心议题。早期研究如 Breneman 揭示了通货膨胀对高等教育的负面影响[24]，而 Maddison 则强调了“二战”后高等教育对西方发达国家经济增长的显著贡献[25]。随后，Gemmell 进一步指出，高等教育发展水平与经济增长效果呈正相关[26]。进入 21 世纪，Postiglione 观察到经济冲击加速了高等教育改革[27]，Woessmann 则明确将高等教育视为经济增长的重要因素[28]。Gruber 等的研究表明，高等教育结构的调整对经济发展具有促进作用[29]。近期，Qi 等指出了加大对高等教育和高科技产业发展的投资，可能带来更高的经济增长[30]；而

Zhang 等则提出国家教育系统质量不仅是当前经济发展水平的指标，也是未来经济发展的预测器[31]。Li 等通过研究发现我国高等教育人才培养与社会需求存在脱节现象，强调了以社会需求为导向的教育改革必要性[32]。Chen 进一步拓展了这一讨论，提出高校人才培养应兼顾教学目标与社会、产业需求，后者作为教育改革的主要驱动力，直接决定人才培养的质量与水平[33]。Wu 指出构建高校创新创业教育人才培养体系，有利于为中国输送人才，促进经济转型和发展[34]。

随着全球经济格局的深刻变革与国内经济结构的持续优化升级，教育供给与经济社会发展的耦合协调关系成为学术界广泛关注的议题。国内学者邹阳等初步揭示了我国高等教育与经济发展保持协调增长的总体趋势，但指出整体水平仍有待提升[35]。随后，刘剑虹等学者以及孙虹等学者进一步细化了这一分析框架，深入探讨了高等教育在区域经济结构中的角色[36]及其层次结构如何受经济发展水平的影响[37]。这些研究为理解高等教育与经济发展之间的内在联系奠定了坚实基础。

近年来，随着经济发展进入新阶段，学者们更加关注教育结构调整与经济发展需求的匹配问题。林洪针对云南省的实际情况，揭示了当地高职教育结构难以适应区域经济发展的需求[38]。柯玲等指出城乡教育供需结构与城镇化间长期处于失调状态[39]。刘志林更是明确指出，我国高等教育层次结构已显现出滞后于经济发展的步伐，亟须调整以匹配新的经济格局[40]。马力等则基于经济增长的内生化视角，提出在经济增长的高级阶段，经济的发展依赖于高等教育结构调整[41]。祁占勇等则聚焦于高等教育层次结构的优化，主张通过提升人才培养质量与改善层次衔接，促进教育与经济的协调发展[42]。徐秋艳等采用耦合协调度模型，对全国范围内高等教育供给结构与产业结构升级的协调关系进行了量化分析[43]。孙敬霞等运用 GM（1，1）模型，进一步预测了河南省高等教育与区域创新耦合趋势，为区域创新发展策略提供了数据支持[44]。时浩楠采用多元统计法进一步揭示中国省域高等教育与数字经济耦合协调发展的地区差异，为政策制定提供科学依据[45]。

（二）人口特征与经济社会发展的耦合协调关系

早期国外学者率先涉足这一领域，深入剖析了人口特征与经济社会发展的内在联系。一方面，斯密（Adam Smith）的经典论断奠定了理论基础，他视人口增长为国家及区域经济繁荣的晴雨表，指出经济增长驱动人口扩张，而人口的增长反过来成为经济持续发展的强大引擎[46]。凯恩斯（John Maynard Keynes）在《货币论》中表达了对人口增长迟缓可能引致经济停滞的忧虑[47]。汉森（Alvin Harvey Hansen）继承并发展了凯恩斯理论，并在《经济进步与人口减少》中论述了人口与经济发展的问题，并认为人口减少会制约资本积累与经济进步[48]。西蒙（Julian Lincoin Simon）在《人口增长经济学》中提出了“人口推拉理论”，即人口数量增长与资源的利用并不会降低将来经济的发展运行速度[49]。另一方面，以马尔萨斯（Thomas Robert Malthus）为代表的人口悲观论者认为，过多的人口增长对经济发展有着负面效应，将导致贫穷与资源的匮乏。马尔萨斯在《人口论》中强调无限制的人口增长将超越物质资料的生产能力，导致贫困与资源枯竭，主张通过道德约束来控制生育[50]。这一观点在后续研究中得到发展，寇尔（Coale. A. J）和胡佛（E. M. Hoove）于1958年发表了《低收入国家的人口增长与经济发展》，其在著作中指出人口的迅速增长阻碍了发展中国家的经济与社会发展进程，由于人口的增长速度快于经济的发展速度，这些国家陷入贫穷状态。这些观点发展了马尔萨斯的人口悲观论，被称为“新马尔萨斯主义”。为寻求人口与经济发展的最佳平衡点，适度人口理论应运而生。坎南（Edwin Cannan）的《初等政治经济学》明确提出该适度人口思想，并将其定义为“最大收益点”[51]。桑德斯在《人口》中把适度人口与适宜人口密度作为评估人口是否过剩的关键指标[52]，进一步深化了这一理论框架。近年来，学者们将研究视角进一步细化至人口老龄化[53][54][55]、城镇化水平等具体层面，深入分析复杂人口特征与经济发展之间的协调关系，为政策制定者提供了更为科学、精准的决策依据，有效推动了人口与经济社会协调可持续发展的理论与实践创新。

国内学术界对人口因素与经济发展之间的相互作用进行了深入而系统的分析。王丰等人剖析了我国经济转型期人口因素的影响，并对未来人口变化对经济发展的可能影响进行了评估[56]。李建民分析了新常态下人口与经济关系结构及具体影响路径[57]。胡鞍钢等人基于省际面板数据，构建了人口增长和人口老龄化对经济影响的量化模型[58]。程婉静等人进一步聚焦人口老龄化问题，明确指出其通过抑制劳动力供给、削弱经济活力，倒逼着经济结构转型，强调了人口结构变化对宏观经济政策的深远影响[59]。李闻起等人的研究则跨越了单一维度，全面审视了人口的结构、规模、城镇化水平对经济发展质量产生影响，为制定人口与经济协调发展战略提供了理论依据[60]。贺丹等的最新研究则强调了合理调控人口规模与结构对于促进经济可持续发展的战略意义，指出优化人口布局是实现经济长期稳定增长的关键[61]。在区域层面，郑旭涵[62]、王德怀等[63]、王胜今等[64]、闫东升等[65]学者分析了所选研究区域人口与经济的协调关系，发现人口与经济之间存在非均衡发展现象及区域内部显著的发展差异，强调区域协调发展战略的重要性。廉晓梅等以东北地区为例，分析人口与经济增长的协调关系、空间集聚一致性，并深入研究生产要素在东北地区内部的流动趋势及其空间配置的协调规律[66]。梁阁聚焦于河南省县域尺度，对人口和经济的空间关系变化进行了深入研究[67]。梁文琼等人则创新性地结合重心模型与 GIS 技术，对海南岛人口与经济重心的演变轨迹进行了可视化分析，并深入探索了两者间的耦合机制与路径，为海岛型经济体的人口与经济协调发展策略提供了新思路[68]。

三、系统动力学应用研究

经济社会、人口与教育供给结构是一个庞大的、复杂的、开放的系统，经济因素、社会因素、人口因素、教育供给等因素相互作用，传统的计量经济学方法很难从系统的角度对一个城市的诸多因素之间的相互作用进行全面一致的分析[69]。系统动力学是理解复杂系统中各因素之间非线性关系动态变化的有力工具[70][71]。系统动力学能够以非线性方式模拟不同变量之间的相互作用，用于模拟城市绩效、预测不同仿真情景下的结果，为系统未来的发展寻找最佳方案，有助于决策者制定有效的城市可持续性政策[72]。系统动力学模型中的反馈回路可以清晰地显示和解释系统中各种因素之间的影响[70]。因此，它被认为是研究系统动态演化的一种有效方法，并被应用于城市发展系统[71][72]。由于该方法的系统性思维和可视化特征，它在许多研究领域得到了广泛应用。在国外，系统动力学在区域可持续发展领域的应用尤为广泛且深入[73][74]。此外，Forrester 通过构建纽约市经济增长与人口规模模型，揭示了经济增长与人口变化的互动关系，为城市可持续发展策略提供了理论支撑[75]。系统动力学还被用作政策分析的实验平台，通过模拟不同政策下的系统响应，为政策制定提供科学依据。例如，Saysel 等利用系统动力学仿真模型分析了东南安纳托利亚项目与水资源、土地利用、土地退化、农业污染和人口相关的潜在长期环境问题，强调了综合协调发展的重要性[76]。Satsangi 等运用系统动力学模型预测了印度未来城市的发展趋势，为城市规划与协调发展提供了策略建议[77]。此外，系统动力学也被广泛应用于社会、经济、生态、资源和政策评估系统[78][79]、全球环境可持续性[80]和生态建模[81]等方面。

国内对系统动力学的研究起步虽晚，但发展迅速。自 1997 年中国科学技术信息研究所首次建立中国可持续发展的系统动力学模型以来[82]，该方法逐步被应用于国家、城市群及省域尺度的研究中。谷国锋等人利用系统动力学模型预测了长春市的社会经济发展趋势，展现了其在区域发展规划中的实用性[83]。近年来，国内学者在系统动力学应用领域不断探索创新，如贺晟晨等通过构建苏州市经济环境仿真模型，比较了不同发展模式下的系统表现[84]；丁婕结合因子分析法，构建了北京市经济、环境、人口系统协调发展的评价体系与仿真模型[85]。这些研究不仅丰富了系统动力学的应用范畴，也为其他地区提供了可借鉴的经验。随着研究的深入，系统动力学被应用于更多特定区域与议题，如王奕淇等针对黄河流域生态环境与社会经济可持续发展的研究[86]，李可欣等关于东北三省水—能源—碳关联模式的探索[87]，均体现了系统动力学在解决复杂区域问题中的独特优势。

四、研究述评

通过对既有文献的系统性回顾发现，科技人才与经济社会、人口发展及教育供给之间存在复杂关联。当前，学术界在人才需求预测领域已探索出多样化的方法论体系，包括但不限于神经网络分析方法、GM（1，1）模型、ARMA 模型、多元线性回归模型、非线性自回归模型（NAR）、组合预测模型等。这些方法各有千秋，为精准预测提供了多元视角。本研究聚焦于北京市科技人才，特别是将其界定为直接参与研究与开发（R&D）活动的专业人员，旨在通过回归预测与 GM（1，1）模型的优势，为北京市科技人才战略规划提供坚实的数据支撑。

在多系统协调发展方面，国内外学者关于经济社会、人口和教育供给两两系统协调演变的研究已经有了较系统的理论基础。国外相关学者关于三个系统间相互作用的研究主要集中于两两系统之间的演变关系探究，研究的历史也相对国内更久远，形成了深厚的理论基础并建立了众多较为体系的计量模型与方法；而有关经济社会、人口和教育供给三系统间关系的研究成果相对较少。国内研究虽已认识到教育供给（尤其是高等教育）对区域经济社会发展的关键作用及其与人口结构变化的适应性需求，但多聚焦于两两系统关系，对三系统协同演进的探讨较为稀缺，且鲜有针对北京市这一特定区域的深入分析。鉴于北京市作为我国首都的重要地位，其经济社会、人口与教育供给的协调发展对于推动区域高质量发展具有不可估量的价值。因此，本研究通过构建三系统协调度评价模型，系统分析北京市经济社会、人口特征与高等教育供给之间的耦合协调状态，为区域可持续发展策略的制定提供理论支撑与实证依据。

在系统动力学应用层面，该领域的研究已在全球范围内达到高度成熟，模型应用范围广泛，成为政策分析不可或缺的实验场。通过模拟不同政策下的系统响应，为政策制定提供科学依据。鉴于此，本研究将系统动力学模型引入研究框架，深入分析各变量间的相互作用机制，并设置多样化的仿真情景，以全面探讨不同政策干预下北京市经济社会发展、人口特征与高等教育供给结构的耦合协调度变化趋势。最终，基于仿真结果的分析与讨论，本研究将提出一系列旨在提升北京市三系统协调度的政策建议，为区域高质量发展路径的规划与优化贡献智慧。

第二章

北京市经济社会、人口特征分析

地区经济社会的发展、人口特征与教育供给之间存在着错综复杂的互动关系。本研究旨在深入探究这三者之间的内在联系与相互影响，以期为相关部门优化教育供给结构提供科学、可靠的决策依据。因此，本章主要对北京市区域经济、人口变动和生活水平现状进行分析。

一、北京市区域经济现状分析

地区教育供给结构与其经济社会发展存在紧密的联系。本节通过分析地区生产总值、规模以上工业总产值、一般公共预算收支、产业结构及社会劳动生产率等关键经济指标，全面揭示北京市区域经济发展的现状特征。这些指标的考量不仅有助于理解教育供给与经济发展的相互关系，也为优化教育资源配置、促进经济社会协调发展提供了重要参考。

（一）地区生产总值分析

北京，作为中国的首都和一线城市，一直以来都是国家经济发展的重要引擎。2010—2022 年，北京市地区生产总值实现了显著的增长，这一增长不仅体现了北京经济实力的持续增强，也彰显了其在全国经济中的重要地位。北京市地区生产总值从 2010 年的 1.49 万亿元增长到 2022 年的 4.15 万亿元，年均增长率高达 8.9%，实现了惊人的飞跃。这一数字不仅在全国范围内处于领先地位，也充分展示了北京经济的活力和韧性。北京市 2010—2022 年地区生产总值变动情况如图 2－1 所示。

在 2010—2019 年，北京市地区生产总值呈现高速增长趋势。其中，2013 年地区生产总值跃升至 2.11 万亿元，并在 2018 年突破 3 万亿元。2019 年北京市生产总值达到了 3.54 万亿元，2020 年的增长幅度变小，但仍以 1.4% 的稳健速度增长。2021 年北京市地区生产总值达到 4.03 万亿元，较 2020 年上升了 12.04%。截至 2022 年，北京市地区生产总值继续稳步增长，达到 4.15 万亿元，较 2010 年提升了 1.8 倍。这一显著增长不仅反映了北京市强大的经济实力和广阔的市场规模，也预示着北京市未来的经济增长势头。

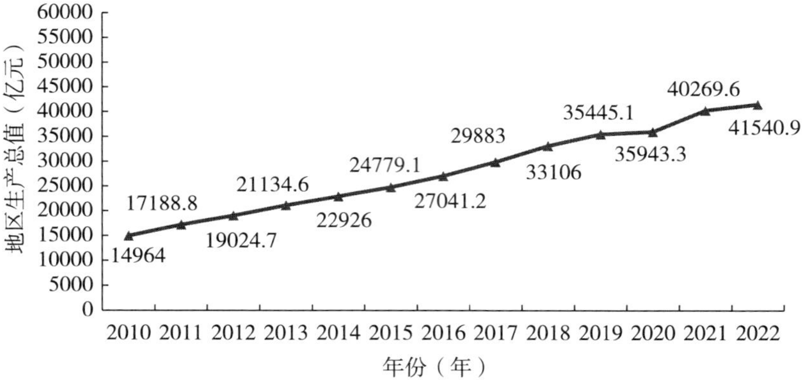

图 2－1　北京市 2010—2022 年地区生产总值

数据来源：北京统计年鉴

（二）规模以上工业总产值分析

规模以上工业总产值代表着地区工业生产的规模、结构、动态变化等情况，为制定宏观经济政策、推动产业升级和优化布局提供重要参考。北京市在 2010—2022 年规模以上工业总产值变化趋势如图 2－2所示，整体为上升趋势，但存在一定的波动。

2010—2014 年，北京市规模以上工业总产值以年均 7.6% 的显著增幅实现了稳定增长，累计增长了 4753.1 亿元，最终在 2014 年达到 1.85 万亿元的高位；2014—2020 年，虽然在 2015 年规模以上工业总产值缩减了 1003.3 亿元，但 2015—2020 年，尽管增长速度相较于前一阶段有所放缓，但仍保持了稳定的年均 3.66% 的增幅，其中规模以上工业总产值在 2019 年首次突破 2 万亿元，至 2020 年达到了 2.09 万亿元；2021 年北京市规模以上工业总产值增长幅度达到了 19.68%，一年内增加了 4108.8 亿元，这一年的迅猛增长使得 2021 年的总产值接近 2.50 万亿元，再次彰显了北京市工业经济的强劲活力；2022 年北京市规模以上工业总产值略有下降，达到 2.39 万亿元。纵观 2010—2022 年，北京市规模以上工业总产值整体增长了 1.7 倍，说明了北京市工业经济的活力和发展潜力，也反映了产业结构调整和创新发展的成果。

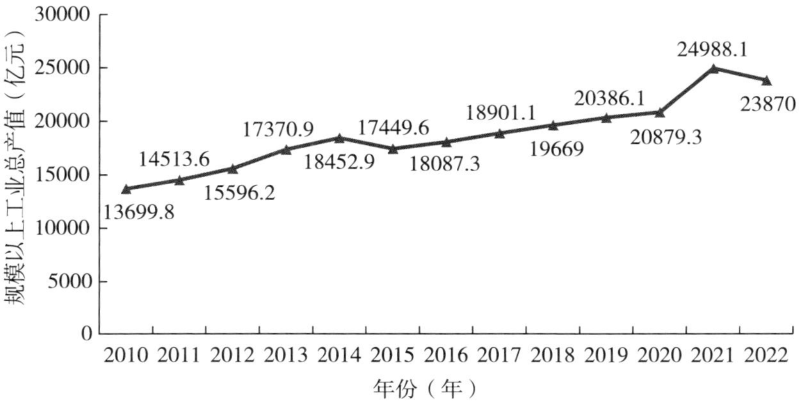

图 2－2　北京市 2010—2022 年规模以上工业总产值

数据来源：北京统计年鉴

（三）一般公共预算收入与支出分析

一般公共预算收入作为衡量地区经济繁荣与民生福祉的重要指标，其变动趋势直接反映该地区的经济实力与民富水平。图 2－3 详细呈现了北京市 2010—2022 年一般公共预算收入的变动情况。

北京市 2010—2022 年的一般预算收入变化趋势整体呈上升态势，具体可划分为两个主要阶段：上升期（2010—2018 年）和波动变化期（2019—2022 年）。在上升期，一般公共预算收入上升幅度稳定，并且 2015 年实现了地方财政一般预算收入翻倍增长，该阶段年均增加率为 11.9%。2018 年地方财政一般预算收入达到了 5785.92 亿元。随后，进入波动变化期。其中，2019 年的地方财政一般预算收入为 5817.1 亿元，与 2018 年相比趋于平稳，无明显上升趋势。但在 2020 年，北京市地方财政一般预算收入出现拐点，下降到了 5483.89 亿元，与 2017 年的地方财政一般预算收入相当，较 2019 年降低了

5.78%。尽管如此，2021 年预算收入增速有所回升，再次提升至 5932.31 亿元，显示出北京市经济具有一定的韧性和恢复能力。2010—2022 年，北京市地方财政一般预算收入整体提升了 1.4 倍，且在近 4 年中呈现波动增长的趋势，预示着未来即将突破 6000 亿元的新高度。地方财政一般预算收入的提升对于保障和改善民生、经济社会发展有良好的推动作用，也相应地说明了北京市具有高度发展水平、完善的市政相关设施和较高的人民生活水平。

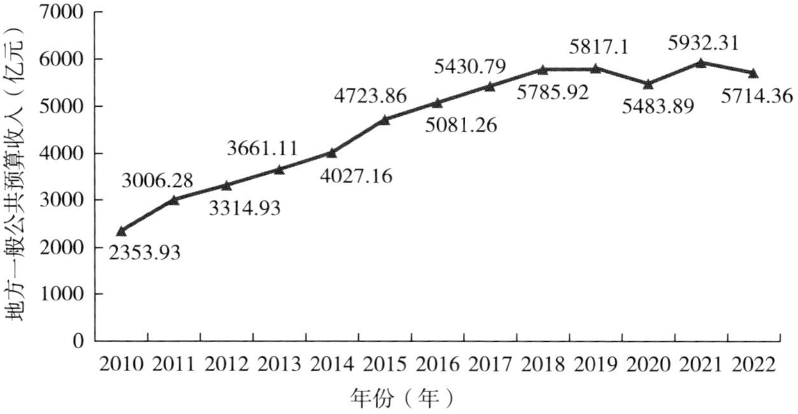

图 2－3　北京市 2010—2022 年一般公共预算收入

数据来源：北京统计年鉴

一般公共预算支出反映了政府对各项公共事务（包括但不限于教育、医疗卫生、社会保障、基础设施建设、文化体育、环境保护等）的投入和支持情况，可以了解政府的政策取向、重点支持领域等情况。北京市 2010—2022 年的一般公共预算支出变化趋势如图 2－4 所示。

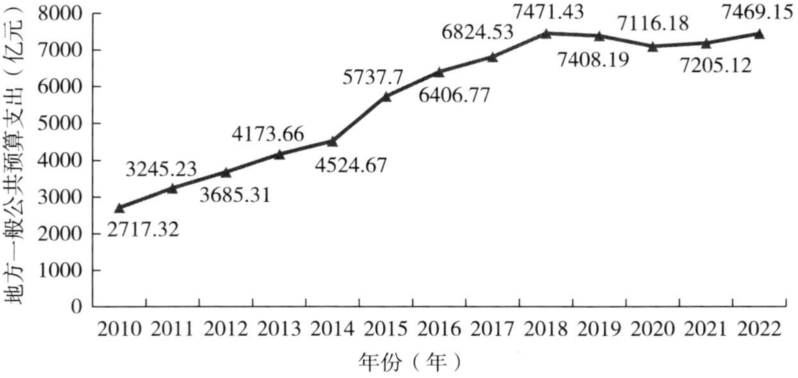

图 2－4　北京市 2010—2022 年一般公共预算支出

数据来源：北京统计年鉴

其整体变化趋势与一般公共预算收入相似，具体分为两个阶段：2010—2018 年表现为上升阶段，2019—2022 年出现波动下降趋势。2010—2018 年，其中 2010—2014 年稳定增长，2014 年达到了 4524. 67 亿元，相较于 2010 年增长了一倍；2015 年以 27% 的增长速度提升了 1213. 03 亿元，是其增长最快的一年；2015—2018 年涨幅有所降低，但仍稳定增长，2018 年达到最高值 7471. 43 亿元。2019—2022 年，北京市的一般公共预算支出整体呈现波动下降趋势。其中，2020 年支出达到最低点，为 7116. 18 亿元。尽管 2021 年和 2022 年支出有所回升，达到 7469. 15 亿元，但仍低于 2018 年。总体而言，在 2010—2022 年北京市一般公共预算支出增长了 1. 75 倍，这一显著增长不仅反映了北京市经济实力的增强，也体现了政府对民生事业的持续关注和投入。

（四）产业结构分析

产业结构是指农业、工业和服务业在国家或地区经济结构中所占的比重。产业结构优化升级会促进第一产业、第二产业、第三产业健康协调发展，逐步实现农业为基础、高新技术产业为先导、基础产业和制造业为支撑，坚持节约发展、清洁发展、安全发展，进而实现可持续发展。北京市产业结构主要表现为以第二产业和第三产业为主导的格局，具体如图 2－5 所示。截至 2022 年，北京市第二产业、第三产业增加值的总占比达到了 99.7%，标志着产业结构的显著优化。

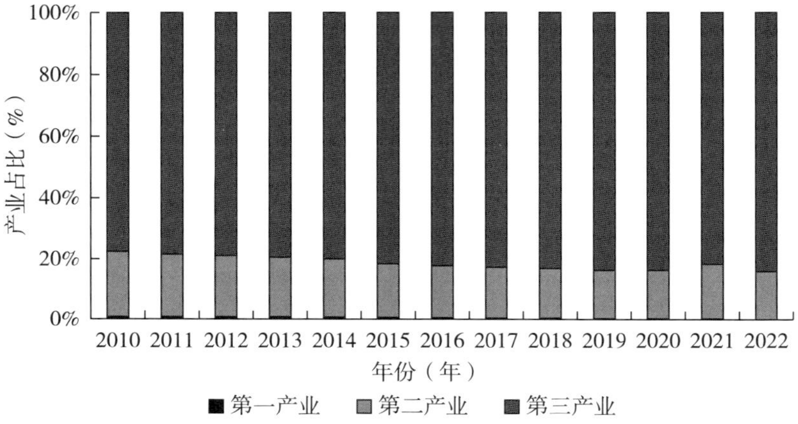

图 2－5　北京市 2010—2022 年产业结构

数据来源：北京统计年鉴

北京市产业发展持续向高端化推进。2010—2022 年，北京市第三产业占比总体呈上升趋势，从 2010 年的 77.6% 增加到 2020 年的 83.7%，增幅为 6.1 个百分点。然而，在 2021 年第三产业占比出现了小幅度的回调，降至 81.7%，较 2020 年下降了 2 个百分点。但至 2022 年，全市第三产业占比又回升至 83.8%，这一恢复趋势进一步验证了第三产业已成为北京市产业体系中的主体，产业结构正逐步向服务经济阶段转型。与此同时，主要经济领域在这一时期内均呈现出稳中有升的态势，优势行业持续发挥支撑带动作用，信息服务业、金融业、科技服务业占全市地区生产总值的比重为 45.9%。这一数据不仅反映了北京市在高新技术和服务业领域的强大实力，也预示着未来北京市产业结构将进一步向高端化、服务化方向演进。

（五）社会劳动生产率分析

社会劳动生产率是衡量经济发展水平和生产力发展的核心指标。2010—2022 年,北京市社会劳动生产率逐年提高，反映了北京市劳动者素质、管理和科技等多方面的提升，具体如图 2 –6 所示。

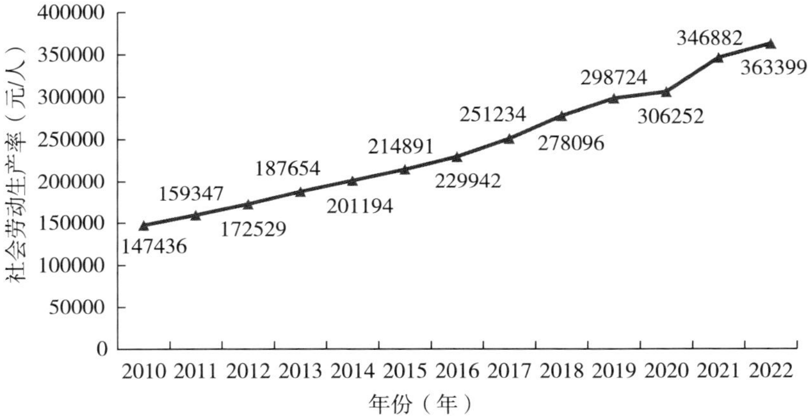

图 2 –6　北京市 2010—2022 年社会劳动生产率

数据来源：北京统计年鉴

2010—2016 年，北京市的社会劳动生产率呈现出稳步增长的态势，其年均增长率维持在约 7.69% 的水平。2016 年达到了 229942 元/人，2017 年和 2018 年又以接近 10% 的增幅增长，2018 年达到了 278096 元/人。2019—2020 年，虽然劳动生产率仍在增长但幅度较小，其增幅仅为 2.52%，成为 2010—2022 年增幅最小的一年。2021 年，北京市劳动生产率出现了显著的回升，以 13.27% 的增幅跃升至 346882 元/人，成为 2010—2022 年增幅最大的一年。截至 2022 年，北京市社会劳动生产率已高达 363399 元/人。综上所述，北京市劳动生产率在 2010—2022 年呈现出先稳步增长后增速放缓再显著回升的趋势。这一趋势反映了北京市经济发展的动态变化，也揭示了其产业结构调整和经济政策调整的成效。

二、北京市生活水平现状分析

地区教育供给结构与其居民生活水平密切相关，本节通过分析北京城镇化率、常住就业人口规模、城镇居民人均可支配收入以及社会消费品零售总额等关键指标，全面了解北京市居民生活水平的现状。这一分析不仅有助于理解教育供给与生活水平之间的互动关系，也为优化教育资源配置、提升居民福祉提供了重要的数据支撑和决策参考。

（一）城镇化率

城镇化率是指一个地区城镇地域上的常住人口占该地区全部常住人口的比重，反映常住人口的城乡分布情况。北京市 2010—2022 年城镇化率情况如图 2－7 所示。

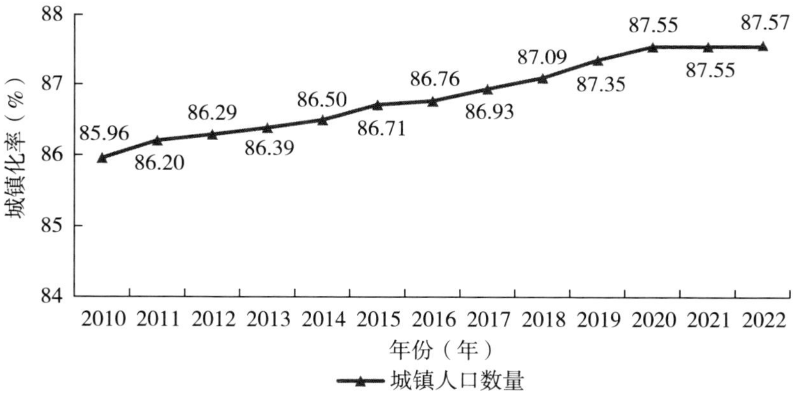

图 2－7　北京市 2010—2022 年城镇化率情况

数据来源：北京统计年鉴

2010—2022 年，北京市城镇化率一直都在 85% 以上，且处于上升趋势。2022 年，北京市的城镇化率达到了 87.57%，城镇化水平已高于同期全国平均水平（65.22%）。北京市高城镇化率的现象体现了北京市在经济发展、社会进步和人口迁移等方面的显著成就，但预示着未来城市管理和服务将面临更高的挑战和要求。

（二）常住就业人口

北京市 2010—2022 年的常住就业人口情况如图 2－8 所示，其变化趋势可以分为三个阶段。

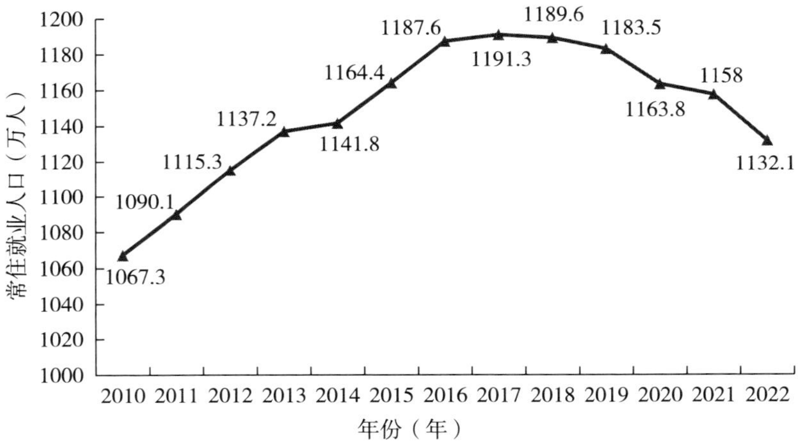

图 2－8　北京市 2010—2022 年常住就业人口情况

数据来源：北京统计年鉴

第一阶段（2010—2016 年）：在此阶段，常住就业人口数量逐年增加，除了 2013—2014 年的增长速度较为平缓外，其余年份的增长速度大约在 1.9% 左右。北京市作为我国的首都，有着优质的资源和大量的就业岗位，吸引了大量劳动力前来就业，从而推动了北京市的经济社会发展。

第二阶段（2016—2019 年）：在此阶段，常住就业人口数量变化较为平缓，甚至有小幅下降。其间，北京开始实行减量发展，将非首都功能疏解出北京，同时也疏解了部分产业，此举导致部分就业人口的流出，从而影响了常住就业人口的整体数量。

第三阶段（2019—2022 年）：在此阶段，北京的产业疏解仍在继续，同时全国遭遇了新冠疫情的严重冲击。这一全球性的公共卫生事件对全球经济造成了重大影响，导致许多产业停工停产，进而引发了大量的失业问题。受此影响，北京市的常住就业人口数量也呈现出明显的下降趋势。

（三）居民人均可支配收入分析

北京市 2010—2022 年全市居民人均可支配收入情况如图 2－9 所示。

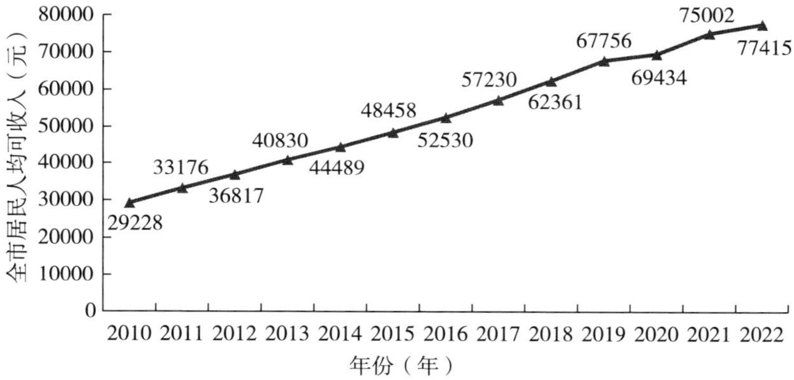

图 2－9　北京市 2010—2022 年全市居民人均可支配收入情况

数据来源：北京统计年鉴

2010—2022 年，北京市全市居民人均可支配收入一直在稳定增长。2010 年，城镇居民人均可支配收入为 29228 元。2022 年增加到 77415 元，约增长了 1.65 倍，平均每年增长了 4000 元左右。由此可见，北京市人民的生活水平和购买力在逐年提高，民生政策的实施有效有力。

（四）社会消费品零售总额分析

北京市 2010—2022 年的社会消费品零售总额，如图 2－10 所示。2010—2021 年北京市的消费品零售总额展现出显著的增长趋势，但 2022 年出现了显著的下降。

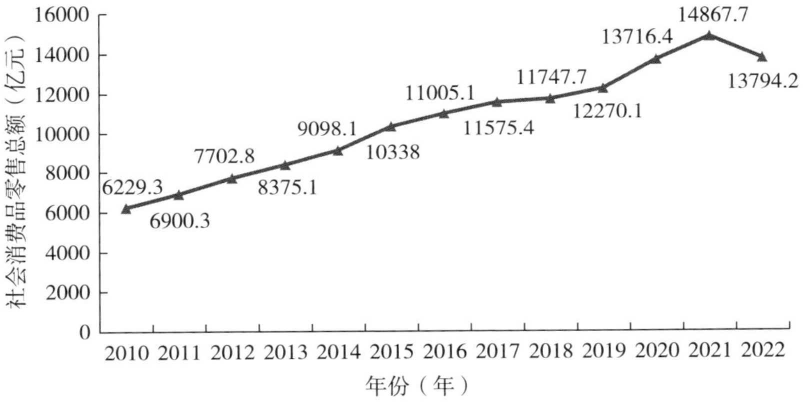

图 2－10　北京市 2010—2022 年社会消费品零售总额

数据来源：北京市统计公报

2010—2015 年，北京市的社会消费品零售总额呈现线性增长模式，年均增长率高达 10.66%。至 2015 年末，零售总额首次突破一万亿元大关，达到 1.03 万亿元，相较于 2010 年的数据，增长了 0.66 倍。这一增长不仅体现了北京市消费需求的强劲增长，也反映了消费市场活力的不断提升。自 2016 年起，增长趋势开始趋于平缓，特别是 2017 年、2018 年和 2019 年，这三年的增长差距逐渐缩小。2019—2021 年，可以观察到存在明显的增速回升；2021 年末，北京市社会消费品零售总额接近 1.50 万亿元，是 2010 年的 2.39 倍；2022 年，北京市的社会消费品零售总额却出现了下降，这可能与经济结构调整、新冠疫情等因素有关。此外，从消费市场内部来看，北京市的消费结构正在发生深刻变化。随着居民收入水平的提高和消费观念的转变，消费者对高品质、个性化、服务化的消费需求不断增长。然而，当前市场上部分商品和服务供给结构可能尚未完全适应这一变化，导致部分消费需求得不到满足，进而影响了社会消费品零售额的增长。

三、北京市人口变动现状分析

地区教育供给结构深受其人口特征影响。本节系统分析了人口数量、自然增长率、性别比例、年龄分布、受教育程度、城乡结构、就业结构、空间分布及迁入迁出等关键特征，旨在揭示北京市人口现状与教育供给之间的内在联系，为优化教育资源配置、促进教育公平与效率提供科学依据。

（一）人口数量分析

2010—2022 年，北京市的人口规模发生了显著的变化。根据北京统计年鉴数据，北京市常住人口从 2010 年的 1961. 9 万人增长至 2022 年的 2184. 3 万人。这一增长趋势反映了北京市作为首都和一线城市的吸引力，同时也带来了城市管理和资源分配的挑战。然而，2016 年作为“十三五”时期的起始之年，北京市政府将疏解非首都功能和控制人口增长列为重要任务。在这一背景下，北京市的总人口数量在 2016 年达到了峰值，随后呈现缓慢下降的趋势。这一变化充分说明了北京市在疏解非首都功能方面的政策已见成效。

北京市常住人口和户籍人口数量的具体变化趋势，分别如图 2 - 11 和图 2 - 12 所示。2016 年北京市常住人口数量达到峰值，为 2195. 4 万人，较 2010 年上升了 11. 9% ，但在 2016—2021 年又下降了 0. 31% 。北京市户籍人口数量在 2010—2022 年上涨趋势相对稳定，仅在 2016—2017 年出现了小幅下降。根据北京统计年鉴数据，截至 2022 年北京市户籍人口数量已达 1427. 7 万人，较 2010 年上涨了13.51%。

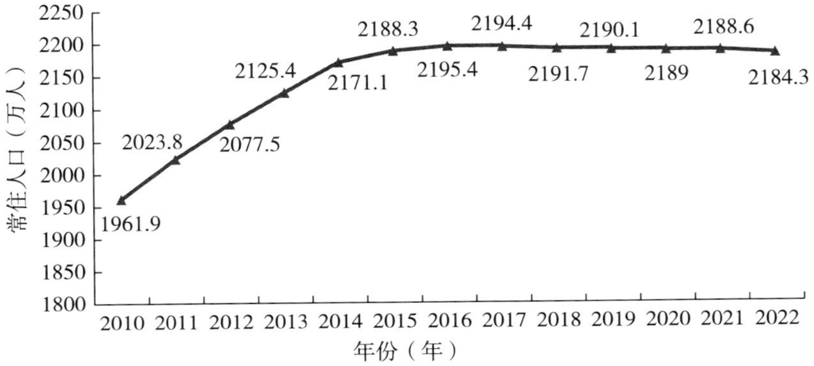

图 2－11　北京市 2010—2022 年常住人口数量

数据来源：北京统计年鉴

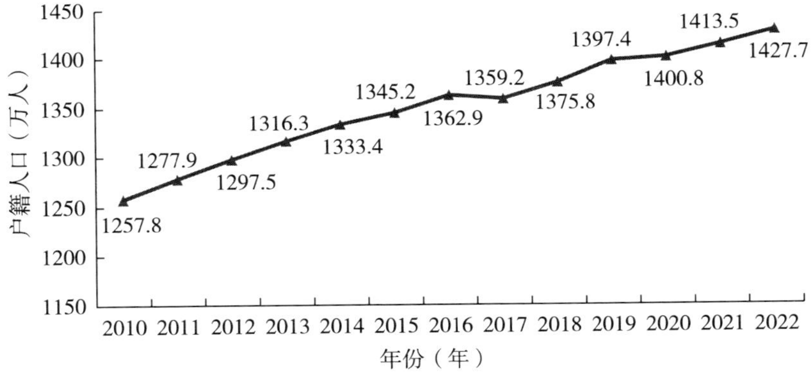

图 2－12　北京市 2010—2022 年户籍人口数量

数据来源：北京统计年鉴

北京市流动人口①的变化趋势与常住人口类似，2010 年以来不断上涨，于 2015 年达到峰值 862.5 万人。此后，2016—2022 年流动人

① 流动人口指离开了户籍所在地到其他地方居住的人口，本研究以常住外来人口表示流动人口。

口数量开始缓慢下降，2022 年下降至 825.1 万人。2010—2022 年，北京市流动人口上涨了17.09%。具体如图 2－13 所示。

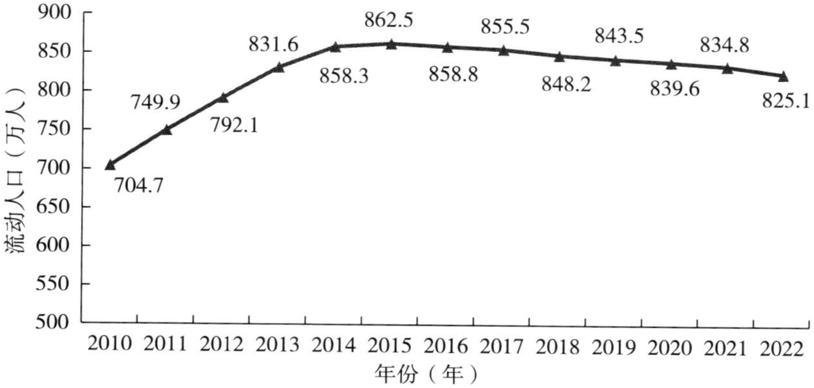

图 2－13　北京市 2010—2022 年流动人口数量

数据来源：北京统计年鉴

（二）人口自然增长率分析

北京市 2010—2022 年人口自然增长率①情况如图 2－14 所示，其变动轨迹可以明确划分为两个主要阶段。

增长趋势显著阶段（2010—2014 年）。北京市的人口自然增长率从 2010 年的 29.8‰逐步攀升至 2014 年的 48.0‰。这一时期，北京市经济的快速发展和各项社会福利政策的逐步落实，有效推动了出生率的逐年增长。同时，医疗条件的显著改善也有效控制了死亡率的增幅，使得人口自然增长率得以显著提升。

① 人口自然增长率是一定时期内人口自然增加数与同期平均总人口数的比值，用千分数表示，人口自然增加数为出生人数减去死亡人数。

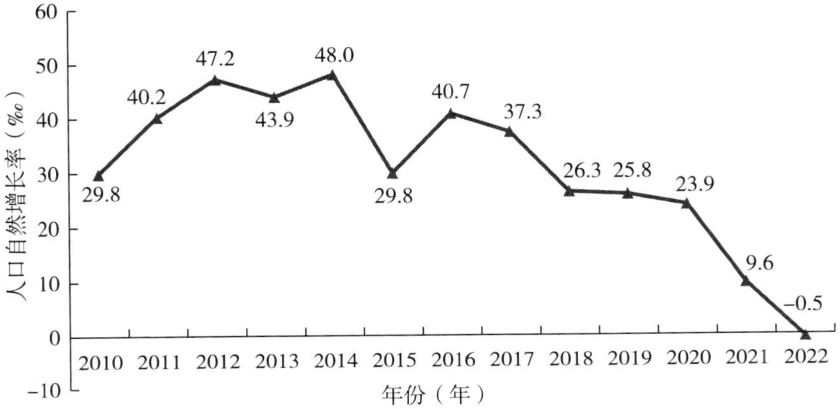

图 2－14　北京市 2010—2022 年人口自然增长率情况

数据来源：北京统计年鉴

波动下降阶段（2015—2022 年）。自 2015 年起，北京市的人口自然增长率开始进入波动下降阶段。2015 年的人口自然增长率为 29.8‰，较上一年下降了 18.2 个千分点，回归至 2010 年的水平。尽管在 2016 年，人口自然增长率短暂回升至 40.7‰的水平，但随后便呈现逐年下降的趋势，2021 年已降至 9.6‰。至 2022 年，人口自然增长率甚至跌入负值区间，北京市人口开始负增长。这一变动趋势主要归因于两个方面：一是生育意愿的降低导致出生率下降；二是人口老龄化问题加剧，老年人口比重的上升使得死亡率增加的可能性增大。这两个因素共同作用，导致北京市的人口自然增长率逐年下滑。

总体来看，北京市的人口数量正在缩减，且人口自然增长率呈现继续下降的趋势。这种情况给北京市的可持续发展和社会稳定带来了新的挑战。因此，北京市政府需要采取相应的政策措施，如优化生育政策、提升社会福利水平、改善医疗卫生条件等，以提升出生率并控制死亡率，从而推动人口自然增长率的回升。

（三）人口性别比例分析

自2010年起，北京市常住男性人口及常住女性人口呈现不同的增长趋势。具体而言，常住男性人口在初期阶段持续增长，但自2016年起，其增长势头开始放缓并呈现下降趋势。相较之下，常住女性人口的增长则较为稳定，仅在2018年出现了轻微的波动。从性别结构的角度来看，北京市的常住男性人口数量始终保持在女性人口之上，但两者之间的差距呈现波动下降的趋势。这一趋势表明，北京市的性别结构正在逐渐趋于平衡，尽管常住男性人口数量仍占据主导地位，但女性人口的增长速度正在逐渐加快。到2022年，北京市的人口性别比例已降至1.041，显示出性别结构正逐步向更为均衡的方向发展。具体如图2－15所示。

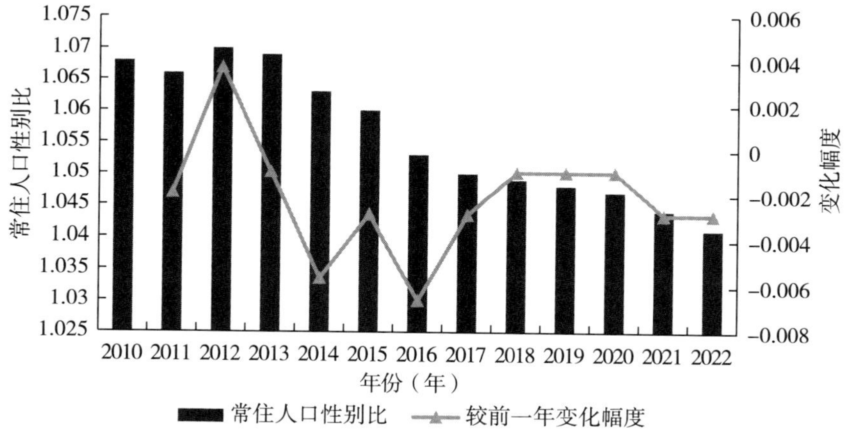

图2－15　北京市2010—2022年常住人口性别比例①

数据来源：北京统计年鉴

自2010年以来，北京市户籍人口性别比呈现持续下降趋势。2011—2016年，性别比例降幅围绕0.0021上下波动，呈现出一种相

① 性别比例：以女性为1，男性相对女性的比例。——作者注

对稳定的调整态势。然而，2017 年和 2020 年降幅最大。其中，2017 年户籍人口性别比例较 2016 年下降了 0.0084，这一降幅显著超过了之前的波动范围。同样，2020 年相较于 2019 年下降了 0.0042。经过这一系列的变化，截至 2022 年，北京市户籍人口性别比例已降至 0.984。这一数据反映了北京市户籍人口中女性占比的相对上升，表明了北京市户籍人口性别结构正在发生转变。具体如图 2－16 所示。

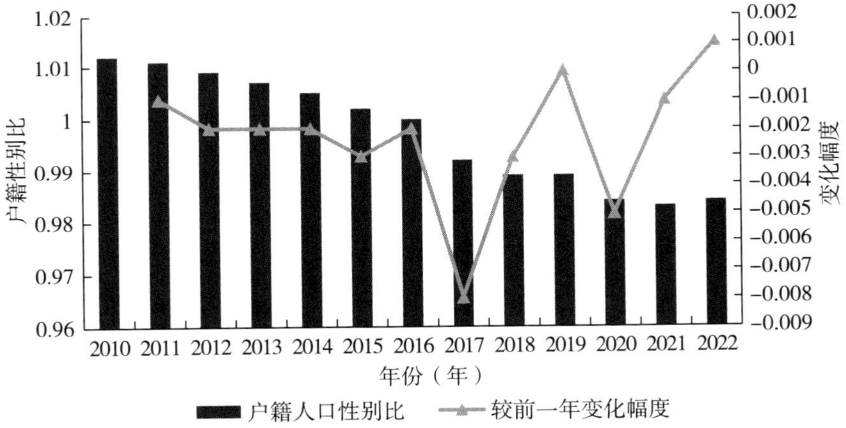

图 2－16　北京市 2010—2022 年户籍人口性别比例

数据来源：北京统计年鉴

（四）人口年龄分布分析

2010 年北京市常住人口中，20—24 岁的人口数量最多；25—29 岁的人口数量次之；19 岁以下和 65 岁以上人口数量较少，反映了北京市的人口年龄结构呈现出典型的“钟型”分布特征。随着非首都功能疏解政策的实施，北京市常住人口总量增长速度在 2015 年开始放缓。其中，25—29 岁的人口数量跃居首位，除 15—24 岁外，其余年龄段的人口数量相较于 2010 年均有所增加。2022 年北京市常住人口中，30—34 岁的人口数量最多，19 岁以下和 65 岁以上人口相较于

2015 年有所增加。19 岁以下人口数量的不断增加，说明北京市学龄人口数量在不断增加，对教育资源的需求也在不断增加。因此，优化北京市教育供给结构意义重大。此外，65 岁以上老年人口数量不断增加，说明北京市的人口年龄结构开始向后推移，呈现出老龄化的趋势。相关部门需要提高对于初婚、初育的关注度，从而防止人口老龄化速度进一步加快。具体如图 2－17 所示。

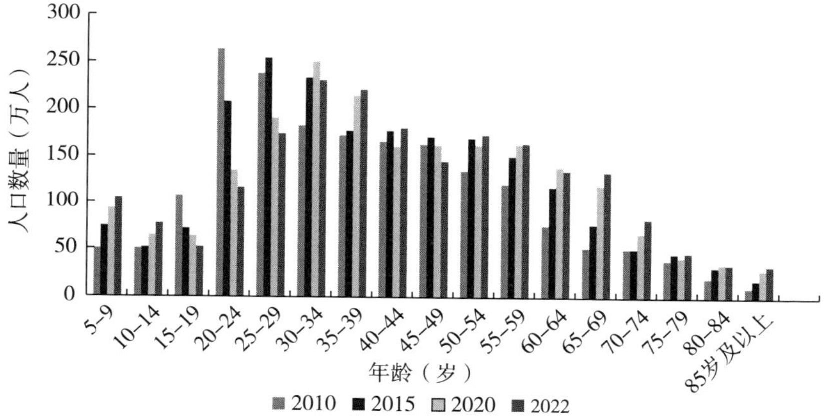

图 2－17　北京市常住人口年龄分布变化

数据来源：北京统计年鉴

2022 年北京市户籍人口的年龄分布与常住人口存在一定差异，具体如图 2－18 所示。

2022 年北京市户籍人口中年龄为 35—39 岁的人口数量最为庞大，达到了 118.98 万人，成为户籍人口中的主体；其次是年龄为 40—44 岁的人口数量，为 116.48 万人；19 岁以下人口数量占全部户籍人口的 17.36%；65 岁以上老人数量占全部户籍人口的 21.16%。这一现象揭示了北京市面临着日益严峻的少子老龄化挑战。

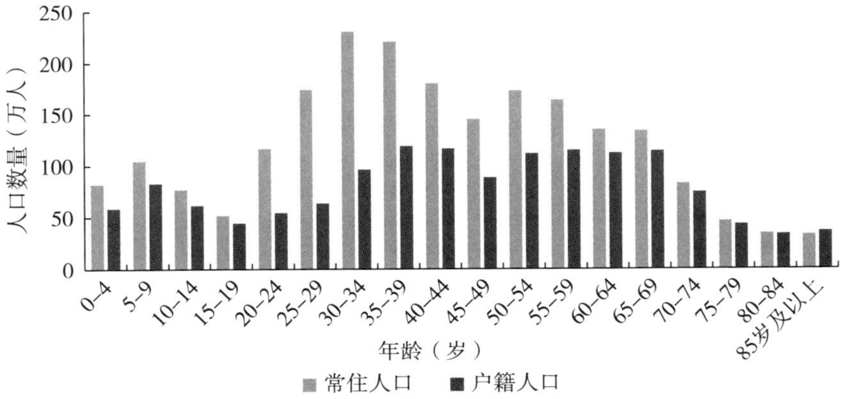

图 2－18　北京市 2022 年户籍人口和常住人口年龄分布

数据来源：北京统计年鉴

（五）人口受教育程度分析

2010—2022 年北京市常住人口受教育程度变化的具体情况如图 2－19 所示。

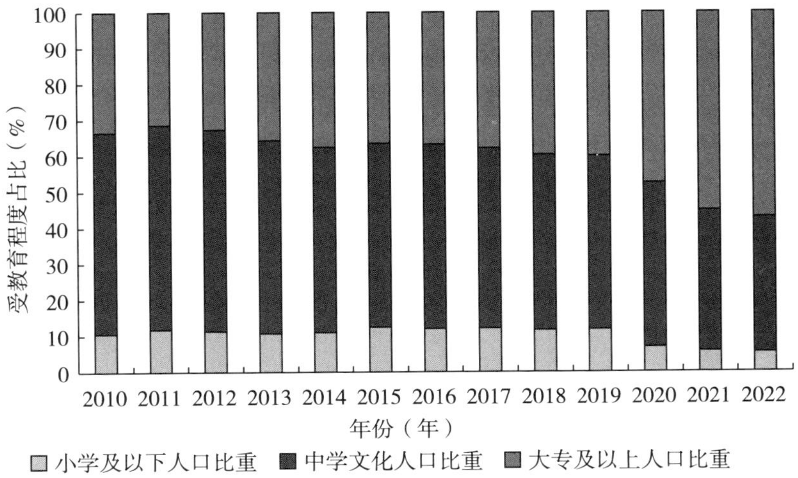

图 2－19　北京市 2010—2022 年常住人口受教育程度变化

数据来源：北京统计年鉴

2010—2019 年，北京市常住人口受教育程度为小学及以下的人口比重稳定在 10% 以上。这一趋势在 2020 年发生逆转，出现了大幅度的下降，随后在 2022 年持续走低至 5. 23% 。2010 年以来，北京市常住人口中中学文化程度的人口比重最高，2011 年达到峰值 55. 50% 。而自 2016 年起，大专及以上学历的人口比重逐年攀升，并且增长速度较快。在 2020 年，这一比重首次超越了中学学历人口比重。至 2022 年，大专及以上学历人口比重已达到 56. 18% 。近两年，小学及以下学历人口比重的大幅下降以及大专及以上人口比重的突破性增长，不仅体现了北京市人口受教育结构的显著变化，也深刻反映了北京市人口受教育水平的整体提升。这一变化进一步揭示了教育普及和高等教育发展在北京市取得的积极成效，预示着北京市未来人口结构将向更高学历层次发展。

（六）人口城乡结构分析

人口城乡结构是指总人口中城乡人口之间的比例关系。城乡人口比例的变化，既是经济社会变动的结果，又是影响经济社会发展的重要因素。北京市 2010—2022 年常住城镇人口数量变化及城乡结构变化分别如图 2 – 20 及图 2 – 21 所示。

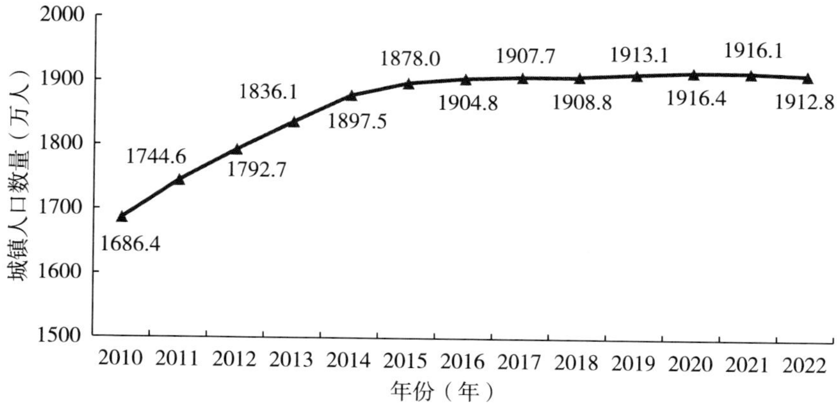

图 2 – 20　北京市 2010—2022 年常住城镇人口数量变化

数据来源：北京统计年鉴

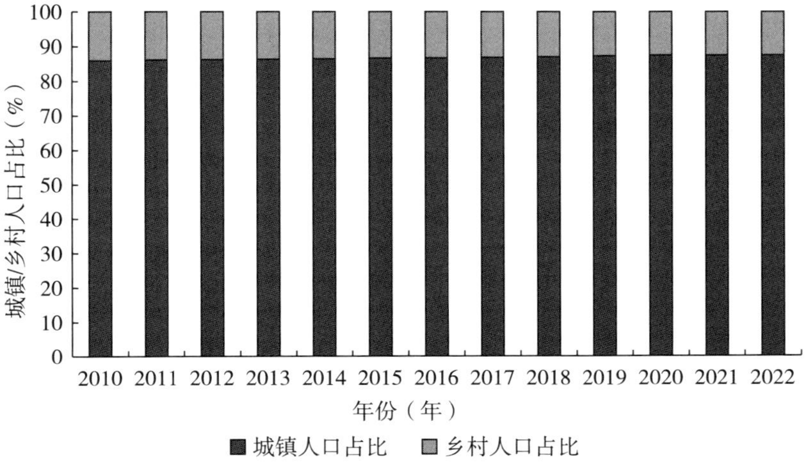

图 2－21　北京市 2010—2022 年城乡结构变化

数据来源：北京统计年鉴

2010 年以来，北京市常住城镇人口数量逐年提高，其中，2010—2015 年增长较为明显，2016—2020 年增长幅度较小，2021 年和 2022 年甚至出现了极小的下降。2010—2022 年，北京市常住城镇人口和乡村人口比重始终相对稳定，变化幅度较小。北京市作为城市经济体，农业在整体经济中的比重较小，这一经济结构特点也反映在其人口分布上，其农村人口占比也相对较小。

（七）人口就业结构分析

按产业部门对就业人口进行划分，可以分为第一产业、第二产业和第三产业就业人口三类。北京市第一产业就业人口数量在 2011 年达到峰值 58.6 万人。随后自 2012 年起，第一产业就业人口数量呈现逐年下降的趋势，2022 年降至最低，达到 25.1 万人，显示出农业等传统产业的就业吸引力逐渐减弱。与此同时，北京市第二产业就业人口数在 2010—2022 年持续减少，从 252.1 万人减少至 186 万人，反映出制造业等传统工业部门在北京市经济结构中的比重逐渐降低。与第一产业和第二产业就业人口变化形成鲜明对比的是，北京市第三产业就业人口数量自2010年起持续增加。尽管在2021年和2022年出现了小幅度的回落，但整体上仍呈现出强劲的增长势头，表明服务业、高新技术产业等新兴产业在北京市经济发展中占据越来越重要的地位。具体如图2-22所示。

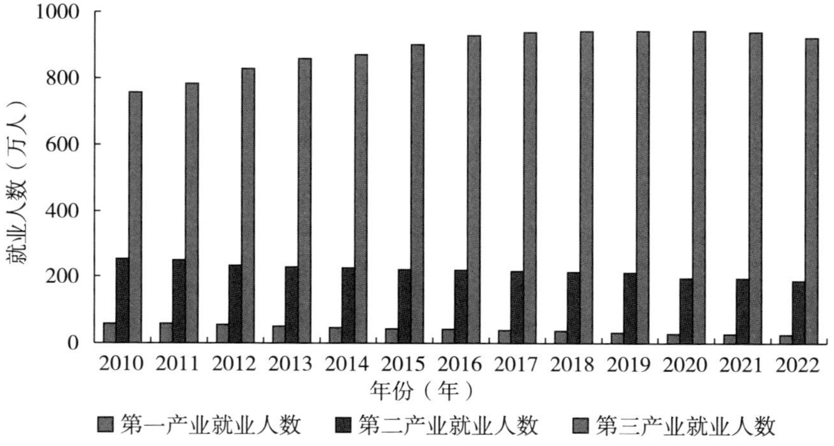

图2-22　北京市2010—2022年就业人数变化

数据来源：北京统计年鉴

2010—2022年，北京市第一产业、第二产业和第三产业就业人口占比变化如图2-23所示。可以发现，第一产业和第二产业的就业人口占比都在缓慢下降，第三产业就业人口占比逐渐提高。北京市2022年就业人口在第一产业、第二产业、第三产业的占比依次为2.21%、16.43%和81.35%。与2010年相比，北京市第一产业就业人口占比下降了3.24个百分点，第二产业就业人口占比下降了7.20个百分点，而第三产业就业人口占比增长了10.42个百分点。北京市各产业就业人口占比的变化充分说明了北京市产业结构正在经历优化升级的过程。

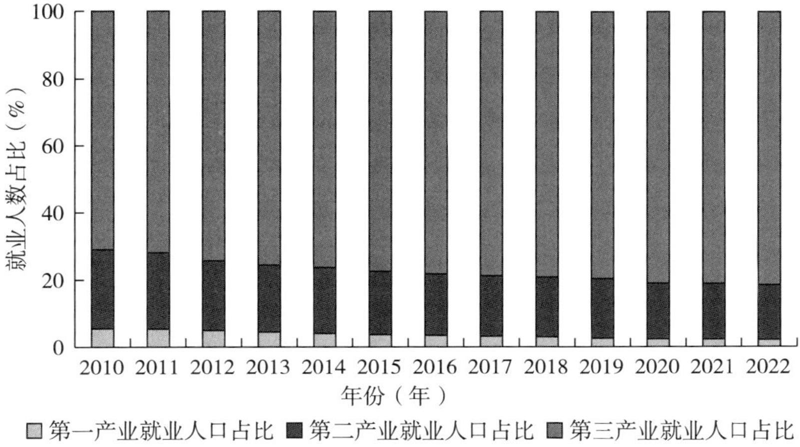

图 2－23　北京市 2010—2022 年就业结构变化

数据来源：北京统计年鉴

（八）人口空间分布分析

2006 年北京市发布的《北京市“十一五”时期功能区域发展规划》将北京市划分为四大功能区，分别是：首都功能核心区、城市功能拓展区、城市发展新区和生态涵养发展区。北京市 2010—2022 年四大功能区人口分布如图 2－24 所示。

自 2010 年以来，首都功能核心区①的人口占比呈现出缓慢下降趋势，这一现象显著地反映了北京市人口控制政策的积极成效。2010—2014 年城市功能拓展区②的人口占比处于上下波动状态，2015 年以后开始持续下降。2010—2022 年城市发展新区③的人口占比始终保持逐年增长态势。2010—2015 年生态涵养发展区④的人口占比逐年

---

① 首都功能核心区包括西城区和东城区（2010 年行政区划调整之后）。

② 城市功能拓展区包括朝阳区、丰台区、石景山区和海淀区。

③ 城市发展新区包括房山区、通州区、顺义区、昌平区和大兴区。

④ 生态涵养发展区包括门头沟区、怀柔区、平谷区、密云区和延庆区。

下降，但自 2016 年起，其人口占比开始呈现出逐年上涨趋势。至 2022 年，北京市的四个主要区域——首都功能核心区、城市功能拓展区、城市发展新区、生态涵养发展区，人口占比分别为 8.26%、41.85%、40.00%和 9.89%。

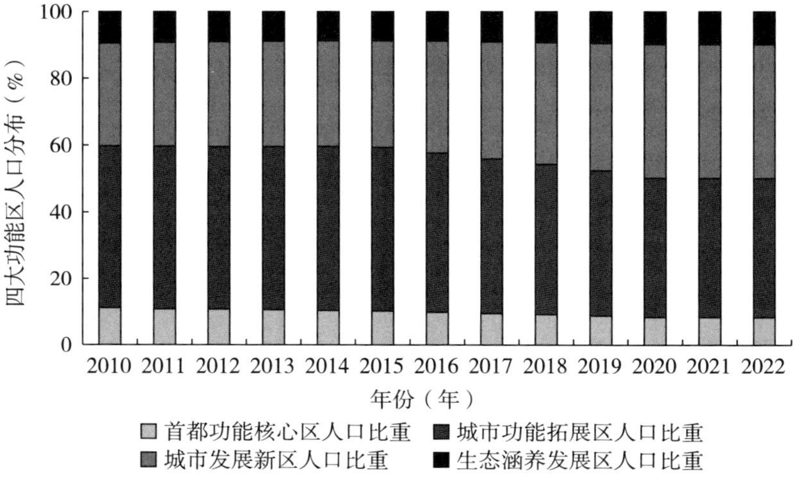

图 2-24　北京市 2010—2022 年四大功能区人口分布

数据来源：北京统计年鉴

2010—2022 年，北京市人口以东城区和西城区为中心，集中在海淀区、朝阳区、昌平区和丰台区。此外，北京中南部的人口集中度较高，北部人口较少。门头沟区、怀柔区、平谷区、密云区和延庆区人口始终较少，说明生态涵养发展区的人口规模得到了合理控制，能够最大限度地发挥其生态涵养功能。

（九）人口迁入迁出分析

北京市人口的迁入迁出反映的是北京市人口流动的情况，对理解北京市的人口变动、城市发展和经济社会状况具有重要意义。北京市 2010—2022 年人口迁入迁出率变化情况如图 2-25 所示。

2010—2022 年，北京市人口迁入率呈现波动式下降趋势。在此期间，北京市人口迁入率始终高于人口迁出率，表明城市对人口的吸引力持续存在。经进一步观察，2010—2017 年两者差距逐渐缩小，在 2017 年达到最小，差距为 0.19%；但随后在 2017—2022 年，两者差距又逐渐加大，至 2022 年表现出收敛迹象。

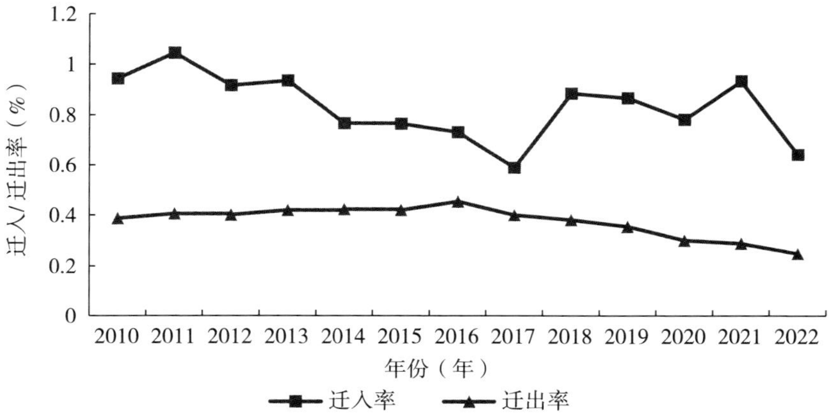

图 2-25　北京市 2010—2022 年人口迁入迁出率

数据来源：北京统计年鉴

在迁出率的变化上，北京市呈现出两个阶段：2010—2016 年为上升阶段，随后在 2017—2022 年进入下降阶段。其中，2016 年的人口迁出率达到最高值 0.45%；2022 年则降至最低值 0.25%。对于迁入率的变化，北京市同样呈现出两个主要阶段：2010—2017 年为阶梯形下降阶段，随后在 2017—2022 年进入“M”形波动阶段。在第一个阶段中，2011 年北京市人口迁入率首次突破 1%，但该数值并未得到维持。相反，以 2012 年、2014 年和 2017 年为主要节点，迁入率显著下降。至 2017 年，迁入率降至最低点，为 0.59%。2017—2022 年，迁入率的变化则展现出一种独特的“M”形波动特征，即先上升后下降，再上升再下降的趋势。至 2022 年，北京市的人口迁入率达到 0.64% 的水平。

第三章

北京市教育供给结构分析

为率先基本实现社会主义现代化，显著增强首都“四个中心”功能，大幅提升“四个服务”水平，作为产业结构调整和经济社会发展驱动力转型的重要推动力量，教育的重要性被提升到前所未有的高度。本章分别从高等教育、基础教育以及职业教育三个维度出发，对北京市教育供给结构进行分析。

一、北京市高等教育供给结构分析

高等教育是指在完成中学教育基础上进行的专业教育和职业教育，是培养高级专门人才和职业人员的主要社会活动。我国高等教育主要涵盖普通专科教育、本科教育以及硕士学位和博士学位的研究生教育。高等教育供给结构是指高等教育系统的内部构成状态，包括学科专业结构、高等教育类型结构、高等教育层次结构和高等教育布局结构。本研究中的高等教育被界定为专科教育、本科教育、研究生教育。高等教育供给结构主要涉及层次结构、学科专业结构、类型结构、布局结构以及规模结构。

（一）高等教育层次结构分析

高等教育层次结构按学历划分为研究生（包括博士和硕士）、本科和专科。本部分从招生人数、在校生人数以及毕业生人数 3 个方面进行分析。自 2010 年以来，北京市高等教育规模呈现稳步增长态势。随着高校招生政策的调整和教育资源的优化，北京市的高等教育招生人数持续增加。从 2010 年的 23.54 万人增加至 2022 年的 31.18 万人，增长率达 32.46%。在校生人数相比 2010 年增长了 29.22%，毕业生人数则增长了 28.37%，显示出北京市高等教育正朝着更高层次、更优化结构的方向转变。

如表 3－1 所示，在招生人数方面，专科招生比例经历了显著下滑，至 2022 年已缩减至 8.39%，反映出专科教育在招生吸引力上的减弱。与此同时，本科招生比例保持相对稳定但略有下降，而研究生招生比例则显著上升，由 2010 年的 34.06% 增长至 2022 年的 46.80%，凸显了研究生教育在招生层面的强劲增长势头。在校生人数方面，研究生教育的人数比例明显增长，而本科和专科的人数比例呈现下降趋势。截至 2022 年，专科、本科、研究生在校生人数比例为6.50∶51.57∶41.93。虽然本科在校生人数比例在减少，但仍是在校生比例中的主体部分。在毕业生层次结构方面，2010—2022年，本科毕业生人数虽仍占据多数，但其比例由51.37%降至47.39%。相反，研究生毕业生比例则由28.29%大幅上升至42.57%，与本科毕业生比例趋于接近。这一变化表明，研究生教育在毕业生人数上增长迅速，而本科教育的发展速度则相对减缓。

表3-1 2010—2022年北京市高等教育层次结构情况

年份	招生人数占比（%）			在校生人数占比（%）			毕业生人数占比（%）		
	专科	本科	研究生	专科	本科	研究生	专科	本科	研究生
2010	16.02	49.92	34.06	14.84	57.13	28.03	20.34	51.37	28.29
2011	15.17	50.32	34.51	13.72	56.90	29.38	19.78	50.76	29.46
2012	15.57	49.48	34.95	12.99	56.78	30.23	18.55	49.91	31.54
2013	14.77	49.31	35.92	12.53	56.39	31.08	16.56	50.40	33.04
2014	13.69	49.62	36.69	12.12	56.30	31.58	15.21	50.29	34.50
2015	12.34	50.07	37.59	11.16	56.49	32.35	15.87	49.75	34.38
2016	10.69	50.66	38.65	9.93	56.92	33.15	14.99	49.94	35.07
2017	9.69	48.10	42.21	8.69	56.33	34.98	14.34	50.03	35.63
2018	9.93	47.15	42.92	8.07	55.29	36.64	12.40	50.47	37.13
2019	9.80	46.06	44.14	7.81	54.09	38.10	11.00	50.16	38.84
2020	8.77	45.60	45.63	7.45	52.98	39.57	10.43	49.09	40.48
2021	7.83	45.70	46.47	6.74	52.31	40.95	10.73	47.96	41.31
2022	8.39	44.81	46.80	6.50	51.57	41.93	10.04	47.39	42.57

数据来源：北京统计年鉴

（二）高等教育学科专业结构分析

学科专业结构，即按学科和专业划分的高等教育结构。2022年，我国的学科分类如下：工学、经济学、理学、管理学、法学、农学、文学、艺术学、教育学、历史学、医学、哲学、军事学和交叉学科。由于交叉学科是2020年新设的学科门类，因此，本书所指的高等教育学科专业结构特指除交叉学科外的13大学科门类所组成的比例关系。北京市专科生的专业大类有19类，分别是农林牧渔大类、资源环境与安全大类、能源动力与材料大类、土木建筑大类、水利大类、装备制造大类、生物与化工大类、轻工纺织大类、食品药品与粮食大类、交通运输大类、电子信息大类、医药卫生大类、财经商贸大类、旅游大类、文化艺术大类、新闻传播大类、教育与体育大类、公安与司法大类以及公共管理与服务大类。

在分析高等教育学科专业结构时，本书综合参考了北京统计年鉴与北京市教育委员会发布的数据。鉴于北京市教育委员会发布的数据涵盖了本科与专科层次的分学科专业统计数据，且统计口径更为统一，有利于本书的深入分析，因此本书最终选择利用北京市教育委员会2014—2022年发布的相关数据作为分析基础。

1. 研究生学科结构

北京市2014—2022年历年各个学科的研究生在校生人数占比情况如表3－2所示。

表3－2　北京市2014—2022年历年各个学科的研究生在校人数占比情况

单位：%

学科分类	2014年占比	2015年占比	2016年占比	2017年占比	2018年占比	2019年占比	2020年占比	2021年占比	2022年占比
哲学	0.84	0.83	0.84	0.78	0.74	0.70	0.65	0.62	0.62
经济学	5.97	6.10	6.00	5.89	5.77	5.87	5.79	5.51	5.49
法学	8.26	8.25	8.15	7.95	7.91	8.01	7.90	7.85	7.59
教育学	3.49	3.61	3.68	3.95	4.11	4.23	4.46	4.43	4.37
文学	5.13	5.21	5.17	5.02	4.94	4.84	4.64	4.53	4.48

续表

学科分类	2014 年占比	2015 年占比	2016 年占比	2017 年占比	2018 年占比	2019 年占比	2020 年占比	2021 年占比	2022 年占比
历史学	0.84	0.84	0.88	0.84	0.82	0.81	0.79	0.77	0.78
理学	11.28	11.37	11.51	11.11	10.66	10.52	10.02	9.96	9.86
工学	39.03	38.85	38.66	38.42	37.99	38.16	38.12	38.19	38.71
农学	3.10	2.99	3.02	3.09	3.29	3.37	3.36	3.55	3.55
医学	5.59	5.71	5.85	5.75	5.69	5.01	5.86	6.15	6.37
军事学	0.04	0.03	0.02	0.01	0.01	0.00	0.00	0.00	0.00
管理学	13.11	12.83	12.82	13.72	14.38	14.67	14.59	14.73	14.49
艺术学	3.32	3.38	3.40	3.47	3.69	3.81	3.82	3.71	3.69

数据来源：根据北京市教育委员会数据整理

通过对北京市 2014—2022 年各学科研究生在校人数的统计分析，可以发现，各学科研究生在校人数的占比在此期间保持相对稳定，未出现显著的波动。其中，工学研究生数量持续位居榜首，显示出工学领域在研究生教育中的核心地位。管理学研究生数量紧随其后，位列第二，表明管理学作为一门应用广泛的学科，在研究生教育中同样具有显著的影响力。经济学、法学、文学、理学、医学这 5 门学科的研究生数量相对稳定地位于第三名至第七名，反映了这些学科在研究生教育中的重要性和稳定性。教育学的研究生数量始终保持在第八名的位置。艺术学的研究生数量则持续位居第九名。农学、历史学、哲学的研究生数量则相对稳定地处于第十名至第十二名。而军事学的研究生数量则始终最低，这可能与军事学的特殊性和专业性有关。

2. 本科生学科结构

我国本科生的学科结构由哲学、经济学、法学、教育学、文学、历史学、理学、工学、农学、医学、管理学和艺术学，共 12 大门类构成，而军事学和交叉学科并未纳入其中。根据北京市 2014—2022

年各学科本科生在校情况（表3－3），可以看出，工学本科生数量在历年来的统计中均占据显著优势，其数量稳居首位，与研究生教育的工学领域情况相呼应。这一趋势凸显了工学在当前高等教育体系中的重要地位，也反映了社会对于工程技术类专业人才的持续需求。紧随其后的是管理学本科生数量，其在各年份中也始终保持在较为领先的位置。这一现象表明，管理学在本科生教育中同样受到学生和社会的青睐。除工学和管理学之外，其他学科在本科生教育中的数量尽管在2014—2022年存在一定的波动，但总体上变化不大。这一现象反映了我国高等教育在学科布局上的稳定性和多样性，为学生提供了广泛的选择空间，有利于培养具有全面素质和创新能力的人才。

表3－3　北京市2014—2022年各个学科的本科生人数占比情况 单位：%

学科分类	2014年占比	2015年占比	2016年占比	2017年占比	2018年占比	2019年占比	2020年占比	2021年占比	2022年占比
哲学	0.21	0.20	0.17	0.16	0.20	0.18	0.26	0.24	0.27
经济学	7.74	7.70	7.71	7.66	7.59	7.46	7.20	7.12	6.80
法学	6.88	6.90	6.95	6.92	6.91	7.04	7.12	7.32	7.61
教育学	2.59	2.66	2.69	2.77	2.82	2.88	2.94	3.14	3.16
文学	9.56	9.32	9.38	9.40	9.32	9.25	9.09	9.13	8.75
历史学	0.43	0.46	0.41	0.43	0.46	0.53	0.52	0.56	0.64
理学	6.89	6.85	6.73	6.60	6.63	6.83	7.01	6.97	6.98
工学	35.13	35.08	34.99	35.08	35.15	35.08	35.32	35.49	36.61
农学	1.41	1.36	1.36	1.39	1.42	1.46	1.48	1.49	1.52
医学	2.73	2.88	3.09	3.35	3.58	3.80	3.96	3.95	4.07
管理学	17.24	17.16	16.89	16.65	16.11	15.61	15.23	14.75	13.74
艺术学	9.19	9.43	9.63	9.59	9.81	9.88	9.87	9.84	9.85

数据来源：根据北京市教育委员会数据整理

3. 专科生专业结构

北京市2014—2022年各个学科的专科生人数占比情况如表3－4所示，可以明显观察到2016年是一个显著的转折点。在2016年之前，北京市的专科教育中，医药卫生大类占据主导地位，其学生数量占比最高，随后是食品药品与粮食大类、轻工纺织大类。然而，在2016年之后，这种趋势发生了显著的变化。医药卫生大类、食品药品与粮食大类、轻工纺织大类的专科生数量占比均出现大幅下降，而财经商贸大类、教育与体育大类、电子信息大类、交通运输大类和土木建筑大类等专业的占比则呈现出显著的增加趋势。这一变化可能是由于经济的转型和升级，财经商贸、电子信息、交通运输和土木建筑等领域对专业人才的需求逐渐增加，而传统的医药卫生、食品药品与粮食、轻工纺织等领域则可能面临人才饱和或需求减少的问题。这一现象体现了专科教育在应对时代变迁和产业发展方面的灵活性和适应性，揭示了专科教育在培养适应市场需求的高素质技术技能人才方面的重要作用。

表3－4　北京市2014—2022年各个学科的专科生人数占比情况 单位：%

专业大类	2014年占比	2015年占比	2016年占比	2017年占比	2018年占比	2019年占比	2020年占比	2021年占比	2022年占比
农林牧渔大类	1.86	2.13	2.38	2.71	2.96	3.16	4.88	5.93	5.57
资源环境与安全大类	6.25	6.48	1.24	1.16	1.04	1.09	1.35	1.21	1.49
能源动力与材料大类	0.78	0.67	0.04	0.01	0.01	0.00	0.00	0.00	0.00
土木建筑大类	0.46	0.49	5.59	4.66	4.01	3.97	4.00	3.93	4.10
水利大类	0.21	0.13	0.14	0.27	0.42	0.41	0.35	0.26	0.27
装备制造大类	6.81	6.32	8.76	7.42	6.68	6.62	6.72	5.54	6.57
生物与化工大类	0.12	0.12	0.40	0.37	0.47	0.60	0.68	0.60	1.09
轻工纺织大类	9.72	9.92	0.09	0.01	0.01	0.00	0.04	0.11	0.20

续表

专业大类	2014年占比	2015年占比	2016年占比	2017年占比	2018年占比	2019年占比	2020年占比	2021年占比	2022年占比
食品药品与粮食大类	11.49	11.87	0.42	0.43	0.60	0.72	0.89	0.83	0.87
交通运输大类	0.55	0.59	6.87	8.01	9.21	8.43	8.21	9.27	8.93
电子信息大类	0.77	0.65	11.79	11.96	12.23	12.91	12.98	13.04	13.54
医药卫生大类	24.35	22.86	9.39	11.73	12.20	11.81	11.79	12.25	12.96
财经商贸大类	5.15	6.42	22.46	19.47	16.94	15.14	13.90	12.86	11.74
旅游大类	4.88	4.86	4.86	4.69	4.59	4.04	3.09	2.50	2.16
文化艺术大类	6.08	6.16	5.16	5.06	4.60	4.47	4.05	4.82	5.56
新闻传播大类	9.02	9.64	2.18	2.33	2.50	2.97	2.88	3.10	3.72
教育与体育大类	8.52	8.09	9.43	9.59	11.11	13.43	14.62	14.19	11.79
公安与司法大类	0.52	0.30	3.13	3.68	3.81	4.06	3.54	3.30	2.74
公共管理与服务大类	2.46	2.30	5.67	6.44	6.61	6.17	6.03	6.26	6.70

数据来源：根据北京市教育委员会数据整理

（三）高等教育类型结构分析

按照学校的类型，可以将普通高等学校分为综合大学、理工院校、农业院校、林业院校、医药院校、师范院校、语文院校、财经院校、政法院校、体育院校、艺术院校和民族院校。北京市2010—2022年普通高等学校数量基本稳定在92所左右。以2022年为例，各类型学校的数据如表3－5所示，其中理工院校数量最多，为30所；其次是财经院校16所，语文院校10所；林业院校和民族院校的学校各1所，数量最少。

表 3－5　北京市 2022 年各种类型的普通高等学校数

学校类型	数量（所）	学校类型	数量（所）
综合大学	5	语文院校	10
理工院校	30	财经院校	16
农业院校	3	政法院校	8
林业院校	1	体育院校	3
医药院校	4	艺术院校	9
师范院校	2	民族院校	1

数据来源：北京统计年鉴

2010—2022 年，各类型高等学校本专科在校学生数如表 3－6 所示。从历年数据分析，各类学校的本专科在校生人数变动趋势相对平稳。其中，理工院校拥有的本专科在校生人数超过 23 万人，显著领先，数量上接近第二位的 3 倍；财经院校和综合大学分列第二、第三。相对而言，体育院校、民族院校和林业院校的本专科在校生人数最少，均处于 1 万—1.4 万人。理工类院校数量居多的现象，与我国历史发展背景密切相关。20 世纪，为增强国家实力，我国大力推动工业发展，因此理工类院校得以广泛设立，以培养大量理工科人才。随着国家硬实力的增强，我国逐渐转向对软实力的培养，增设了财经院校、语文院校、政法院校等文科类学校，并发展了综合类大学，旨在实现文理科的均衡教育。从综合类大学和文科类大学的本专科在校生人数来看，北京市近十多年在人才培养上呈现出注重多方面综合发展的趋势。

表 3－6　北京市 2010—2022 年各种类型高等学校本专科在校学生数

单位：万人

年份	综合大学	理工院校	农业院校	林业院校	医药院校	师范院校	语文院校	财经院校	政法院校	体育院校	艺术院校	民族院校	合计
2010	7.38	23.75	2.50	1.31	1.28	1.89	4.19	8.56	3.40	1.05	1.36	1.12	57.78
2011	7.31	23.92	2.43	1.32	1.24	1.89	4.24	8.44	3.48	1.07	1.38	1.12	57.86
2012	7.34	24.16	2.37	1.32	1.28	1.92	4.25	8.39	3.56	1.10	1.38	1.13	58.18
2013	7.40	24.50	2.34	1.33	1.32	1.99	4.26	8.36	3.75	1.13	1.40	1.13	58.92
2014	7.34	24.77	2.31	1.32	1.41	2.07	4.29	8.34	3.90	1.17	1.41	1.13	59.46
2015	7.40	24.51	2.29	1.33	1.50	2.14	4.31	8.11	3.97	1.20	1.43	1.14	59.34
2016	7.33	24.23	2.28	1.33	1.61	2.18	4.23	7.80	4.11	1.21	1.42	1.13	58.84
2017	7.19	23.89	2.25	1.32	1.73	2.14	4.56	7.43	3.72	1.24	1.45	1.13	58.07
2018	7.14	23.93	2.28	1.33	1.83	2.13	4.51	7.38	3.73	1.25	1.48	1.12	58.11
2019	7.11	23.55	2.31	1.34	1.94	2.22	4.46	7.43	3.69	1.28	2.11	1.13	58.60
2020	7.02	23.56	2.49	1.37	2.05	2.20	4.40	7.65	3.65	1.33	2.16	1.15	59.03
2021	7.09	23.73	2.61	1.37	2.09	2.21	4.42	7.66	3.62	1.36	2.22	1.21	59.58
2022	7.13	23.96	2.64	1.37	2.14	2.20	4.50	7.66	3.66	1.38	2.22	1.37	60.25

数据来源：北京统计年鉴

（四）高等教育布局结构分析

基于2022年北京市普通高等院校空间分布情况，对北京市高等教育区域差异进行了深入分析。北京市92所普通高等院校的分布显著体现了地域性的空间差异。其中，中心城区的高校集聚现象尤为突出，其数量占比明显大于其他区域，而位于生态涵养区的高等院校则相对稀少，这一分布格局显著体现了北京市高等教育资源在地理空间上的不均衡性。从更细的行政区划视角来看，海淀区的教育资源尤为富集，其高等院校数量居全市之首。此外，昌平区和朝阳区的高等院校数量也相对较多，这三个地区共同构成了北京市高等教育资源的主要集聚地，形成了明显的教育资源集聚效应。

目前，高等教育布局结构呈现出“一校多区”的发展趋势。随着高校规模的不断扩大，建设新校区，实施多校区办学已成为当前高校发展的普遍模式，大多数高校拥有两个及以上校区。多校区布局模式有效缓解了中心城区高等教育资源的过度集中问题，通过在新城区或郊区设立校区，实现了学生规模在地理空间上的合理分散，从而减轻了中心城区的人口压力和教育资源紧张的状况。近年来，多所知名高校积极响应多校区布局的战略导向，成功建设并启用了新校区，如北京化工大学昌平校区、中央民族大学丰台校区、北京电影学院怀柔校区以及北京信息科技大学沙河校区等，这些新校区的启用推动了教育资源向郊区的合理流动。此外，首都医科大学、首都体育学院等高校的新校区建设项目也已纳入规划并陆续启动，这些项目的实施进一步推动了北京地区高等教育资源的均衡分布，加速了中心城区高校校址的整体腾退与郊区新校区的建设进程，推进了实现“区区有高校”的目标。

（五）高等教育规模结构分析

1. 高等教育院校数量

北京市2010—2022年高等教育院校数量情况如图3－1所示。

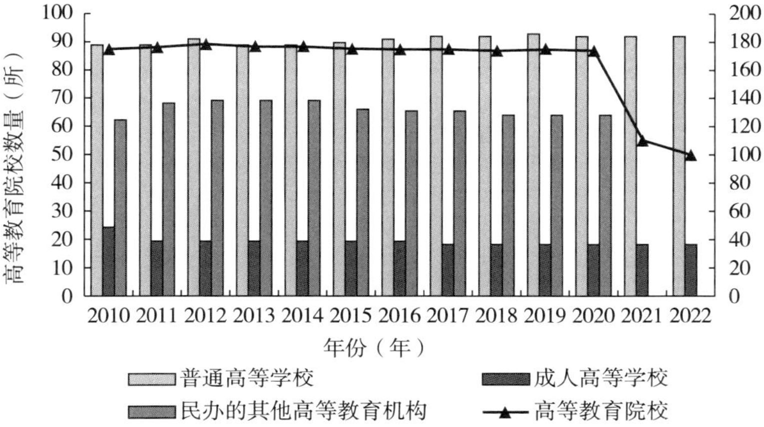

图 3-1　北京市 2010—2022 年高等教育院校数量情况

数据来源：北京统计年鉴

2022 年，北京各类学校共有 3605 所，其中高等教育院校数量为 100 所，包含普通高等学校 92 所，剩余 18 所是成人高等院校。

2. 专任教师数量

高等教育专任教师数量是地区高等教育师资力量的体现。北京市 2010—2022 年的高等教育专任教师数量变化趋势如图 3-2 所示。2011 年，北京市高等教育专任教师数量骤降，降了约 1.1 万人。2011—2014 年，教师数量逐步回升至 7.11 万人。然而，2015 年出现了一次小幅度的回落，之后则呈现出稳定的增长态势。至 2022 年，专任教师数量达到 7.67 万人，这标志着北京市高等教育师资力量的持续增强。

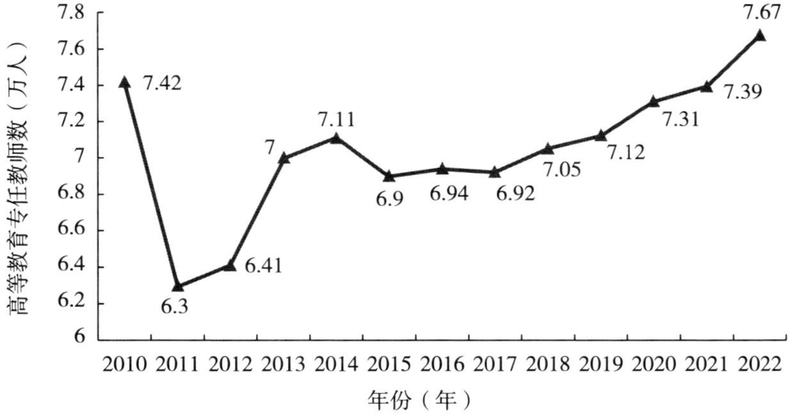

图 3－2　北京市 2010—2022 年的高等教育专任教师数量情况

数据来源：北京市教育委员会

3. 生均教育事业费支出

普通高等学校生均预算内教育事业费支出反映在高等教育阶段每位学生平均所获得的教育费用投入上。北京市 2010—2022 年普通高等学校生均预算内教育事业费支出情况如图 3－3 所示，其变化趋势大致可以分为两个阶段。

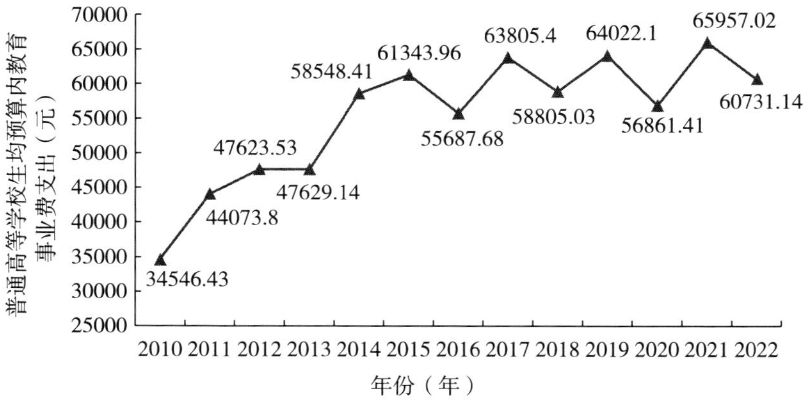

图 3－3　北京市 2010—2022 年普通高等学校生均预算内教育事业费支出情况

数据来源：北京市教育委员会

第一阶段（2010—2015 年）：在此阶段，普通高等学校生均预算内教育事业费支出呈现逐年增长的态势。从 2010 年的 34546. 43 元增长至 2015 年的 61343. 96 元，增长幅度显著。其中，2010—2011 年和 2013—2014 年两个时段内的增长幅度尤为突出，增长了约 10000 元。

第二阶段（2015—2022 年）：在此阶段，普通高等学校生均预算内教育事业费支出变化波动较大，费用支出在波动中缓慢增加。普通高等学校生均预算内教育事业费支出在 2015 年时为 61343. 96 元，在 2022 年时为 60731. 14 元，相较于 2015 年时的支出减少了约 600 元，北京市高等教育经费的使用效率还有待提升。

二、北京市基础教育供给结构分析

根据教育部的规定，我国基础教育包括幼儿教育（3—5 岁）、义务教育（6—15 岁）、高中教育（16—19 岁），其中义务教育包括小学阶段和初中阶段。根据北京统计年鉴公布的基础教育数据，本研究从学前教育（幼儿教育）、小学教育、中学教育（包含初中教育和高中教育）三个层级进行数据分析。

基础教育供给结构，不仅包含基础教育的规模大小，即教育资源的总量；还涉及基础教育的层次结构，即不同教育阶段（如学前、小学、中学等）的资源配置与分布。基础教育布局结构反映了教育资源在地理空间上的分布与配置情况；类型结构则涵盖了不同类型学校（如公立学校、私立学校、特殊教育学校等）在教育体系中的占比与分布。因此，本书对基础教育供给结构的分析将全面覆盖教育规模、层次结构、布局结构以及类型结构等多个维度，以确保分析的全面性和深度。

（一）基础教育规模结构分析

本书主要从基础教育学校数、基础教育专任教师数、基础教育在校生人数三个层面进行分析。

1. 基础教育学校数

学校是维护教育能够进行正常教学秩序的基本保障，也是教育行业向经济社会各部门、社会各方面培养一定数量和具备一定质量的人才和劳动力的重要途径。北京市2010—2022年幼儿园、小学、中学数量如图3－4所示。

2010年以来，基础教育三个阶段的学校数量中，幼儿园和小学数量发生了明显变化，而中学数量趋于稳定，保持在768所左右；幼儿园学校数量在整体上表现为上升趋势，但在2010—2019年上升幅度较为平缓，大致为4.12%，在2019年时数量达到1733所；在2019—2021年上升幅度提升，增加了267所幼儿园。截至2022年，幼儿园数量达到1989所，较上一年略微减少。小学学校数量在整体上呈下降趋势，但总体趋势较平缓。整体上2022年学校数量较2010年下降了34.87%，2015年小学学校数量首次低于1000所，2022年降至719所，首次低于中学学校数量。

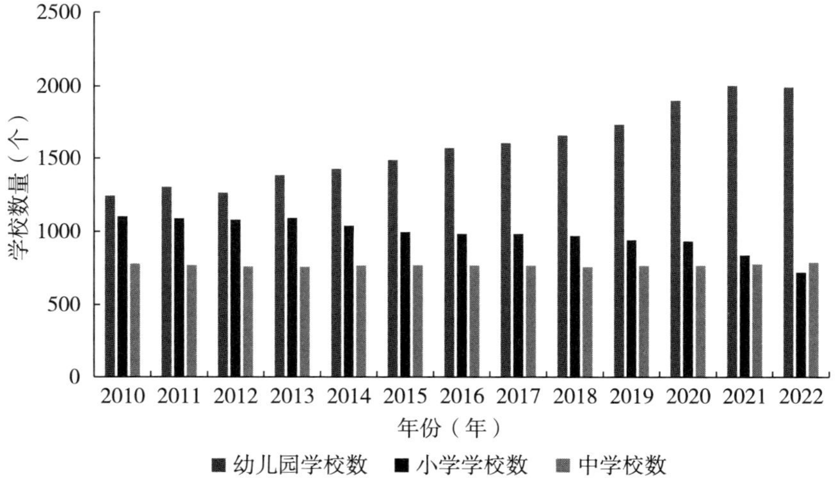

图3－4 北京市2010—2022年各阶段基础教育学校数

数据来源：北京统计年鉴

2. 基础教育专任教师数

各教育阶段的专任教师数也可以侧面反映北京市在教育资源方面的供给结构布局和对教育资源是否分配合理，北京市2010—2022年各阶段基础教育专任教师数变动情况如图3－5所示。

2010—2022年，基础教育三个阶段的专任教师数量均呈现出稳定且逐年增长的态势。这种增长趋势不仅体现了北京市在教育资源投入方面的持续努力，也反映了教育资源在数量上的逐步积累。其中，增幅较大的为幼儿园专任教师数，增长幅度在7.03%上下波动，至2022年达到48774人。与此同时，中学教师数量逐年上涨，但是增长幅度较小且增长幅度差距较小。2014年中学教育教师数量突破70000人。2020年，中学教育教师数量更是迈过了80000人的大关，这表明中学阶段师资队伍建设的稳步推进。此外，与幼儿园和中学相比，小学教师数量的变化则显得较为平缓。小学教师数量先经历了一定程度的下降，随后又有所回升，但整体上数据波动并不显著。在这13年间，教师数量的均值稳定在52000人左右，表明小学阶段在师资配备上保持了一定的稳定性。

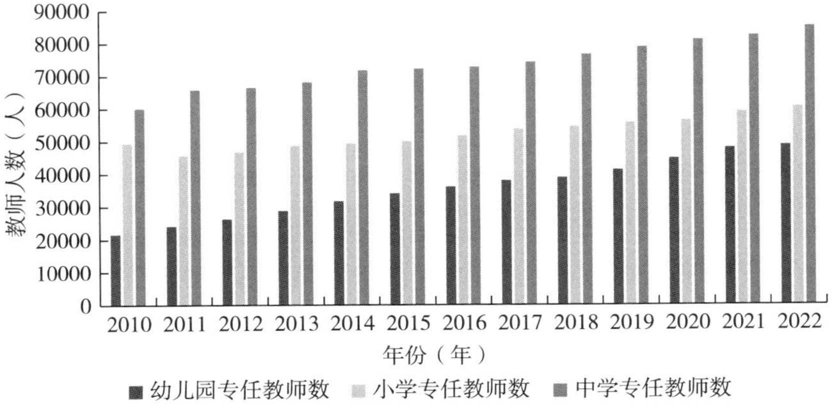

图3－5　北京市2010—2022年各阶段基础教育专任教师数

数据来源：北京统计年鉴

3. 基础教育在校生人数

在校生人数可以更准确地反映基础教育事业发展规模与速度，并且也是衡量地区教育水平、科技能力和人才储备的重要指标。北京市2010—2022年各阶段基础教育在校生数如图3－6所示。

2010—2022年，幼儿园和小学阶段的在校生人数呈现出相似的增长趋势，这两个阶段的在校生人数均逐年上升，且两者之间的数值差距稳定在约444028人的水平。具体而言，幼儿园在校生人数自2010年起持续增长，至2016年突破400000人，相较于2010年的276994人，六年内的增幅高达50.54%。尽管在2017—2022年增长幅度有所减缓，但至2022年，在校生人数达到峰值，接近600000人。小学阶段在校生人数同样呈现增长态势。2010—2012年，小学在校生人数虽少于中学，但两者之间的差距逐渐缩小。至2013年，小学在校生人数首次超过中学，并在随后年份中保持稳定增长，最终在2021年突破一百万人，截至2022年已达到1083813人，较2010年上升了65.91%。

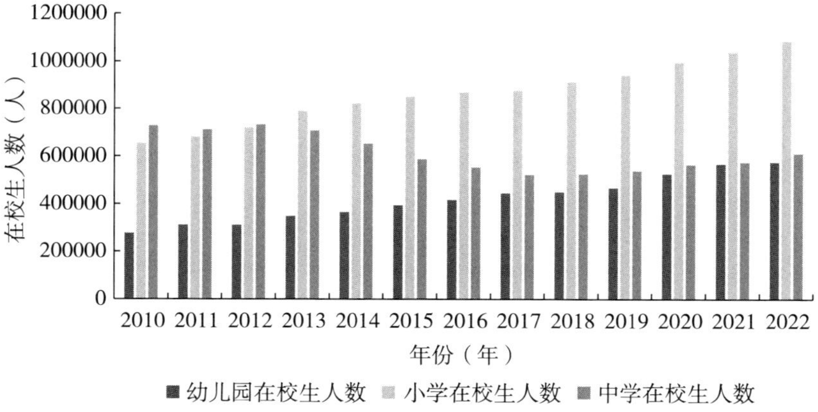

图3－6　北京市2010—2022年各阶段基础教育在校生数

数据来源：北京统计年鉴

与此相反，中学阶段在校生人数则呈现波浪式下降的趋势。在2013—2022年其呈现出“下降—上升—下降—上升”的波浪式形态。在2017年，中学在校生人数达到最低点，为522658人。尽管在2017—2022年有所回升，但到2022年，在校生人数仍较2010年的727741人下降了16.27%。

（二）基础教育层次结构分析

本书主要从幼儿园、小学和中学在校人数占比来分析各个阶段的教育发展情况和人才储备力量。北京市2010—2022年各阶段在校生人数占比如图3-7所示。

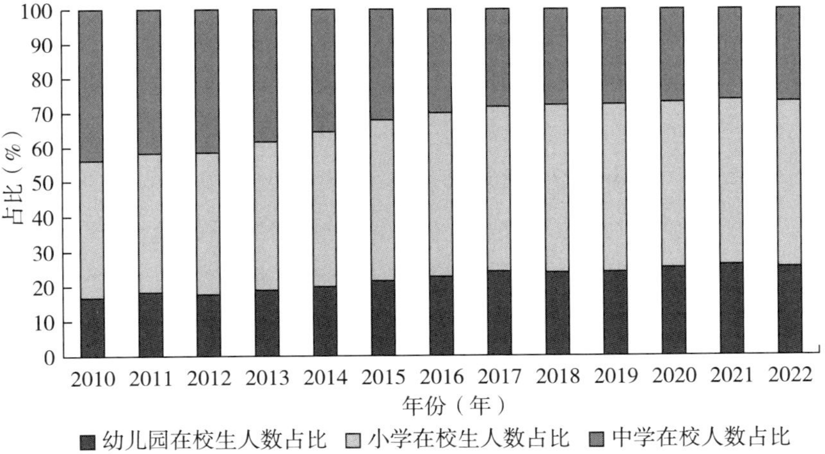

图3-7　北京市2010—2022年各阶段在校生人数占比

数据来源：北京统计年鉴

从总体上看，幼儿园和小学在校生人数占比呈现上升趋势，且小学在校生人数占比上升幅度较大，相应的中学教育阶段在校生人数占比逐年下降。自2010年起，幼儿园在校生人数占比呈现波浪式上升态势，在2012年、2018年、2019年以及2022年占比出现略微下降，其余年份占比均表现为上升。特别是2012—2017年，幼儿园在校人数占比以 6.73% 左右的涨幅在提高，2019—2021 年提升幅度减小，但在 2021 年其占比已经达到了 26.03%，幼儿园在校人数占比在 13 年内增加了 8.62%。自 2010 年起，小学在校人数占比也呈现出总体上升的趋势，其增长主要集中在 2012—2015 年，年均涨幅约为 4.59%。在 2013 年，小学在校人数占比首次超过中学在校人数占比，这一变化标志着基础教育阶段层次结构的显著调整。2015 年，小学在校人数占比为 46.43%，几乎占据基础教育阶段在校人数的一半。2017—2022 年，占比呈现“N”形“升—降—升”的态势。截至 2022 年，占比为 47.80%，相较于 2015 年在 7 年内仅上升 1.37%，上升趋势较平缓。

2010 年以来，中学在校人数占比呈现下降趋势。2012—2017 年，其占比以年均约 7.35% 的显著降幅迅速减少，其中 2015 年降幅最为显著，达到 9.58%。综合以上分析，北京市基础教育层次结构发生了显著变化，小学在校人数占比接近一半，成为基础教育阶段的主力军；而幼儿园和中学教育在校人数占比则各占约 1/4，呈现出均衡发展态势。这一变化不仅反映了基础教育资源分配的优化，也预示着未来基础教育发展方向的调整。

（三）基础教育布局结构分析

本研究主要从各区基础教育学校数在每年内的占比结构来分析基础教育布局结构，具体如图 3－8 所示。

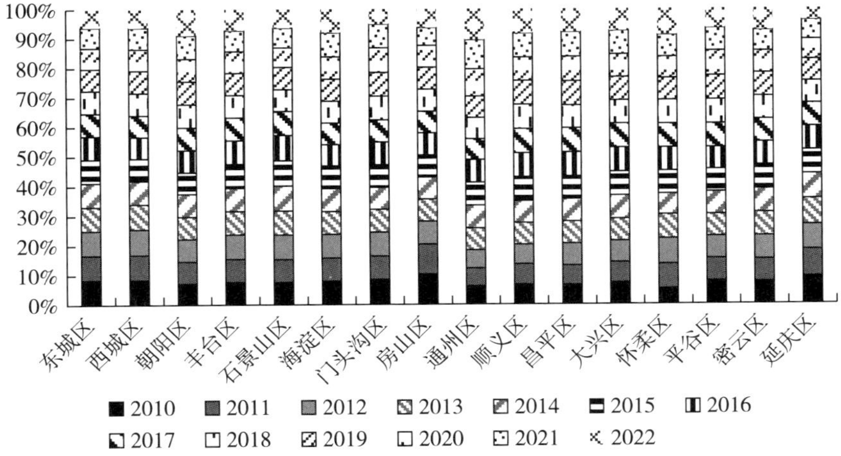

图 3-8　北京市 2010—2022 年各行政区基础教育学校占比

数据来源：北京市教育委员会

首先，从时间上对各行政区基础教育学校数量占比进行分析，各行政区基础教育学校数量占比变化虽未呈现出显著的区域差异，但变化趋势却各具特色。具体而言，2010—2022 年，东城区、西城区、丰台区、石景山区、门头沟区和房山区等 9 个行政区呈现出基础教育学校数量占比下降趋势，其中东城区呈现逐年降低趋势，其余行政区则呈现出波动式下降趋势。相比之下，朝阳区、通州区、顺义区、昌平区、大兴区和怀柔区 6 个行政区的基础教育学校数量占比则呈现出上升趋势，特别是朝阳区和昌平区在多数年份中保持了上升趋势，而通州区则呈现出上升与降低交替进行的变化。海淀区基础教育学校数量占比则相对稳定，始终在 0.1 左右波动，并稳居前三名。

从具体年份各区基础教育学校数量占比来看，数值差异较为明显，同一年份各行政区基础教育学校数量差距较大。根据其占比数值可以分为三个等级：10% 以上为第一等级，5%—10% 为第二等级，1%—5% 为第三等级。2010 年，基础教育学校数量占比中，朝阳区、房山区和海淀区超过了10%，分别为12.54%、11.53%和11.26%，属于第一等级；丰台区、昌平区、通州区、大兴区、西城区和东城区6个行政区基础教育学校数量占比在5%—10%，即第二等级行政区；其余的包括顺义区、平谷区、密云区和怀柔区等7个行政区根据基础教育学校数量占比被划分为第三等级行政区。2012年，房山区基础教育学校数量占比下降到8.63%，由第一等级下降为第二等级；2013年，顺义区占比超过5%，由第三等级上升为第二等级；2016年，东城区基础教育学校数量占比下降到5%以下，由第二等级下降到第一等级；2020年，通州区基础教育学校数量占比上升到10%，实现了从第二等级上升到第一等级，同时又再一次使基础教育学校数量占比超过10%的行政区数量达到3个。总体来说，2010—2022年，根据基础教育学校数量占比所划分的等级，房山区、通州区和朝阳区3个行政区变化较为明显：房山区占比由11.53%下降到7.15%，占比下降较大，从第一等级降为第二等级；通州区占比由6.81%上升为11.52%，占比提升较多，从第二等级上升为第一等级；朝阳区占比由12.54%上升为15.53%，其在较高的基准水平之上，又实现了进一步的提升和深化。

朝阳区和海淀区基础教育学校数量占比一直稳居前三，占据了北京市全市基础教育学校数量的一大部分。而石景山区和门头沟区则因基础教育学校数量占比较低且呈现下降趋势，一直排在末位。这一分布格局揭示了北京市基础教育学校数量在各行政区之间的显著不均衡，主要集中在朝阳区、丰台区和海淀区，而在石景山区和门头沟区等地区的分布则相对较少。

（四）基础教育类型结构分析

通过统计北京市各行政区的基础教育示范学校数，包括北京市中小学示范学校和北京市幼儿园示范学校，分析基础教育类型结构在北京市各行政区的分布。

1. 各行政区域上基础教育示范学校数

整体来看，北京市基础教育示范学校数在各行政区的分布数量相差较大，示范学校数量较多的是东城区、西城区、朝阳区、丰台区和海淀区。其中海淀区基础教育示范学校最多，为 66 所，相较于基础教育示范学校数排名第二的朝阳区还要多出 10 所。西城区、东城区和丰台区基础教育示范学校数分别为 47 所、43 所和 38 所，分别排在第三位、第四位、第五位。其余各个行政区基础教育示范学校数量均在 20 所以下。房山区、通州区、顺义区、昌平区和大兴区在基础教育示范学校数量上虽然存在差异，但相对较小。相比之下，门头沟区和延庆区基础教育示范学校数量则更少，分别为 8 所和 9 所，位居各行政区之末，海淀区示范学校数是这两个行政区数量的 6.6 倍，这一数据强烈地反映了北京市基础教育资源在区域间的不均衡分布现象。具体如图 3－9 所示。

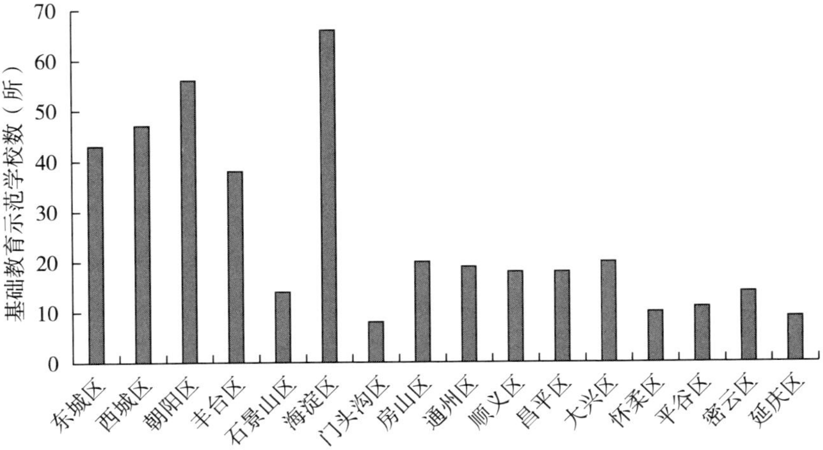

图 3－9　北京市 2021 年各区基础教育示范学校数

数据来源：北京市教育委员会

2. 各区基础教育示范学校数占比分析

图3－10详细展示了北京市2021年各行政区基础教育示范学校数在其基础教育学校总数中的占比情况。首先，东城区和西城区基础教育示范学校占比较高，分别为27.92%和25%。这两大行政区在示范学校建设上表现突出，反映了其基础教育的高质量和领先水平。其次，朝阳区、丰台区、石景山区、海淀区和密云区基础教育示范学校占比位于10%至20%的范围内，显示出这些行政区在基础教育资源分配上的相对均衡性和合理性。然而，尽管海淀区示范学校数量在全市范围内位居前列，但其占比相较于东城区和西城区仍有一定差距，这可能与海淀区基础教育学校总数的庞大基数有关。此外，门头沟区基础教育示范学校占比恰好为10%，其他行政区示范学校占比均低于10%，其中通州区占比最低，仅为5.07%，这些区域在基础教育示范学校建设方面还存在发展潜力和提升空间。

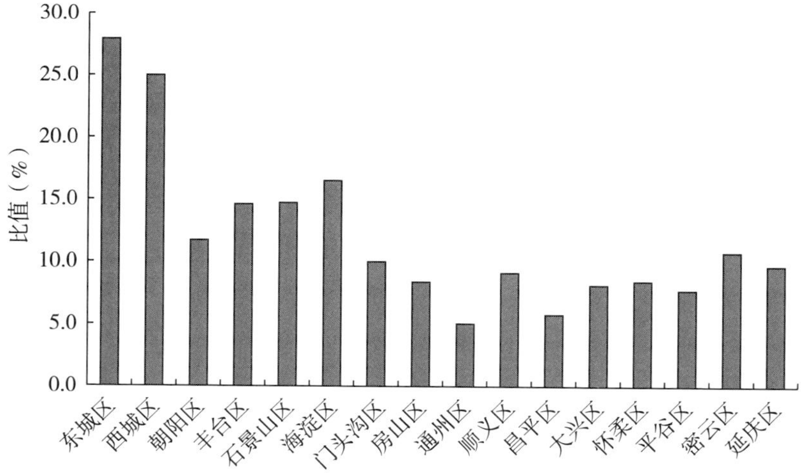

图3－10　北京市2021年各区基础教育示范学校数和总学校数的比值

数据来源：北京市教育委员会

三、北京市职业教育供给结构分析

职业教育是服务于地方经济社会发展的教育门类，肩负着为区域经济社会发展培养和输送应用型人才的重任，职业教育与区域发展的协调性对双方的持续进步具有深远的影响。因此，深入剖析北京市职业教育的供给结构，探讨其优化调整策略，对于推动首都经济社会与职业教育的共同发展具有重要的现实意义。本研究依据教育层次的不同，将职业教育细化为中学职业教育和高等职业教育两大类别。

（一）职业教育层次结构分析

职业教育一般有高职、中职和初职三个层次，每个层次的教育目标均指向特定的人才需求。确保这三个层次职业教育维持合理的结构与比例，不仅有助于职业教育的健康发展，同时也对地方经济社会的发展产生积极影响。经过数十年的发展，北京市职业教育在层次结构上不断演变。目前，从各类职业学校构成来看，北京市已鲜见初级职业学校的身影。职高、中专和中技等中等职业学校已成为北京市职业教育的主要力量，而高职、高专则承担着培养高级技能人才的重要任务，成为北京市职业教育的重要支柱。

2012 年北京市中等职业教育在校生数量达到峰值，共计 189740 人，但随后呈现下降趋势，直至 2021 年才出现回升迹象。与此同时，自 2010 年起，北京市高等职业教育的学生规模也持续缩减，直至 2021 年首次出现增长。截至 2022 年，北京市中等职业学校和高等职业学校在校生数量分别为 54596 人和 124965 人，如图 3－11 所示。这一数据变化反映了北京市职业教育结构的动态调整，同时也揭示了其对于区域经济社会发展的适应性变化。

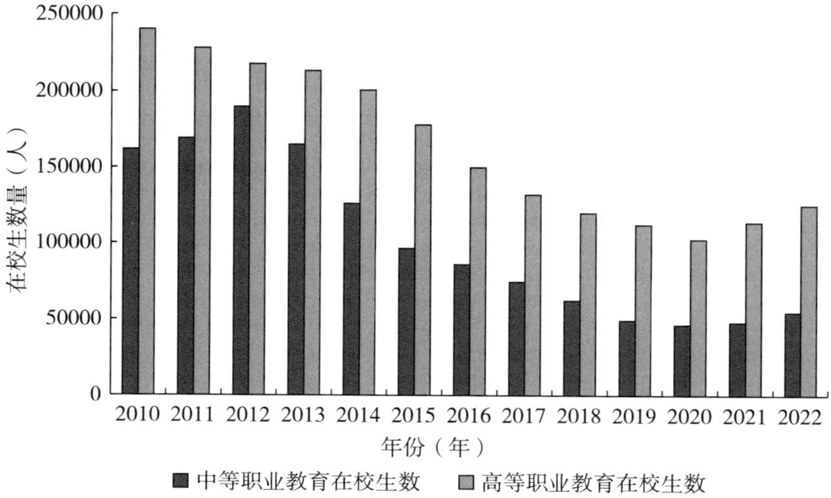

图 3－11　北京市 2010—2022 年中等、高等职业学校在校生数量

数据来源：北京市教育委员会、教育部、国家统计局

2010—2022 年，北京市职业教育在校生中，高等职业教育在校生数占比情况如图 3－12 所示。2012 年，北京市高等职业教育在校生数占比达到了 13 年间最低，为 53.43%。自此之后，高等职业教育在校生的占比呈现出一种稳定的、渐进的增长趋势。在这 13 年间，北京市高等职业教育在校生数占比提高了 9.85%。这一变化不仅反映了北京市职业教育结构的积极调整，也体现了北京市在职业教育发展上对于高端技能人才培养的日益重视。至 2022 年，北京市高等职业教育在校生数量占比已达 69.59%。这一数据充分表明，北京市的职业教育正逐步向高端化、专业化方向发展。这一趋势不仅有助于提升职业教育的整体质量，也将为北京市的经济社会发展提供更加坚实的人才支撑。

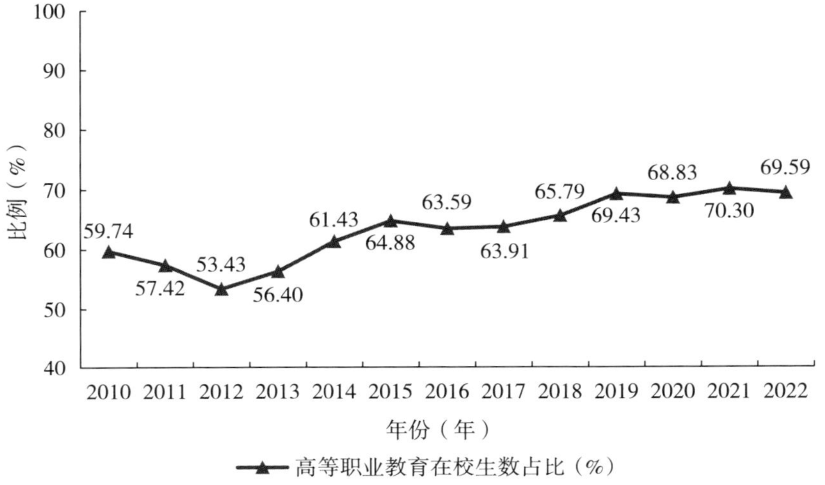

图 3－12　北京市 2010—2022 年高等职业教育在校生数量占比

数据来源：教育部、国家统计局

（二）职业教育规模结构分析

北京市 2010—2022 年中等职业学校数量如表 3－7 所示。2010 年以来，除 2013 年和 2020 年外，北京市中等职业学校数量逐年递减，从 2010 年的 107 所降至 2022 年的 77 所。

表 3－7　北京市 2010—2022 年中等职业学校数量

年份	2010	2011	2012	2013	2014	2015	2016	2017	2018	2019	2020	2021	2022
中等职业学校数（所）	107	102	96	97	94	93	92	89	86	84	84	83	77

数据来源：北京市教育委员会

关于中等职业学校的在校生数量，自 2010 年起呈现“升—降—升”的趋势，而教职工数和专任教师数则整体呈下降趋势，具体如图 3－13 所示。

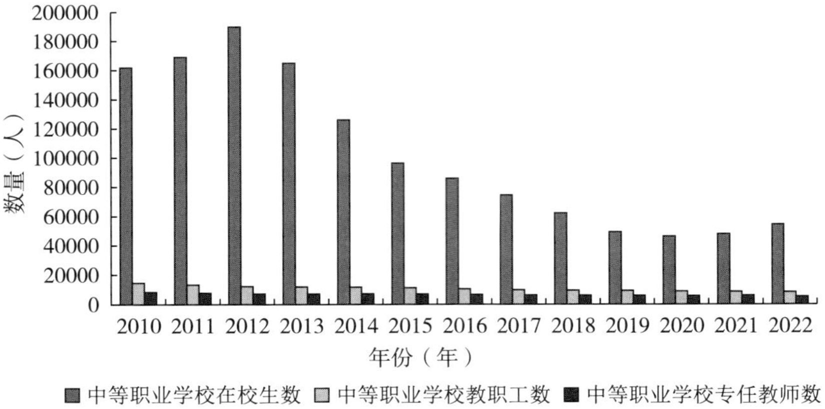

图 3－13　北京市 2010—2022 年中等职业学校在校生、教职工、专任教师数

数据来源：北京市教育委员会

中等职业学校的生均一般公共预算教育事业费支出始终保持逐年增长的态势，从 2010 年的 15583. 79 元增长至 2022 年的 72577. 72 元，增幅高达 365. 73%，如图 3－14 所示。这一增长体现了北京市对中等职业教育投入力度的加大以及对提升职业教育质量的重视。

图 3－14　北京市 2010—2022 年中等职业学校生均一般公共预算教育事业费支出

数据来源：教育部、国家统计局

北京市 2020—2022 年高职院校招生及在校生情况，如表 3－8 所示。在 2022 年，北京市共有 25 所独立设置的高职院校招生，招生人数达 2.2 万人，比上一年增加 2582 人，增幅达 13.22%；毕业生 2.2 万人，比上一年增加 1036 人，增幅达 4.87%。

表 3－8　北京市 2020—2022 年高职院校学生规模

数量(万人)	年份(年)		
	2020	2021	2022
招生人数	2.1	2.0	2.2
毕业生人数	2.0	2.1	2.2

数据来源：北京市高等职业教育质量年度报告

基于北京市教育委员会发布的 2014—2022 年统计数据，本书对北京市高职院校教职工及专任教师数量变化进行了分析，如图 3－15 所示。关于高职院校教职工数量，其变动趋势呈现为先降后升的态势。其中，2014—2020 年，教职工数量呈现出逐年递减的趋势。至 2020 年，这一数字已降至 8001 人，达到了这一阶段的最低点。然而，在随后的两年（2021 年和 2022 年）中，教职工数量出现了轻微回升。截至 2022 年底，教职工总数已回升至 8145 人。对于专任教师数量的变动，整体呈现出下降趋势。其数由 2014 年的 5055 人降至 2022 年的 4226 人。其中，2018 年和 2022 年这两个年份的专任教师数量有所上升。北京市高职院校教职工和专任教师数量的变化揭示了北京市高等教育领域在人力资源配置上的动态调整。

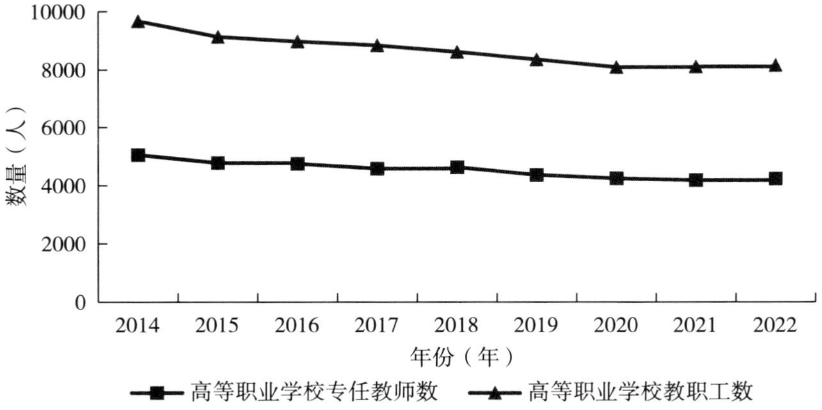

图 3－15　北京市 2014—2022 年高等职业学校教职工、专任教师数

数据来源：北京市教育委员会

（三）职业教育专业结构分析

2022 年，北京市中学职业学校（不含成人中专和技工学校）共开设有 16 大类 176 个专业，分别占《职业教育专业目录（2021 年）》中职专业大类总数的 94.74%，中职专业总数的 49.16%，专业布点总计 539 个，显示了北京市在职业教育领域的广泛覆盖和深度布局。从各专业大类在校生人数占比来看，排在前五名的专业大类依次为文化艺术大类、教育与体育大类、信息技术大类、交通运输大类、医药卫生大类，这 5 大类专业在校生人数占总数的 67.14%。具体如表 3－9 所示。

表 3-9　北京市 2022 年中学职业教育分专业大类在校生占比情况

分类	专业大类	在校生占比（%）
第一产业	农林牧渔大类	4.06
第二产业	资源环境大类	0.85
	能源与新能源大类	0.31
	土木水利大类	2.52
	加工制造大类	3.20
	轻纺食品大类	1.49
	交通运输大类	12.58
	信息技术大类	12.61
第三产业	医药卫生大类	12.07
	财经商贸大类	8.85
	旅游服务大类	5.45
	文化艺术大类	15.79
	教育与体育大类	14.09
	司法服务大类	0.21
	新闻传播大类	3.33
	公共管理与服务大类	2.59

数据来源：北京市教育委员会

2022 年高等职业学校各专业在校生数量占比前四名分别是教育与体育大类、电子信息大类、医药卫生大类、财经商贸大类，均超过 10%。相比之下，资源环境与安全大类、轻工纺织大类、食品药品与粮食大类、生物与化工大类、水利大类、旅游大类的在校生数占比较小，均低于 3%。具体如表 3-10 所示。

表 3－10　北京市 2022 年高等职业教育分专业大类在校生占比情况

分类	专业大类	在校生占比（%）
第一产业	农林牧渔大类	5. 74
第二产业	资源环境与安全大类	1. 37
	土木建筑大类	3. 84
	装备制造大类	6. 11
	轻工纺织大类	0. 18
	食品药品与粮食大类	0. 81
	生物与化工大类	0. 78
	交通运输大类	8. 70
	水利大类	0. 20
	电子信息大类	13. 25
第三产业	医药卫生大类	12. 55
	财经商贸大类	12. 20
	旅游大类	2. 28
	文化艺术大类	5. 15
	新闻传播大类	3. 53
	教育与体育大类	13. 70
	公安与司法大类	3. 11
	公共管理与服务大类	6. 50

数据来源：根据北京市教育委员会数据整理

按第一产业、第二产业、第三产业对中高职业教育相关科类进行划分，北京市 2014—2022 年中等职业教育三产业专业在校生数量占比如图 3－16所示，北京市 2014—2022 年高等职业教育三产业专业在校生数量占比如图 3－17 所示。相比中等职业教育，高等职业教育的三产业在校生数量占比较为稳定，第三产业在校生数量基本维持在 60% 左右，第一产业在校生数量占比缓慢提升。2022 年，中等职业教育第一产业、第二产业、第三产业在校生数占比分别为 4. 06%、33. 57% 和 62. 37%；高等职业教育第一产业、第二产业、第三产业在校生数占比分别为5.74%、35.24%和59.02%。

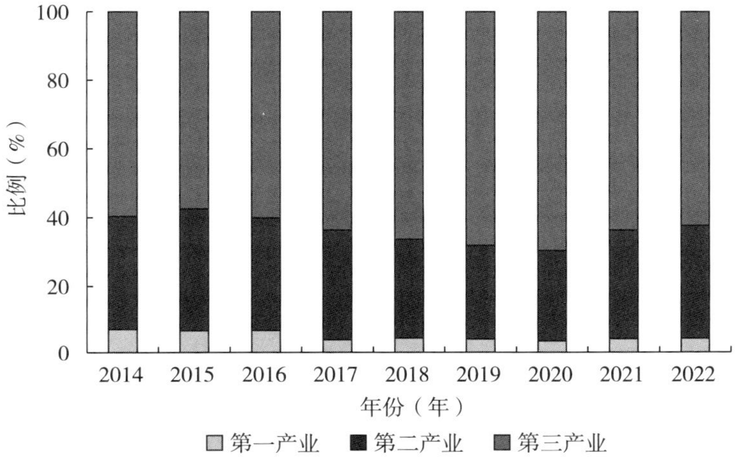

图3-16　北京市2014—2022年中等职业教育三产业专业在校生数量占比

数据来源：北京市教育委员会

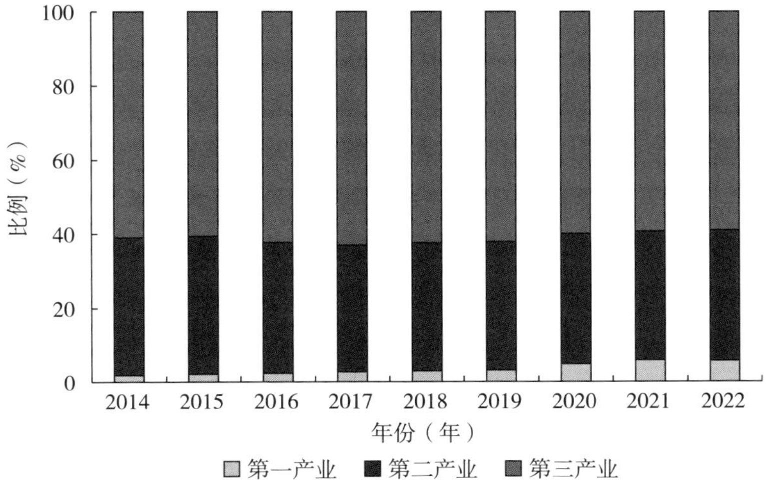

图3-17　北京市2014—2022年高等职业教育三产业专业在校生数量占比

数据来源：北京市教育委员会

（四）职业教育类型结构分析

2022年，北京市共有25所独立设置的高等职业院校，这些院校在办学性质上呈现多元化格局。其中，公办院校占据主导地位，共计16所，占比达到64%，显示出公办教育在北京高等职业教育体系中的核心地位。与此同时，民办院校作为补充，数量为9所，占比36%，体现了北京市在高等职业教育领域内的多元化办学策略。此外，市教委办学4所，其他委办局或总公司所办学10所，区县政府办学2所，民办9所，这种多元化的办学模式不仅丰富了北京市的高等职业教育生态，也体现了政策在推动高等职业教育发展上的灵活性和多样性。从院校类型分布来看，财经和理工院校在北京市的高等职业教育体系中占据重要地位。其中，财经院校有7所，占比达到28%，这反映了北京市作为经济中心，对财经类人才的强烈需求。理工院校紧随其后，数量为6所，占比24%，显示出北京市对工程技术领域的重视和发展。这两类院校的占比总和超过一半，充分说明了财经和理工两大领域在北京市高等职业教育中的重要地位。北京高职院校办学类型如表3－11所示。

表3－11　北京市2022年高职院校办学类型结构　　单位：所

学校类型	财经院校	理工院校	综合大学	政法院校	艺术院校	农业院校	语文院校	体育院校	医药院校	合计
数量	7	6	3	3	2	1	1	1	1	25

数据来源：中国教育部、中国国家统计局

（五）职业教育布局结构分析

北京市高职院校在空间分布上也具有显著的不均衡性。北京市2022年各区高职学校分布情况如图3－18所示。在各区中，昌平区以5所高职院校数量居首；通州区4所；朝阳区、房山区和大兴区均为3所；海淀区、丰台区、石景山区各有2所；而怀柔区则仅有1

所。其中，东城区、西城区、顺义区、平谷区、门头沟区、延庆区、密云区并未设立高职院校。整体而言，这种分布格局大致与北京市各区的经济发展水平和人口规模一致，即中心城区高职院校数量多，分布也很集中，是北京市经济社会多年发展的结果。然而，随着近年来北京市强调各区县职业院校的属地服务功能，这种空间分布格局在一定程度上存在其不合理之处。对于那些没有或很少有高职院校的区县而言，其高职人才培养和经济社会发展的需求可能无法得到充分满足，这在一定程度上制约了这些区域的发展潜力。

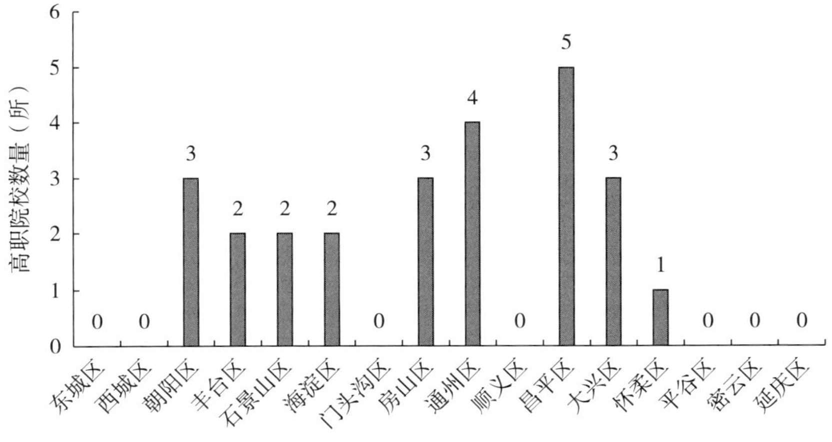

图 3－18　北京市 2022 年各区高职学校分布

数据来源：北京市教育委员会

北京市 2022 年各区中职学校分布具体如图 3－19 所示。2022 年北京市具有招生资格的中等职业学校有 67 个，其中普通中专学校 28 个，职业高中 39 个。在空间分布上，这些学校呈现出显著的不均衡性。以区为单位来看，西城区和朝阳区以 8 所中职学校数并列首位；房山区以 7 所的数量紧随其后；丰台区、石景山区和顺义区各有 6 所；而大兴区和怀柔区各有 2 所；平谷区、门头沟区、延庆区、密云区则各仅有 1 所。这种空间分布的不均衡性主要受到地理位置、人口总量和经济发展水平的影响。首都核心区和城市功能拓展区由于人口密集、经济发达以及作为交通核心枢纽区，拥有更多的职业学校布局。而远郊区县则因人口相对稀少，经济发展相对滞后，中职学校数量相对较少。

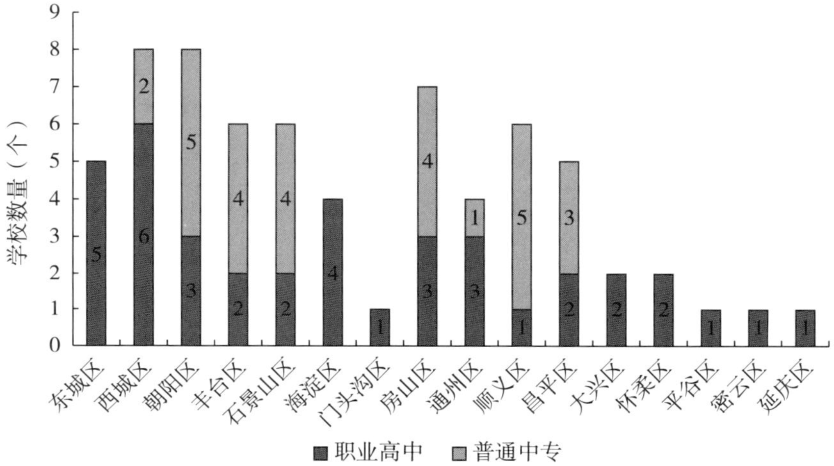

图 3-19 北京市 2022 年各区中职学校分布

数据来源：北京市教育委员会

第四章

北京市科技水平特征分析及人才需求预测

科技人才作为教育、经济和人口三大维度的交汇点，其研究与预测不仅具有深远的理论价值，更在实践层面具有举足轻重的意义。从人口的维度来看，科技人才作为人口结构中的特殊群体，其数量、结构、分布等特征都受到人口变动的影响。同时，科技人才的发展也反过来影响着人口素质的提升和人口结构的优化。从教育的维度来看，科技人才的培养是教育体系中的关键一环。教育作为人才培养的摇篮，其质量、规模、结构直接影响着科技人才的数量和质量。从经济社会的维度来看，科技人才是推动经济增长和产业升级的重要力量。与此同时，科技人才已成为国家和企业竞争力的核心要素。近年来，北京市着力推进“四个中心”功能建设，深入贯彻落实创新驱动发展战略，在依托高校及科研院所的基础上，大力发展中关村自主创新示范园区，创新人才、资源高度集聚，创新环境日趋完善，北京市的创新能力得到显著提升，创新成果显著，奠定了良好的科技创新发展基础。在此基础上，北京市积极服务国家重大战略需求，全力推进科技创新中心建设，充分发挥科技创新对北京高质量发展的支撑作用。

一、北京市科技水平发展现状分析

科技水平是地区综合竞争力的关键，其不仅作为经济增长的驱动力，更在推动社会进步与转型中扮演核心角色。因此，本节对北京市科技水平现状进行了深入分析，重点从科研投入、科研产出、科研环境以及科技人才这四个维度展开。

（一）科研投入分析

1. 研究与试验发展（R&D）经费内部支出

研究与试验发展（R&D）经费是指开展研究和发展活动实际支出的全部费用，是评价一个地区科技实力和创新能力的重要指标。随着北京市国际科技创新中心建设规划的深入实施，提高科研经费的使用效率成为促进北京市科技发展的关键。2010 年以来，北京市研究与试验发展（R&D）经费内部支出逐年增长，2010 年 R&D 经费内部支出为 8218235 万元，2022 年达到 28433394 万元，较 2010 年增长了约 2.5 倍。具体如表 4－1 所示。

表 4－1　北京市 2010—2022 年研究与试验发展（R&D）经费内部支出按执行部门分组情况

年份	科研机构所（万元）	高等学校（万元）	企业（万元）	事业单位（万元）	合计（万元）	相当于地区生产总值比例（%）
2010	4017111	1101609	2988031	111484	8218235	5.69
2011	4343010	1233547	3655260	134623	9366440	5.63
2012	4885351	1369404	4213920	164965	10633640	5.59
2013	6023924	1366460	4283298	176787	11850469	5.61
2014	6409252	1456552	4634972	187177	12687953	5.53
2015	7027642	1626476	4964801	221312	13840231	5.59

续表

年份	科研机构所（万元）	高等学校（万元）	企业（万元）	事业单位（万元）	合计（万元）	相当于地区生产总值比例（%）
2016	7301166	1604357	5604315	335925	14845762	5.49
2017	7412398	1828063	6183816	372235	15796512	5.29
2018	8282682	2154934	7805000	465085	18707701	5.65
2019	9942383	2808088	9081986	503413	22335870	6.3
2020	10062680	2623748	10080323	499042	23265793	6.47
2021	11462361	2922095	11366532	542220	26293208	6.53
2022	12332269	3116342	12400254	584530	28433394	6.83

数据来源：北京统计年鉴

按执行部门对北京市研究与试验发展（R&D）经费内部支出进行分组，可以分为科研机构、高等学校、企业和事业单位。其中，科研院所和企业的支出比例较大。2010 年以来，企业的 R&D 经费内部支出飞速增长，并于 2020 年首次超越了科研机构。

北京市 R&D 经费内部支出占地区生产总值比例在 2010—2017 年有小幅度波动，略有下降。2017—2022 年开始呈现增加趋势，2022 年的R&D经费内部支出占 GDP 的比例相较于 2017 年提升了 1.54%。其中，2018—2019 年的增长速度最快，近两年其增长速度有所下降。具体如图 4－1 所示。

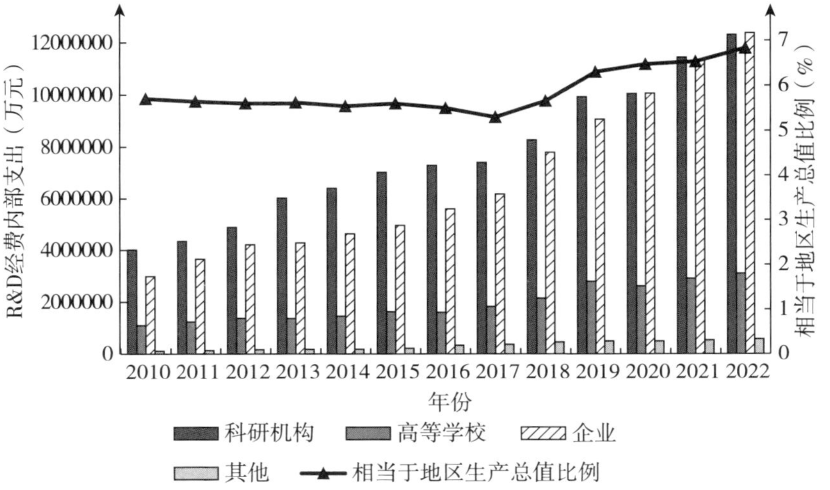

图 4－1　北京市 2010—2022 年各类执行部门 R&D 经费内部支出变化

数据来源：北京统计年鉴

2. 科学技术一般公共预算支出

北京市正在加大对科学技术研发的投入，注重提升科技创新能力和推动经济转型升级。北京市科学技术的一般公共预算支出整体呈上涨趋势，具体如图 4－2 所示。

北京市科学技术一般公共预算支出在 2010—2022 年波动增长，2017 年和 2018 年增长较多，但在 2020 年有所减少，2021 年仅比 2019 年高 16 亿元，在 2022 年达到了 488.7 亿元。北京市科学技术一般公共预算支出占总预算支出的比例大致呈现“W”形变化。2010—2012 年，该比例在逐年下降；2012—2014 年，该比例逐年上升；到 2016 年下降到最低值 4.46%；在此之后，该比例逐年上升，2022 年达到了 6.54%。

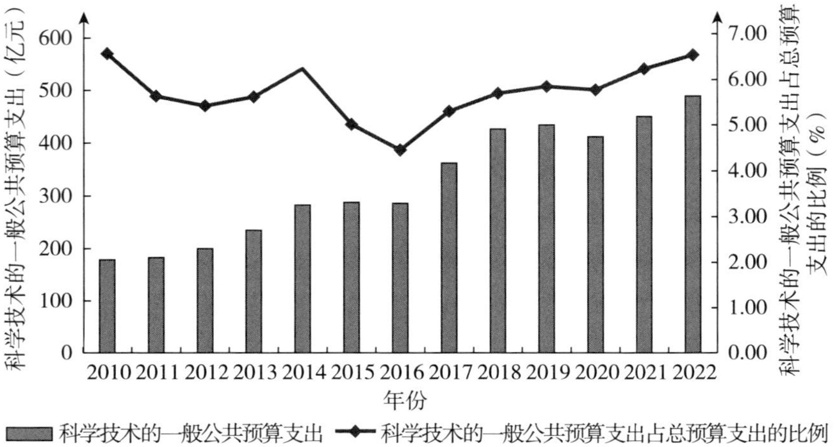

图 4-2　北京市 2010—2022 年科学技术的一般公共预算支出情况

数据来源：北京统计年鉴

（二）科研产出分析

1. 专利授权量

专利授权量是衡量地区创新能力的重要指标之一，它反映了地区技术发展活动是否活跃，直接体现了技术创新和知识产权保护的成果。北京市 2010—2022 年专利授权情况如图 4-3 所示。

北京市的专利授权量近年来呈现增长趋势。截至 2022 年，北京市的专利授权量已经突破 20 万件，这一数据不仅彰显了北京在知识产权保护方面的坚实步伐，更凸显了其在技术创新领域的勃勃生机。其中，除 2017 年外，实用新型专利的授权数量稳居榜首，这反映出北京市在技术应用与实用新型研发上的持续活力。发明专利授权量也呈稳定上升态势，2022 年达到 88127 件，折射出北京市在原创技术研发上的不断进步。相对而言，外观设计专利的授权数量则表现出一定的波动性，这可能与市场需求、设计潮流的变化等多重因素有关。总体来看，北京市的专利授权情况充分展现了其在科技创新和知识产权保护方面的卓越成就。

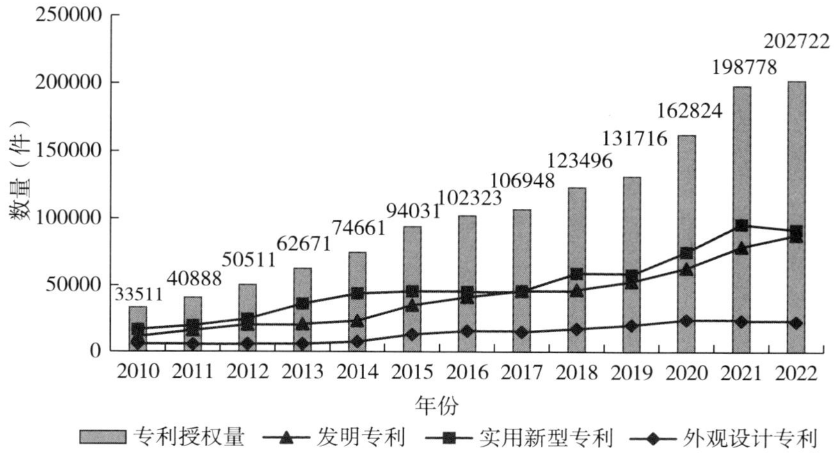

图 4－3　北京市 2010—2022 年专利授权情况

数据来源：北京统计年鉴、北京科技年鉴

2. R&D 科研产出情况

发表科技论文和出版科技著作是衡量地区科研产出质量的重要指标。科技论文是科研成果的直接体现，代表了科研人员在特定领域的最新发现和见解；而科技著作则是对某一领域知识体系的系统梳理和总结，具有较高的学术价值和实践指导意义。北京市 2010—2022 年 R&D 科研产出情况如图 4－4 所示。

在此期间，北京市的科技论文发表量经历了显著的增长，从 2010 年的 39384 篇跃升至 2022 年的 68417 篇，这一趋势凸显了北京市科研领域的强劲发展势头，显著提升了其在国内外的学术地位。与此同时，北京市在科技著作出版方面也取得了丰硕成果。截至 2022 年，北京市已累计出版科技著作 27917 种，这些著作不仅为科研人员提供了宝贵的知识资源，也为科技产业的进步奠定了坚实基础。

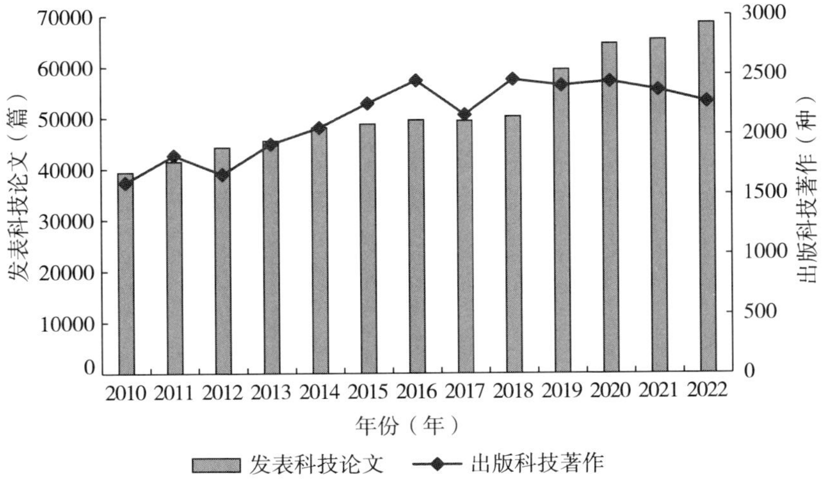

图 4-4　北京市 2010—2022 年 R&D 科研产出情况

数据来源：北京科技年鉴

总体来看，北京市在 2010—2022 年的科研创新实力得到了显著增强。这种提升不仅体现在学术产出的数量上，更体现在科研成果的质量与转化能力上。越来越多的科研成果被转化为实际应用，有力推动了北京市及全国的经济社会发展。

（三）科研环境分析

1. 技术市场环境

北京市技术合同数和技术合同成交额反映了技术市场的活跃程度以及科技创新的成果转化情况，可以帮助了解北京市科技创新水平和经济发展动态。北京市 2010—2022 年技术合同数和技术合同成交总额情况见图 4-5。

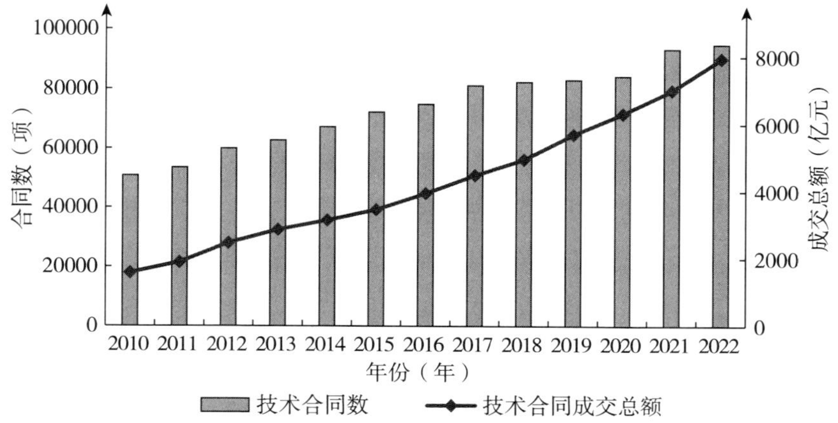

图 4 –5　北京市 2010—2022 年科技市场分析

数据来源：北京统计年鉴

2010—2022 年，北京市技术合同数逐年提升，从 2010 年的 50847 项增加到 2022 年的 95061 项，与之相对应的技术合同成交总额也从 2010 年的 1579. 5 亿元提升到 2022 年的 7947. 5 亿元，表明北京市科技创新能力的不断提升和技术市场的持续繁荣发展，为当地经济的发展注入了新的动力，同时也促进了科技成果的转化和应用，推动了科技产业的健康发展。

2. 薪酬待遇情况

北京市科学研究和技术服务业从业人员平均工资水平能够反映从事该行业工作者的待遇，较高的待遇能够对人才具有较大的吸引力。北京市科研从业人员平均工资逐年稳定提升，从 2010 年的 71247 元增加到 2022 年的 187588 元，增长至原来的 2. 6 倍多，具体如图 4 –6 所示。

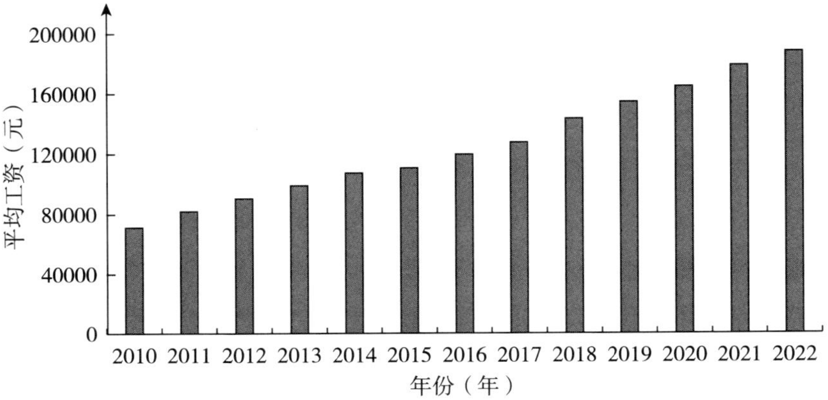

图 4－6　北京市 2010—2022 年科学研究和技术服务业从业人员平均工资水平

数据来源：北京统计年鉴

3. 研究与开发机构情况

研究与开发机构作为科技创新的重要主体，其发展水平也直接影响着科技创新的广度和深度。北京市 2010—2022 年研究与开发机构数量变化趋势，如图 4－7 所示。研究与开发机构数在 2010—2018 年变化不明显，主要在 300 个左右波动变化；2018—2020 年显著增长，2020 年提升到 445 个，2021 年数量下降到 417 个，2022 年数量下降到 405 个。科学研究和技术服务业从业人员平均工资的提升和研究与开发机构数量的增长，表明北京市的科研环境逐渐提高，科技创新体系在日益完善，为科技创新和产业发展提供了良好的支撑和保障。

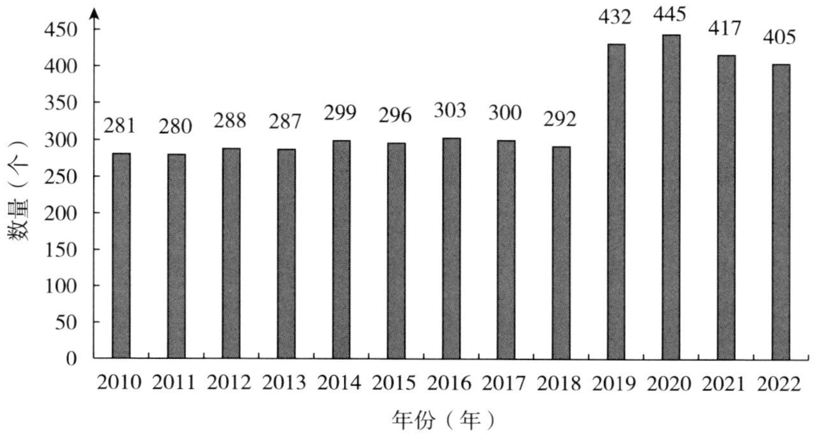

图4－7　北京市2010—2022年研究与开发机构数量

数据来源：北京统计年鉴

（四）科技人员情况分析

R&D人员数量的变化能较为直观地了解某地区在科技方面人员投入的多少。R&D人员折合全时当量是指R&D全时人员工作量与非工作全时人员按实际工作时间折算的工作量之和，是国际上通用的、用于比较科技人力投入的指标。

1. 按活动类型分

2022年，北京市R&D人员已达546747人，相比2021年增加了73887人。与此同时，R&D人员折合全时当量已达373235人年，相比2021年增加了34936人年，提升了10.33%。按活动类型分类，R&D人员折合全时当量可以分为基础研究、应用研究和试验发展，其中试验发展的R&D人员折合全时当量最高，2022年达到了178429人年，占比47.81%，具体如表4－2所示。自2010年以来，北京市的R&D人员和R&D人员折合全时当量总体上均呈现增长态势，尽管在个别年份中出现了细微的波动，但这并不影响其整体向上的发展趋势。

表 4－2　2010—2022 年北京市科技人才情况

年份	R&D 人员（人）	R&D 人员折合全时当量（人年）			
		按活动类型分			合计
		基础研究	应用研究	试验发展	
2010	269932	29482	52441	111794	193717
2011	296990	31734	54739	130782	217255
2012	322417	34603	57825	143067	235495
2013	334194	35933	59253	146991	242175
2014	343165	39042	59082	147263	245387
2015	350721	41324	61644	142763	245728
2016	373406	46337.2	63694.4	143306.1	253336.7
2017	397281	47428.9	70539.3	151873.9	269842.1
2018	397034	50047.5	70880.2	146431	267358.7
2019	464178	63478.4	92520.6	158058.6	314057.6
202	473304	75081.8	95185.8	166013.6	336281.2
2021	472860	75525	97159	165615	338299
2022	546747	84525	110283	178429	373235

数据来源：北京市科技统计年鉴、北京统计年鉴

2. 按执行部门分

北京市 2022 年 R&D 人员按照执行部门分类的统计情况如表 4－3 所示。

表 4－3　北京市 2022 年 R&D 人员（按执行部门分）情况统计

项目	研究与试验发展（R&D）人员（人）	研究与试验发展（R&D）人员折合全时当量（人年）			
			基础研究	应用研究	试验发展
合计	546747	373235	84525	110283	178429
企业	237479	154507	1751	14249	138508
工业企业	79152	53459	256	3875	49328
非工业企业	158327	101048	1495	10374	89180
科研机构	150908	127513	46540	47763	33210
高等学校	146363	83037	34031	44034	4973
事业单位	11997	8178	2203	4237	1738

数据来源：北京统计年鉴

截至 2022 年，北京市的 R&D 人员总计为 546747 人。按照执行部门分，北京市企业拥有的 R&D 人员数量为 237479 人，占比为 43.43%，企业中的工业企业拥有 R&D 人员数量为 79152 人，非工业企业拥有的 R&D 人员数量为 158327 人；科研机构拥有 R&D 人员数量为 150908 人，占比为 29.36%；高等学校拥有 R&D 人员数量为 146363 人，占比为 26.77%；事业单位拥有的 R&D 人员数量为 11997 人，占比为 2.19%。由此可以看出，北京市科技人才有四成左右在企业中工作，且多在非工业企业中工作。工业企业中 R&D 人员与非工业企业中 R&D 人员数量之比约为 1∶2。高等院校和科研机构各占将近三成，说明企业、高等院校和科研机构均是北京市科技创新不可或缺的主体。

从 R&D 人员折合全时当量角度去看，2022 年北京市各个执行部门的 R&D 人员，无论是在工业企业中，还是非工业企业中，大部分 R&D 人员从事的是试验发展工作；在科研机构中，从事试验发展工作的人员最少，但与从事基础研究、应用研究工作人员数量相差不大，三者分布较其他执行部门更为均匀；在高等学校中，从事应用研究的人员数量最多，其次是从事基础研究的人员，而从事试验发展人员数量最少；在事业单位中，同样是从事应用研究人员数量最多，基础研究和试验发展的人员数量相差不大，但与应用研究人员数量相比较少，基础研究、应用研究和试验发展三者占比大致为1∶2∶1。

3. 按行业门类分

2022年，北京市R&D人员按照行业门类分类的统计情况如表4-4所示。从表中可以看到，从事制造业的R&D人员数量占总量的13.44%；从事信息传输、软件和信息技术服务业的R&D人员数量占总量的14.38%；从事科学研究和技术服务业的R&D人员占总量的38.88%，占比最高；从事教育的R&D人员占总量的26.77%，占比排在第二位。从R&D人员折合全时当量的角度去看，在制造业与信息传输、软件和信息技术服务业中，从事试验发展的人员数量大幅多于基础研究和应用研究；而在科学研究和技术服务业中，三者占比接近1∶1∶1；在教育业中，R&D人员大多从事基础研究和应用研究，从事试验发展的人员数量较少。

表4-4　北京市2022年R&D人员（按行业门类分）情况统计

项目	研究与试验发展（R&D）人员（人）	研究与试验发展（R&D）人员折合全时当量（人年）			
			基础研究	应用研究	试验发展
合计	546747	373235	84525	110283	178429
制造业	73478	49707	256	3082	46370
信息传输、软件和信息技术服务业	78603	51730	122	3007	48600

续表

项目	研究与试验发展（R&D）人员（人）	研究与试验发展（R&D）人员折合全时当量（人年）			
			基础研究	应用研究	试验发展
科学研究和技术服务业	212556	167132	49492	58160	59480
教育业	146363	83037	34031	44034	4973

数据来源：北京统计年鉴

北京市作为全国科研发展导向，在科技人才发展上始终以加快实现高水平科技自立自强为根本，以支撑高质量发展为主线，努力发挥首都科技、人才优势。北京市经过近年来的发展建设，科技人才更加聚集，科研开发体系完整，科技创新能力得到了提升。

二、中关村国家自主创新示范区科技发展分析

中关村国家自主创新示范区（以下简称“示范区”）是中国科技创新的重要发源地和集聚区，吸引了众多高科技企业和研发机构入驻，并拥有丰富的科技资源和人才，该示范区在推动科技创新、产业发展和经济增长方面发挥着重要作用。考虑到北京市科学技术委员会、中关村科技园区管理委员会平台 2012 年统计口径与之后年份不统一，因此本节选取 17 个示范园区在 2013—2022 年的数据进行分析。

（一）示范区企业数量分析

企业数量的增长通常反映了示范区的经济活力和吸引力，企业数量的变化可以揭示示范区的发展阶段和趋势。中关村国家自主创新示范区在 2013—2022 年的企业数量变化见表 4－5。

表 4-5　北京市 2013—2022 年示范区企业数量

单位：个

园区	年份									
	2013	2014	2015	2016	2017	2018	2019	2020	2021	2022
总和	15455	15645	16693	19559	22013	22110	24892	27487	24055	24671
海淀园	9051	8007	8385	9586	11242	11354	12331	13726	10769	10087
丰台园	1387	1492	1471	1877	1768	1744	1900	2045	1857	2288
昌平园	1498	2106	1884	2456	3076	3072	3101	2762	2461	2484
朝阳园	1099	1061	1310	1445	1439	1362	1772	2064	2191	2339
亦庄园	556	666	698	853	862	844	1051	1219	1152	1372
西城园	469	471	511	598	650	669	835	1038	968	1021
东城园	193	285	318	388	428	435	490	527	447	487
石景山园	462	640	676	795	798	722	837	989	843	977
通州园	153	164	330	318	344	331	417	446	466	477
大兴园	189	204	279	284	294	289	377	473	499	540
平谷园	52	63	85	96	109	126	150	173	180	190
门头沟园	61	80	97	120	137	163	238	281	280	266
房山园	40	59	121	149	207	255	341	457	518	598
顺义园	106	134	226	260	300	344	447	595	731	799
密云园	25	77	117	129	135	141	155	187	220	241
怀柔园	88	101	139	144	152	156	197	235	233	247
延庆园	26	35	46	61	72	103	253	270	240	258

数据来源：北京市科学技术委员会、中关村科技园区管理委员会平台

总体上看，示范区的企业总体数量在 2013—2020 年呈现稳步增长的态势，2021 年有所下降，2022 年又有所回升。企业总数从 2013 年的 15455 家增长到 2022 年的 24671 家，即中关村示范区经济持续发展、活力旺盛。

不同园区间的企业数量增长模式呈现出显著的异质性。以海淀园为例，其企业数量始终维持在高水平，2013 年园区企业数为 9051 个，2022 年增加到 10087 个，在十年间整体提升了 11.45%，持续领跑其他园区。稳定且显著的增长态势彰显了海淀园作为科技创新高地，在吸引高新技术企业方面的显著优势。此外，丰台园、昌平园、朝阳园等亦拥有较多的企业数量。其中，朝阳园企业数量增长速度较快，从 2013 年的 1099 个增加到 2022 年的 2339 个，提升了 1 倍左右。亦庄园、西城园、石景山园等园区企业数量虽不及朝阳园和昌平园，但也呈现出稳定的增长趋势。但是平谷园、房山园、密云园等其余园区的企业数量相对较少，并且其增加速度也相差较大。其中，房山园从 2013 年的 40 个增加到 2022 年的 598 个，提升了 13.95 倍，增长势头强劲。而怀柔园从 2013 年的 88 个企业增加到 2022 年的 247 个，仅增加了 1.81 倍。

综上所述，中关村示范区内各子园区的企业数量增长呈现多样化的态势，既有成熟稳定的发展区域，也有正在崛起的园区。这些园区在推动地方经济发展、促进产业升级等方面发挥着重要作用。

（二）示范区期末从业人员数量分析

科技园区从业人数反映了该园区的科技创新能力、对人才的吸引和留存能力以及政府政策支持效果。从业人数的增长意味着科技产业的蓬勃发展，包括新技术的研发、创新产品的推出以及技术服务的提供等。中关村示范区 2013—2022 年期末从业人员数量变动见表 4－6。

表 4－6　北京市 2013—2022 年示范区期末从业人员数量

单位：万人

各园区从业人员	年份									
	2013	2014	2015	2016	2017	2018	2019	2020	2021	2022
总和	189. 88	201. 04	230. 81	248. 26	262. 04	272. 06	280. 96	290. 01	284. 91	279. 02
海淀园	86. 45	85. 77	101. 06	109. 12	119. 36	127. 54	130. 22	134. 21	123. 80	114. 43
丰台园	15. 72	16. 18	16. 88	17. 39	19. 72	19. 64	19. 80	18. 22	19. 53	20. 46
昌平园	14. 46	15. 03	15. 02	16. 05	16. 56	17. 09	17. 04	17. 82	17. 21	16. 78
朝阳园	18. 97	20. 44	22. 37	22. 46	23. 21	26. 05	26. 20	28. 52	32. 29	31. 47
亦庄园	18. 51	19. 16	21. 46	24. 13	22. 26	20. 28	19. 46	19. 64	19. 34	22. 30
西城园	6. 76	8. 18	9. 63	10. 50	10. 77	10. 67	11. 64	12. 89	14. 14	15. 60
东城园	4. 43	6. 54	7. 85	7. 31	8. 12	8. 83	9. 18	9. 41	9. 29	9. 71
石景山园	6. 83	8. 02	7. 53	8. 56	9. 09	8. 95	9. 42	10. 41	10. 59	10. 7
通州园	3. 36	3. 73	4. 87	4. 67	4. 90	4. 62	4. 72	5. 07	5. 06	4. 81
大兴园	3. 10	3. 31	3. 99	4. 62	4. 71	4. 86	4. 57	4. 79	4. 83	4. 95
平谷园	0. 85	1. 06	1. 19	1. 33	1. 75	1. 74	1. 66	1. 69	1. 96	1. 85
门头沟园	0. 81	2. 22	2. 02	1. 94	1. 83	1. 92	1. 75	1. 86	1. 81	1. 84
房山园	2. 02	2. 13	2. 50	3. 05	3. 48	3. 72	8. 07	8. 07	8. 22	6. 23
顺义园	4. 51	5. 54	9. 67	11. 72	10. 04	9. 31	10. 10	10. 27	10. 03	10. 82
密云园	0. 97	1. 36	1. 62	1. 77	2. 32	2. 89	3. 21	3. 06	2. 92	3. 07
怀柔园	1. 65	1. 86	2. 49	3. 00	3. 18	3. 09	2. 96	3. 03	2. 85	2. 83
延庆园	0. 47	0. 52	0. 65	0. 65	0. 75	0. 88	0. 96	1. 05	1. 05	1. 11

数据来源：北京市科学技术委员会、中关村科技园区管理委员会平台

整体而言，中关村示范区的从业人数呈现出显著的增长趋势，从 2013 年的 189.88 万人增长到 2022 年的 279.02 万人，体现了园区对科技人才的强大吸引力。这一增长态势不仅反映了科技产业的蓬勃发展，也揭示了园区在吸引和保留人才方面的显著成效。

具体到各园区，海淀园作为中关村示范区的核心区域，其从业人数一直稳居首位，从 2013 年的 86.45 万人增长到 2020 年的 134.21 万人，其间保持稳定增长趋势。尽管在 2021 年和 2022 年略有下降，2021 年为 123.80 万人，2022 年为 114.43 万人，但海淀园仍以其集聚的高科技企业和研发机构吸引着大量高端科技人才。自 2018 年开始，海淀园的从业人数增速有所放缓，这可能是受到人才市场饱和或产业结构调整的影响。其他园区如丰台园、昌平园、朝阳园、亦庄园的从业人数虽不及海淀园，但相较于其他园区仍具有明显优势。而延庆园、门头沟园等园区的从业人数相对较少，这可能与其产业发展定位、基础设施建设等因素有关。

从增长速度来看，不同园区之间存在显著差异。朝阳园和房山园在近年来表现出较快的就业增长趋势，特别是朝阳园，其从业人数从 2019 年的 26.2 万人增长到 2022 年的 31.47 万人，提升了 20.11%；房山园则在 2018 年后迅速崛起，一年内从业人数翻了 1.17 倍。然而，延庆园的从业人数增长则相对缓慢，2013—2022 年 10 年间仅增长了 1.36 倍。

中关村示范区的科技产业持续发展，对人才的需求呈现出多样化和高端化的趋势，这一趋势要求北京市在科技人才供给方面做出相应调整和提升，以更好地满足科技园区的人才需求，促进科技产业的持续健康发展。未来的政策制定和产业发展规划应充分考虑这一趋势，以推动中关村示范区乃至整个北京市的科技产业迈向更高的发展水平。

（三）示范区技术收入分析

科技园区的技术收入能够反映出园区技术创新能力和竞争优势以及技术转化能力，同时技术收入的增长不仅体现了园区内创新生态系统的完善，更是推动园区创新能力提升和吸引高素质科技人才的重要因素。中关村示范区 2013—2022 年在技术方面的收入变化情况见表 4－7。

从整体趋势来看，中关村示范区的技术收入在 2013—2022 年呈现持续增长的趋势。各园区技术收入总量从 2013 年的 4032.4 亿元增长到 2022 年的 22502.6 亿元，增长率高达 458%。这充分彰显了中关村示范区在科技创新和成果转化方面的卓越成就，技术收入已成为推动园区经济繁荣的核心动力。

具体来看，各园区之间的技术收入存在明显的差异。海淀园作为中关村示范区的核心区域，其技术收入始终保持在领先地位，并且增长速度较快，特别是近两年，其技术收入从 2019 年的 7491 亿元提升至 2022 年的 12768.8 亿元，增长了 70.46%，这反映了海淀园在科技创新、人才引进和产业发展等方面的突出优势。朝阳园、东城园和石景山园在 2013—2022 年也表现出强劲的增长势头。其中，东城园的技术收入从 2013 年的 96.9 亿元增长到 2022 年的 1289.9 亿元，翻了 12.31 倍，凸显了这些园区在科技创新和产业发展方面的巨大潜力和活力。而房山园、平谷园、密云园、延庆园等其余园区的技术收入增长虽然迅速，但是由于初始年份的技术收入基数较小，其整体收入水平仍相对滞后。以延庆园为例，尽管技术收入从 2013 年的 0.9 亿元增长到 2022 年的 20.9 亿元，但其技术收入水平仍处于较低水平。

表 4-7　北京市 2013—2022 年示范区技术收入

单位：亿元

各园区技术收入	年份									
	2013	2014	2015	2016	2017	2018	2019	2020	2021	2022
总和	4032.4	4837.7	6623	7610.4	9369.6	11174.3	13450.8	16027.4	20419.4	22502.6
海淀园	2365.7	2620.9	3520.8	4076.1	4914.7	6065.5	7491	8676.4	11901.3	12768.8
丰台园	304.7	338.6	468.4	503.9	682.3	712.6	825.7	655.3	712.2	820.2
昌平园	106.6	153.1	188	232.2	236.6	266	328.2	431.9	529.8	574.4
朝阳园	601.2	714	960.8	1011.2	1258.1	1534.5	1890	2586.1	3048.3	3051
亦庄园	204.5	226.3	228.3	316.4	279.1	306.3	366.5	501.7	615.9	851.4
西城园	192.1	171	234.2	250.2	340.3	331.4	351.5	455.6	675.3	1039.6
东城园	96.9	348.5	398.3	506.6	854.2	904.4	1041.1	1107	1020.9	1289.9
石景山园	107.8	190.1	242.3	309.6	356.7	465.7	457.2	780.9	945.7	1048.9
通州园	6.5	8.1	114.2	96.8	144.4	196.6	223	293.5	340	337.8
大兴园	13.5	18.8	30.1	36.3	40.6	47.9	55.1	63.5	70.3	77.9
平谷园	5	3.6	3.8	6.3	7.2	8.6	31.8	29.8	38.6	30.5
门头沟园	6.3	10	10.2	22.7	30.7	39.7	52.4	48.8	63.3	65.4
房山园	2.8	2.4	4.7	13.8	14	43.5	63.5	61.4	86.5	116.4
顺义园	6.3	11.7	170.1	164.9	174.4	207	227.8	276.5	242.1	322.9
密云园	0.4	2.2	3.9	6.9	8.4	9.8	12.2	24.2	51.4	59
怀柔园	11.5	17.7	22.3	39	16.4	18.8	20.1	21.6	24.1	27.5
延庆园	0.9	0.7	22.6	17.5	11.4	15.9	13.8	12.9	53.7	20.9

数据来源：北京市科学技术委员会、中关村科技园区管理委员会平台

综上所述，中关村示范区的技术收入在2013—2022年呈现出持续增长的趋势，各园区之间的技术收入存在明显差异，新兴园区展现出了巨大的发展潜力。各园区的科技创新和成果转化工作不断加强，技术收入持续稳定增长，为园区的持续发展提供了有力支撑。

（四）示范区的利润总额变化分析

示范区利润总额的变化可以反映未来的发展前景。园区的利润总额呈现持续增长的趋势，意味着该园区的产业结构健康、创新能力强、市场需求旺盛，未来发展前景较好。中关村示范区2013—2022年利润总额变化情况见表4－8。

从总体趋势来看，中关村示范区的利润总额呈现出显著的增长态势。从2013年的2264.8亿元增长到2022年的6901亿元，增长幅度超过了两倍。中关村示范区内的企业在经济效益方面取得了显著的提升，整体发展势头强劲。

具体到各个园区，海淀园的利润从2013年的938.4亿元增长到2022年的2539.4亿元，提升了170.61%，其利润总额一直保持在较高水平，且呈现出稳步增长的趋势。亦庄园的利润总额在2021年实现了利润总额的大幅增长，达到了1401.6亿元，相较于2020年的525.7亿元，增长了1.67倍，但在2022年又有所下降。大兴园的利润总额出现同样趋势，在2021年为1157.3亿元，是2020年48.5亿元的23.86倍，是利润增长最为显著的园区，但在2022年利润大幅下降；丰台园、昌平园、朝阳园等园区的利润也都有不同程度的增长，但增长速度和幅度有所不同；延庆园、房山园、平谷园属于初始年份的盈利情况较差，始终保持着增长趋势，但增长幅度较少；值得注意的是门头沟园区和密云园区，其利润总额相对较小，并且在部分年份出现了负数，特别是密云园区在2018—2020年利润持续为负数，2019年达到了－22.4亿元。

表 4-8　北京市示范区的利润总额

单位：亿元

各园区利润	年份									
	2013	2014	2015	2016	2017	2018	2019	2020	2021	2022
总和	2264.8	3031.5	3404.9	3732.4	4321.1	4413.3	4182.6	6344.7	7725.3	6901
海淀园	938.4	1142.3	1184	1407.9	1579.4	1355.2	1455	1870.9	2119.9	2539.4
丰台园	177.3	219.4	295.9	345.6	452.1	346.9	387.1	444.5	497.6	582.3
昌平园	208.8	266.3	267.7	203.1	218.3	324.8	258.2	367.9	303.4	517.9
朝阳园	343	490.4	446.3	441.9	344.1	593	424.8	944.5	531.2	675
亦庄园	234.4	233.5	317.7	371.4	489	491.3	519.9	525.7	1401.6	855.3
西城园	147.2	198.8	245.3	261.6	288.1	305.7	312.9	1104	685	154.7
东城园	48.2	146.5	183.2	181.1	158.7	238.5	246.2	280.5	264.8	292.7
石景山园	65.2	167.5	236.8	308.3	423.2	415.1	309.8	404.4	455	731
通州园	11.4	32.9	45	63.3	78.1	53.3	48	83.9	74.8	31.2
大兴园	24.1	20.9	28.4	40.8	41.4	50.8	55.7	48.5	1157.3	70.3
平谷园	3.6	4.3	5.4	7.7	7.4	8.5	2.6	9.5	9.7	9.4
门头沟园	2.7	7.1	7.6	-0.2	15.4	19	11.7	19.1	-0.1	5.6
房山园	0.6	1.6	11.9	19.3	17.6	27.3	13.3	19.7	28.9	21.2
顺义园	29.1	57.3	86.8	29.9	163.9	157.8	123.4	179.2	140.2	142.5
密云园	8.9	17.1	15.7	12.4	11	-1.4	-22.4	-9.1	9.3	21.2
怀柔园	18.4	19.9	19.7	34.9	24.7	29.6	33.8	46.1	30.8	26.6
延庆园	3.6	6	7.7	3.4	8.7	-2	2.6	5.2	16.2	224.8

数据来源：北京市科学技术委员会、中关村科技园区管理委员会平台

综上所述，中关村示范区各园区的利润增长情况存在明显差异，但整体呈现出积极的发展态势，核心园区的增长对整体利润增长起到了重要作用。而部分园区的利润增长虽慢但持续，显示出一定的发展潜力。未来，各园区需要进一步优化产业结构、提升创新能力、扩大市场需求，以实现更加稳健和可持续的发展。

（五）示范区的研究投入经费和研究开发人员分析

研究投入经费与园区整体经济发展和技术创新需求紧密相关，研究开发人员数量是研究投入经费变化的重要反映。随着研究投入经费的增加，园区通常会吸引更多的研究开发人员前来工作，这些人员是科技创新的核心力量，他们的数量和素质直接决定了园区科技创新的能力和水平。由于北京市科学技术委员会、中关村科技园区管理委员会平台对所有园区的相关数据展示仅从 2019 年开始，所以本书对 2019—2022 年的园区研究开发人员和研究投入经费的数据进行分析，具体见表 4 - 9。

1. 研究开发人员

示范区的研究开发人员在 2019—2022 年，人数从 86. 32 万人提升至 100. 56 万人，增加了 16. 5%，整体呈现出增长的趋势，反映了园区在吸引和培养人才、推动产业升级和转型方面的努力和成效。

具体到各园区，海淀园作为示范园区的核心区域，研究开发人员数量一直保持着领先地位。在 2019—2021 年，海淀园的研究开发人员数量持续增长，从 47. 63 万人增长到 52. 34 万人，增长率达到了 9. 89%，但在 2022 年人数下降了 2 万人左右；朝阳园从 2019 年的 8. 02 万人增长到 2022 年的 11. 27 万人，增长了 40. 52%，提升速度最快；西城园区和石景山园区研发人员增长率也达到 24% 左右；但平谷园、通州园、延庆园、密云园等园区的研究开发人员与其他园区差距较大，并且增长速度缓慢，尤其是通州园区，从 2019 年的 1. 21 万人增长到 2022 年的 1. 28 万人，仅提升了 5. 79%；东城园区研究开

表 4－9　北京市示范区的研究开发人员和研究投入经费

各园区研发人员（万人）	年份				各园区投入经费（元）	年份			
	2019	2020	2021	2022		2019	2020	2021	2022
总和	86. 32	90. 11	97. 84	100. 56	总和	3400. 1	3785. 4	4600. 2	4952. 4
海淀园	47. 63	49. 21	52. 34	50. 75	海淀园	1796. 9	1987. 1	2392. 9	2499. 1
丰台园	4. 78	4. 51	5. 07	5. 67	丰台园	227. 3	161. 9	210. 3	226. 7
昌平园	5. 38	5. 42	5. 86	5. 97	昌平园	184. 1	215. 9	257. 8	276. 1
朝阳园	8. 02	9. 18	10. 90	11. 27	朝阳园	341. 9	465. 6	508. 1	553. 5
亦庄园	4. 54	5. 09	5. 43	6. 40	亦庄园	201. 4	238. 4	326. 5	389. 7
西城园	3. 39	3. 60	4. 18	4. 86	西城园	104. 1	162. 5	206. 2	198. 6
东城园	2. 26	2. 26	2. 15	2. 56	东城园	109. 2	109. 6	106. 8	109. 6
石景山园	2. 78	2. 95	3. 45	3. 66	石景山园	143. 3	159. 5	215. 8	263. 3
通州园	1. 21	1. 19	1. 25	1. 28	通州园	52. 1	55. 5	60. 9	62. 8
大兴园	0. 99	1. 01	1. 15	1. 41	大兴园	43. 9	31. 9	85. 5	80. 4
平谷园	0. 33	0. 33	0. 37	0. 40	平谷园	7. 9	8. 3	10. 4	11. 6
门头沟园	0. 43	0. 47	0. 48	0. 44	门头沟园	10. 9	13. 3	15. 1	13. 1
房山园	0. 83	0. 90	1. 00	1. 15	房山园	26. 5	25. 2	30. 4	36. 1
顺义园	2. 32	2. 42	2. 64	3. 18	顺义园	96. 6	96. 2	116. 4	171. 6
密云园	0. 54	0. 59	0. 60	0. 57	密云园	24. 6	20. 5	21	18. 9
怀柔园	0. 64	0. 69	0. 70	0. 73	怀柔园	22. 8	25. 7	28. 4	30
延庆园	0. 25	0. 28	0. 26	0. 26	延庆园	6. 5	8. 4	7. 7	11. 2

数据来源：北京市科学技术委员会、中关村科技园区管理委员会平台

发人员数量从 2019 年的 2. 26 万人减少到 2021 年的 2. 15 万人，减少了 4. 87%，2022 年又增长到了 2. 56 万人，与 2021 年相比，提升了 19. 07%。

2. 研究开发经费

研究开发经费的投入从 2019 年的 3400. 1 亿元增加到 2021 年的 4600. 2 亿元，提升了 35. 30%。随着园区经济的发展和产业结构的升级，对科技创新的需求也日益增强，不断加大对研发经费的投入，以推动科技创新和产业升级。

具体到各个园区，海淀园在研究开发经费投入方面同样在 2019—2022 年遥遥领先，从 2019 年的 1796. 9 亿元增加到 2022 年的 2499. 1 亿元，显著超过了其他园区，表明了海淀园在科技创新和研发方面的强大实力与深厚底蕴；西城园、大兴园的研发经费投入增长率均达到 90% 以上，西城园从 2019 年的 104. 1 亿元增加到 2022 年的 198. 6 亿元，接近翻倍；另外，昌平园、朝阳园、亦庄园和石景山园的经费投入同样增长明显，均实现了 40% 以上的增长；相较之下，通州园、房山园、延庆园的研究经费增长速度较慢，为 15% 左右，而丰台园、东城园、密云园的研究经费投入出现了负增长，特别是密云园从 2019 年的 24. 6 亿元减少到 2022 年的 18. 9 亿元，减少了 23. 17%。

三、北京市经济技术开发区科技发展分析

北京市经济技术开发区，简称“经开区”或“北京亦庄”，是北京市唯一一个国家级经济技术开发区。该区位于北京市东南部，北临南五环，京沪高速穿区而过。经开区于 1992 年 4 月开工建设；1994 年 8 月，经国务院批准为国家级经济技术开发区；2010 年，市委、市政府授权开发区统一开发和管理大兴区 12 平方公里产业及配套用

地。2019 年 1 月，由开发区统一规划和开发建设亦庄新城。

（一）经开区 R&D 情况分析

经开区的 R&D 人员、R&D 人员折合全时当量和 R&D 经费内部支出这三项指标于 2011—2022 年的具体数据如表 4－10 所示。

表 4－10　北京市经开区 2011—2022 年 R&D 情况

年份	R&D 情况		
	R&D 人员数量（人）	R&D 人员折合全时当量（人年）	R&D 经费内部支出（万元）
2011	7351	5885	296539
2012	7253	5370	268107
2013	8460	6880	357388
2014	9499	6788	354829
2015	10181	7273	534926
2016	14666	11145	678398
2017	16533	11811	728543
2018	18222	11450	963428
2019	17755	11406	1002914
2020	18228	12493	1035649
2021	16926	12990	1473232
2022	26069	18882	1293426

数据来源：北京经济技术开发区统计年鉴

经开区 2011—2022 年的 R&D 人员数量的变化趋势如图 4－8 所示。从整体上看，R&D 人员数量呈现上升趋势，在这 12 年间最低时为 7253 人（2012 年），最高时为 26069 人（2022 年）。在 2011—2015 年和 2018—2021 年这两个阶段，经开区 R&D 人员数量的变化较为平稳。在 2015—2018 年，R&D 人员数量增加的幅度较大，从

2015 年的 10181 人增加到 2018 年的 18222 人，增加了 8041 人。在 2022 年，R&D 人员数量达到顶峰，为 26069 人，较 2021 年增加了 9143 人。

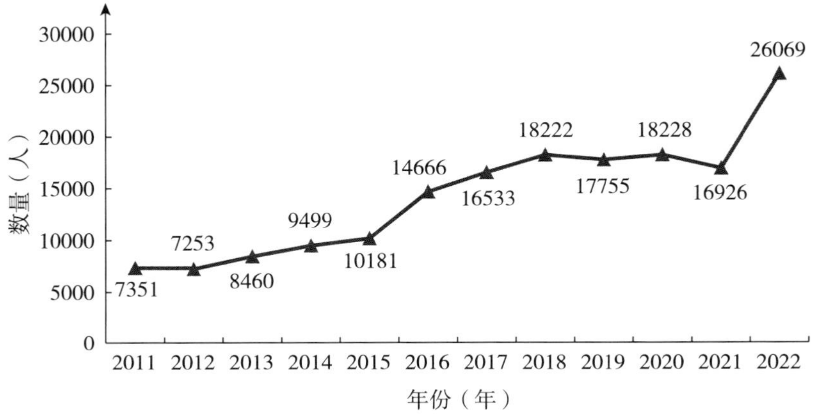

图 4 –8　北京市经开区 2011—2022 年 R&D 人员数量变化趋势

数据来源：北京经济技术开发区统计年鉴

经开区 2011—2022 年的 R&D 人员折合全时当量的变化趋势如图 4 –9 所示，在总体上呈现上升趋势。在 2015—2016 年和 2021—2022 年这两个阶段，R&D 人员折合全时当量增加的幅度较大，分别增加了 3872 人年和 5892 人年。其余阶段，R&D 人员折合全时当量的变化均较为平缓。

经开区 2011—2022 年的 R&D 经费内部支出的变化趋势如图 4 –10 所示。随着年份的增加，经开区 R&D 经费内部支出总体上呈现上升趋势。在 2022 年所支出的费用为 1293426 万元，较 2021 年支出的 1473232 万元降低了 179806 万元。

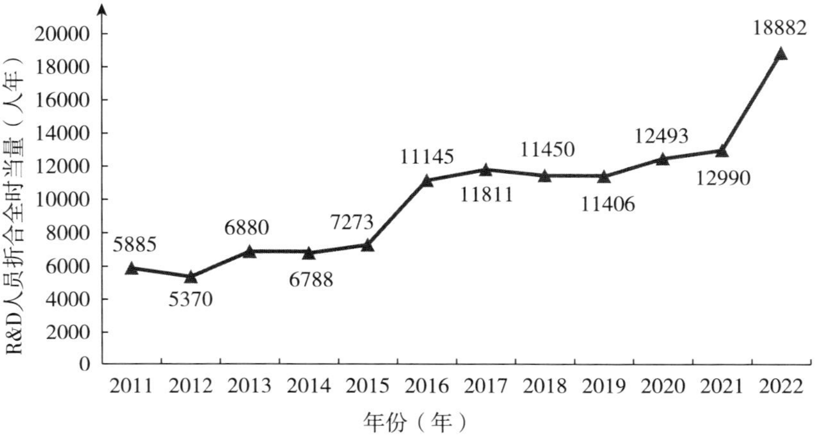

图 4 –9　北京市经开区 2011—2022 年 R&D 人员折合全时当量变化趋势

数据来源：北京经济技术开发区统计年鉴

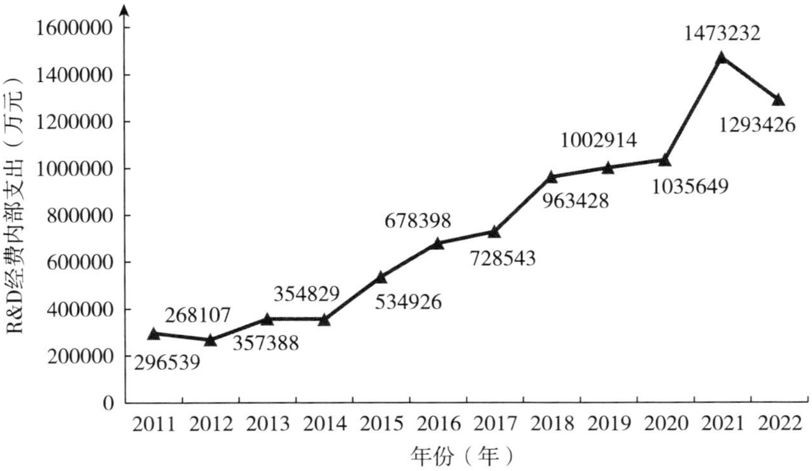

图 4 –10　北京市经开区 2011—2022 年 R&D 经费内部支出变化趋势

数据来源：北京经济技术开发区统计年鉴

（二）经开区专利情况分析

专利是专利权的简称，是对发明人的发明创造经审查合格后，由专利局依据专利法授予发明人和设计人对该项发明创造享有的专有权，包括发明、实用新型和外观设计。发明专利是指专利法及其实施细则所称的发明，是指对产品、方法或者改进所提出的新的技术方案，是三类专利中技术含量最高的一类。经开区 2011—2022 年专利数量情况如表 4－11 所示。

表 4－11　北京市经开区 2011—2022 年专利数量　　单位：件

年份	专利数		
	专利申请数	发明专利申请数	期末有效发明专利数
2011	1346	769	1080
2012	1752	793	1672
2013	2378	1213	2290
2014	2083	996	2374
2015	1667	781	3405
2016	2578	1272	4579
2017	2900	1543	5062
2018	14306	10226	19087
2019	6465	3864	8789
2020	10537	6639	11305
2021	11927	7794	14791
2022	14228	10076	17638

数据来源：北京经济技术开发区统计年鉴

经开区 2011—2022 年专利申请情况的变化趋势如图 4－11 所示。经开区 2011—2022 年专利申请数、发明专利申请数和期末有效发明专利数三者的变化趋势总体上相同。2011—2017 年，专利申请数和发明专利申请数都是平稳变化，期末有效发明专利数在逐年增加。2017—2018 年，三者均出现了大幅增加的情况，而在 2018—2019 年，三者均有大幅度下降。然而，在 2019—2022 年，三者的数量再次快速上升。

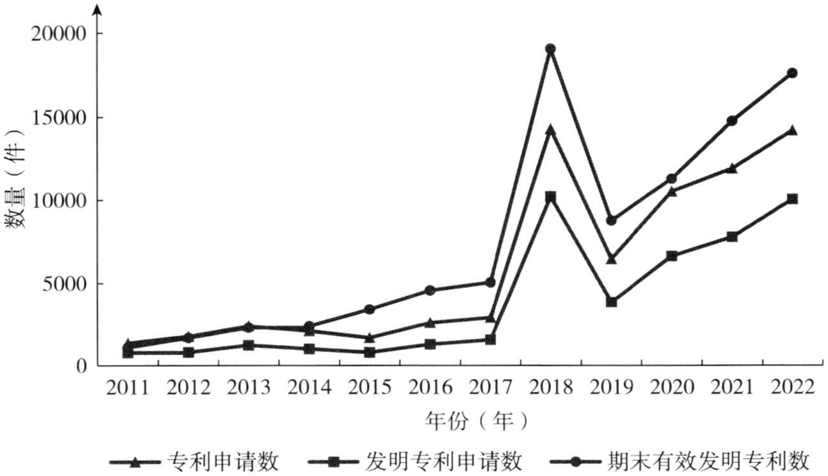

图 4－11　北京市经开区 2011—2022 年专利情况的变化趋势

数据来源：北京经济技术开发区统计年鉴

（三）经开区新产品销售分析

经开区 2011—2022 年新产品销售的总收入以及新产品销售出口的收入数据如表 4－12 所示。

表 4－12　北京市经开区 2011—2022 年新产品销售收入 单位：万元

年份	收入	
	新产品销售总收入	新产品销售出口收入
2011	9145049	4778053
2012	7031676	3752266
2013	7114510	4286583
2014	7080513	3408432
2015	4904616	1193496
2016	5110174	1534973

续表

年份	收入	
	新产品销售总收入	新产品销售出口收入
2017	6833782	1453447
2018	6641900	1454283
2019	10319809	1012545
2020	8863123	1166991
2021	18316858	5026065
2022	8776316	1188012

数据来源：北京经济技术开发区统计年鉴

经开区 2011—2022 年新产品销售收入的变化趋势如图 4－12 所示。经开区 2011—2022 年新产品销售总收入和出口收入在整体上的趋势是相似的。在 2011—2014 年，经开区新产品销售的总收入中有大约 50% 来自出口，而 2015—2022 年开始，年均出口所获得收入占总收入的比重仅为 20% 左右。

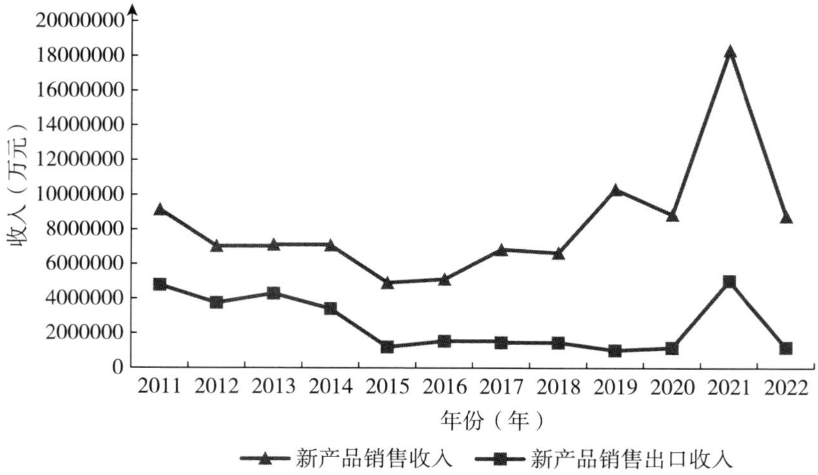

图 4－12　北京市经开区 2011—2022 年新产品销售收入的变化趋势

数据来源：北京经济技术开发区统计年鉴

(四) 经开区科技论文数量分析

科技论文的数量能够反映一个地区在科技研究方面所取得的成就，是其创新能力水平高低的体现。经开区 2011—2022 年发表的科技论文数量情况如表 4－13 所示，从 2011 年的 155 篇科技论文到 2022 年的 1169 篇科技论文，可以看到经开区在创新能力上的提升。

表 4－13　北京市经开区 2011—2022 年发表的科技论文数量

年份（年）	发表科技论文数量（篇）	年份（年）	发表科技论文数量（篇）
2011	155	2017	192
2012	102	2018	397
2013	109	2019	611
2014	171	2020	1017
2015	228	2021	1186
2016	244	2022	1169

数据来源：北京经济技术开发区统计年鉴

经开区 2011—2022 年发表的科技论文数量的变化趋势如图4－13 所示。具体的变化趋势可以分为两个阶段：一是 2011—2017 年，在该阶段，经开区发表的科技论文数量有增有减，变化较为平稳，其间最多发表了 244 篇（2016 年），最少发表了 102 篇（2012 年）；二是 2017—2022 年，该阶段，经开区发表的科技论文数量明显有了大幅提升，其中增加数量最多的是 2019—2020 年，增加了 406 篇，不过在 2021—2022 年，经开区发表的科技论文数量有小幅减少。总的来说，从经开区科技论文发表的数量来看，可以看到经开区在科技创新方面的大量产出，北京对于该区科技发展的投入有了明显成效。

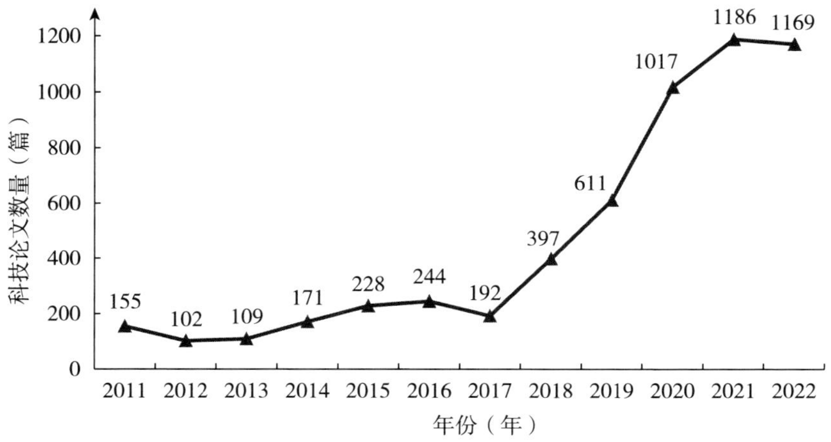

图 4 - 13　北京市经开区 2011—2022 年发表的科技论文数量变化趋势

数据来源：北京经济技术开发区统计年鉴

（五）经开区商标数量分析

拥有注册商标的数量反映了一个地区在知识产权方面的发展。经开区 2011—2022 年拥有的注册商标数量如表 4 - 14 所示，从 2011 年的 1008 件增加到 2022 年的 7970 件，增加了 6962 件，数量上增加了 7 倍以上。

表 4 - 14　北京市经开区 2011—2022 年注册商标数量（件）

年份（年）	拥有注册商标数量（件）	年份（年）	拥有注册商标数量（件）
2011	1008	2017	2659
2012	1191	2018	3131
2013	1324	2019	4281
2014	1351	2020	3611
2015	1755	2021	5036
2016	2260	2022	7970

数据来源：北京经济技术开发区统计年鉴

经开区 2011—2022 年拥有的注册商标数量变化趋势如图 4 - 14 所示。2011—2022 年，经开区拥有的注册商标数量总体上呈现上升趋势，在 2022 年达到最高值 7970 件。2011—2014 年，经开区拥有的注册商标数量增加速度较为平缓，而 2014—2022 年，注册商标数量整体呈加速增长趋势，尽管在 2020 年出现了短暂回落。虽然在 2020 年经开区拥有的注册商标数量为 3611 件，较 2019 年的 4281 件有所降低，但是在 2021 年注册商标的数量增加至 5036 件，比 2019 年的数量还要高出近 1000 件，2022 年更是增加到了 7970 件，比 2021 年增加了 2934 件。

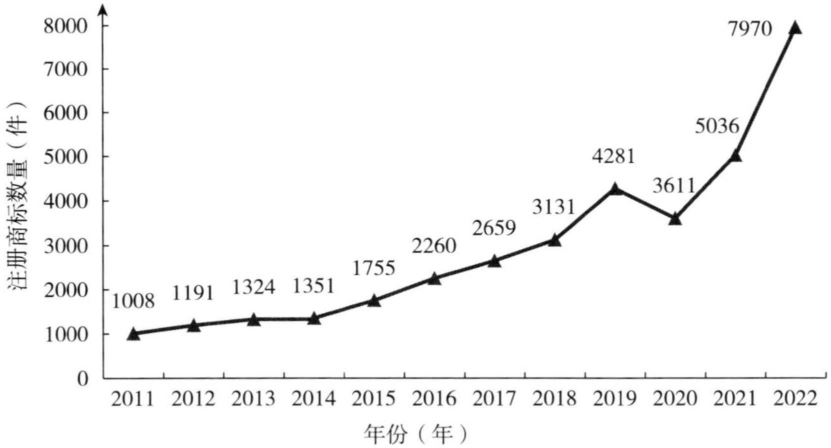

图 4 - 14　北京市经开区 2011—2022 年拥有的注册商标数量变化趋势

数据来源：北京经济技术开发区统计年鉴

四、北京市科技人才需求的影响因素分析

科技人才需求作为现实的宏观性问题，具有抽象化、难以量化等特征。因此，要实现科技人才需求的可操作化和系统化，就要根据影

响因素选取指标，并赋予权重，从而将问题具体化。

（一）经济社会、人口发展因素

地区的经济发展水平在一定程度上可以通过地区生产总值、规模以上工业总产值、一般公共预算收入和支出等指标的量化来反映。区域经济发展水平和科技人才需求之间相互影响，经济发展水平较高的城市在产业发展上也会较为迅速，需要更多的科技人才，同时对外来科技人员的吸引力会逐步增强，进而促成人才高度聚集，提高该城市的经济发展水平，两者之间形成正向循环。

地区的社会生活水平在一定程度上可以通过城镇化率、常住就业人口等指标的量化来反映。城镇化率和常住就业人口等对一个地区的科技人员聚集程度、行业分布存在着非常重要的影响。随着我国产业结构的调整和社会经济的转型，北京市科技人员在科学研究和技术服务类、信息传输、制造业等行业分布较多，这些行业对科技人才需求也更大。

地区的人口变动情况在一定程度上可以通过人口总量、自然增长率等指标的量化来反映。地区总人口会直接影响科技人才的供给量和人才质量水平。男女性别比例通过影响新生儿出生率进而影响劳动力的供应稳定性，15—64 岁人口占比可以反映出科技人员在总人口中的劳动力储备，进而反映出人口的老龄化问题。北京市的户籍迁入率表明北京市对外来科技人才的吸引能力，一般迁入率越大，科技人才聚集越多，在科技创新方面越强。北京市的户籍迁出率可以间接反映北京市科技人才向其他地区的外流情况，迁出率越高，科技人才外流越多，表明城市的发展前景有所下降，对人才的需求也会下降。

（二）科技发展因素

科学技术发展情况主要体现在科研投入（R&D 经费内部支出、科学技术的一般公共预算支出）、科研产出（专利授权量、科技论文发表量、科技著作出版量）、科技市场（技术市场成交合同数、技术合同成交总额）和科研环境（研究与开发机构数）四方面。

科研投入是衡量一个地区在科学技术发展方面投入力度的关键指标。这包括R&D经费内部支出，即用于研究与开发的直接经费支出，反映了对科研项目的直接资金支持；科学技术的一般公共预算支出，即政府在科技领域的公共财政投入，体现了政府对科技创新的重视和扶持。

科研产出是科研活动成果的直接体现。专利授权量代表了地区在技术创新方面的成果和贡献，是评价科技创新能力的重要指标；科技论文发表量反映了科研人员在学术研究领域的活跃度和影响力，是衡量科研水平的重要标准；科技著作出版量则体现了科技知识的积累和传播情况，是科学技术发展的重要组成部分。

科技市场是科技创新成果转化的重要平台。技术市场成交合同数反映了科技市场上技术交易的活跃度和市场规模，是衡量科技市场发展水平的重要指标；技术合同成交总额则体现了技术交易的价值和效益，反映了科技市场对科技创新成果的认可程度。

科研环境是科技发展的重要保障。研究与开发机构数是评价一个地区或国家科研环境的重要指标，代表了科研机构的数量和规模，反映了科研资源的配置情况。良好的科研环境能够吸引更多的科研人才，促进科技创新的发展。

（三）国家宏观政策因素

近年来，国家在科技人才的管理、培养、评价、流动、激励、引进、发展、保障等方面出台的各项政策已经形成体系，正在不断地激发人才的内生活力，国家政策导向在发挥人才积极性和管理科技人才上有着重要作用。我国通过为科技人才提供更好的发展机会和待遇，吸引国内外优秀的科技人才来我国开展工作和生活。我国建立“万人计划”“创新团队发展计划”等多项国家级人才项目，为人才的培养提供了发展空间和平台，同时提高了人才队伍的建设水平。另外，人才应当明晰自我，认知自己的能力与特长，主动去寻找适合自己的工作岗位；管理者应当根据人才的特点去分配岗位。通过人才自身和管理者的合力，充分发挥出科技人才的作用，做到人人施展才能，这也在一定程度上影响着科技人才的需求。

五、北京市科技人才需求预测

（一）预测方法

1. 回归预测

回归预测是一种以预测事物发展的因果关系为依据的预测方法。它是一种数理统计方法，即从过去的历史资料中分析找出事物发展的规律性，确定事物发展的自变量和因变量及其相互间的关系，形成一个数学方程式，以此来预测未来。回归预测模型以其简单性为核心，使数据分析和预测任务变得更加高效和直观。与此同时，模型的预测精度较高，采用梯度下降法便可以自动找到最优的拟合参数，使得拟合结果更准确。此外，回归模型的应用广泛，可以用于研究一般性趋势，也可以用于研究某一特定内容，很大程度上满足了实际应用的需求。

本部分在预测北京市科技人才需求时使用了二元线性回归预测模型，它是一种运用影响一个因变量的两个自变量进行回归分析的预测方法，具体回归方程为：

$$y\hat{} = a + b_1 x_1 + b_2 x_2 \tag{4-1}$$

其中：x_1、x_2 为自变量；$y\hat{}$ 为因变量，即线性回归估值或预测值；a、b_1、b_2 为待定回归方程参数。

最小二乘法建立的计算参数的方程为：

$$\sum y = na + b_1 \sum x_1 + b_2 \sum x_2 \tag{4-2}$$

$$\sum x_1 y = a \sum x_1 + b_1 \sum x_1^2 + b_2 \sum x_1 x_2 \quad (4-3)$$

$$\sum x_2 y = a \sum x_2 + b_1 \sum x_1 x_2 + b_2 \sum x_2^2 \quad (4-4)$$

只需将历史资料自变量和对应的因变量的数据代入上述公式联立求解方程组，即可求得回归参数 a、b_1 、b_2 ，将这些参数代入回归方程，即可得到预测模型。

2. 灰色预测

灰色预测是一种对含有不确定因素的系统进行预测的方法。灰色预测通过鉴别系统因素之间发展趋势的相异程度，即进行关联分析，并对原始数据进行生成处理来寻找系统变动的规律，生成有较强规律性的数据序列，然后建立相应的微分方程模型，从而预测事物未来发展趋势的状况。其用等时距观测到的反映预测对象特征的一系列数量值构造灰色预测模型，预测未来某一时刻的特征量，或达到某一特征量的时间。

常用的灰色模型有 GM（1，1）模型、GM（0，N）模型、GM（1，N）模型、GM（2，1）模型、灰色 Verhulst 模型等，其中应用最广泛的是 GM（1，1）模型。GM（1，1）模型适用于样本数据较少、缺乏足够信息、无法建立传统统计模型的情况下，对系统进行建模和预测。

灰色预测模型拥有适用于处理少量数据和缺乏信息的情况，能够充分利用有限的数据进行建模和预测；计算较简单，不需要过多的统计假设和参数估计；有较强的解释性，能够提供对系统发展趋势的解释，通过建立灰色微分方程来描述数据的演化规律等优点。

（二）科技人才需求回归预测

1. 科技人才需求指标的初步选取

为了进一步对北京市科技人才的需求进行系统分析，以可统计指标为突破口，对应第四节分析的影响因素来建立指标体系，其中由于政策等因素不能实现确切的定量分析，因此本文将排除宏观政策因素。在遵循指标的科学性、目标性、可操作性等原则的基础上，通过以上的定性分析，对科技人才需求预测的影响因素进行处理，初步选取的指标如表 4－15 所示。

表 4－15　初步选取的北京市科技人才需求指标体系

一级指标	二级指标	符号	单位
经济社会、人口发展	地区生产总值	X_1	亿元
	规模以上工业总产值	X_2	亿元
	一般公共预算收入	X_3	亿元
	一般公共预算支出	X_4	亿元
	城镇化率	X_5	%
	常住就业人口	X_6	万人
	居民人均可支配收入	X_7	元
	社会消费品零售总额	X_8	亿元
	常住人口	X_9	万人
	人口自然增长率	X_{10}	‰
	男女性别比	X_{11}	—
	15—64 岁人口比重	X_{12}	%
	迁入率	X_{13}	%
	迁出率	X_{14}	%

续表

一级指标	二级指标	符号	单位
科技发展	R&D 经费内部支出	X_{15}	亿元
	科学技术的一般公共预算支出	X_{16}	亿元
	专利授权量	X_{17}	件
	科技论文发表量	X_{18}	篇
	科技著作出版量	X_{19}	种
	技术市场成交合同数	X_{20}	项
	技术合同成交总额	X_{21}	亿元
	研究与开发机构数	X_{22}	个
	教育的一般公共预算支出	X_{23}	亿元

2. 运用灰色关联度确立指标体系

灰色系统理论提出了对各子系统进行灰色关联度分析的概念，意图通过一定的方法，去寻求系统中各子系统或因素之间的数值关系。简而言之，灰色关联度方法的意义是指，在系统发展过程中，如果两个因素变化的态势是一致的，即同步变化程度较高，则可以认为两者关联较大；反之，则两者关联度较小。运用灰色关联度分析方法对科技人才总量的影响因素进行指标关联度的测算，可以选取出对北京市科技人才影响较大的因素，进而确立用于预测的指标体系。

首先，确定母数列和子数列。本书以 2010—2020 年北京市 R&D 人员数量作为母数列，以初选指标体系的各项指标为子数列，进而展开灰色关联度分析。由于初选的 23 项指标量纲各不相同，为了使结论更准确，需要对所有数据进行标准化处理。本书对各指标进行无量纲化处理所采用的方式为均值化，分辨系数取 0. 5。最后通过计算得到的关联度结果见表 4 – 16。

表 4-16　北京市 R&D 人员数量和其他因子的关联度

符号	评价项	关联度	排名
X_1	地区生产总值	0.817	22
X_2	规模以上工业总产值	0.971	3
X_3	一般公共预算收入	0.945	9
X_4	一般公共预算支出	0.932	11
X_5	城镇化率	0.923	14
X_6	常住就业人口	0.927	13
X_7	居民人均可支配收入	0.956	6
X_8	社会消费品零售总额	0.957	5
X_9	常住人口	0.929	12
X_{10}	人口自然增长率	0.803	23
X_{11}	男女性别比	0.917	16
X_{12}	15—64 岁人口比重	0.908	17
X_{13}	迁入率	0.894	19
X_{14}	迁出率	0.873	21
X_{15}	R&D 经费内部支出	0.921	15
X_{16}	科学技术的一般公共预算支出	0.939	10
X_{17}	专利授权量	0.891	20
X_{18}	科技论文发表量	0.976	1
X_{19}	科技著作出版量	0.949	8
X_{20}	技术市场成交合同数	0.972	2
X_{21}	技术合同成交总额	0.901	18
X_{22}	研究与开发机构数	0.960	4
X_{23}	教育的一般公共预算支出	0.951	7

本书将关联度在 0.95 以上的因子作为主要影响因素，根据表 4-17，有 7 项指标的关联度超过了 0.95，这 7 项指标即为最终用于

预测科技人才需求的指标体系。

根据关联度排名排序后，确立的指标为：科技论文发表量（X_{18}）、技术市场成交合同数（X_{20}）、规模以上工业总产值（X_2）、研究与开发机构数（X_{22}）、社会消费品零售总额（X_8）、居民人均可支配收入（X_7）、教育的一般公共预算支出（X_3），2010—2022 年各指标的具体数据见表 4－17。

表 4－17　北京市 2010—2022 年科技人才与关联指标数据

年份	指标							
	R&D 人员（人）	X_{18}（篇）	X_{20}（项）	X_2（亿元）	X_8（亿元）	X_7（元）	X_3（亿元）	X_{22}（个）
2010	269932	39384	50847	13699. 8	6229. 3	32132	450. 22	281
2011	296990	41442	53552	14513. 6	6900. 32	36365	520. 08	280
2012	322417	44218	59969	15596	7703	40306	629	288
2013	334194	45509	62743	17370. 9	8375. 12	44564	681. 18	287
2014	343165	48040	67278	18452. 9	9098. 1	48532	742. 05	299
2015	350721	48734	72272	17449. 6	10338. 01	52859	855. 67	296
2016	373406	49517	74965	18087. 3	11005. 1	57275	887. 38	303
2017	397281	49346	81266	18901. 1	11575. 4	62406	964. 62	300
2018	397034	50178	82486	19669	11747. 68	67990	1025. 51	292
2019	464178	59406	83171	20386. 1	12270. 1	73849	1137. 18	432
2020	473304	64425	84451	20879. 3	13716. 4	75602	1138. 29	445
2021	472860	65200	93563	24988. 1	14867. 7	81518	1147. 83	417
2022	546747	65975	95061	23870	13794. 2	84023	1171. 12	405

数据来源：北京市统计局、北京市教育委员会

以 2010—2020 年 R&D 人员数量为因变量，科技论文发表量、技术市场成交合同数、规模以上工业总产值、研究与开发机构数、社会消费品零售总额、居民人均可支配收入、教育的一般公共预算支出为

自变量，采用逐步回归的方式对多重共线性进行检验，剔除了科技论文发表量、技术市场成交合同数、规模以上工业总产值、社会消费品零售总额、教育的一般公共预算支出，最终将研究与开发机构数、居民人均可支配收入 2 项指标应用到回归模型中，其 R^2 值为 0.987，意味着研究与开发机构数、居民人均可支配收入可以解释 R&D 人员（人）的 98.7% 变化原因，而且模型通过 F 检验（$F=315.945$，$p=0.000<0.05$），说明模型有效，具体结果见表 4－18。

表 4－18　逐步回归分析结果（n＝11）

	非标准化系数		标准化系数	t	p	共线性诊断	
	B	**标准误**	***Beta***			**VIF**	**容忍度**
常数	96974.245	13734.153	—	7.061	0.000 **	—	—
研究与开发机构数	280.387	64.253	0.263	4.364	0.002 **	2.322	0.431
居民人均可支配收入	3.335	0.257	0.780	12.953	0.000 **	2.322	0.431
R^2	0.987						
调整 R^2	0.984						
F	$F(2, 8)=315.945$，$p=0.000$						
D－W 值	1.597						
因变量：R&D 人员（人）							
* $p<0.05$　** $p<0.01$							

得到北京市科技人才总量需求的回归预测模型如下：

$$R\&D\ 人员 = 96974.245 + 280.387 \times 研究与开发机构数 + 3.335 \times 居民人均可支配收入 \quad (4-5)$$

研究与开发机构数的回归系数值为 280.387（$t=4.364$，$p=0.002<0.01$），意味着研究与开发机构数会对 R&D 人员（人）产生

显著的正向影响关系；居民人均可支配收入的回归系数值为 3.335（t = 12.953，p = 0.000 < 0.01），意味着居民人均可支配收入会对 R&D 人员（人）产生显著的正向影响关系。

将北京市 2021 年和 2022 年的研究与开发机构数和居民人均可支配收入代入回归预测模型中，得到的预测值与实际值进行比较分析，具体结果如表 4 – 19 所示。

表 4 – 19　回归模型 R&D 人员总量需求预测误差分析

年份	实际值	预测值	相对误差
2021	478168	499501	4.46%
2022	546747	490747	10.24%

以现有的 2010—2022 年的研究与开发机构数和居民人均可支配收入两项指标的变化趋势求得 2023—2030 年对应的数值，再根据得到的回归预测模型计算得出 2023—2030 年 R&D 人员总量，结果见表 4 – 20。

表 4 – 20　2023—2030 年回归模型 R&D 人员总量

年份（年）	2023	2024	2025	2026	2027	2028	2029	2030
R&D 人员（人）	515831	534582	553334	572086	590837	609589	628340	647092

（三）科技人才需求灰色 GM（1，1）预测模型

根据 GM（1，1）模型预测的步骤：

设 X(0) = (269932，296990，322417，334194，343165，350721，373406，397281，397034，464178，473304，472860)

构造累加生成序列：

X(1) = (269932，566922，889339，1223533，1566698，1917419，2290825，2688106，3085140，3549318，4022622，4495482)

通过计算得出：a = -0.048447474，u = 277632.9726

根据灰色 GM（1，1）预测原理，得出预测模型如下：

$$\check{X}_{(k+1)}^{1} = (5685659.26)e^{-0.051k} - 5415727.3 \tag{4-6}$$

根据得出的 GM（1，1）预测模型，计算出 2021 年与 2022 年 R&D 人员数量，并将其与实际值对比，预测结果误差如表 4-21 所示。

表 4-21 GM（1，1）模型 R&D 人员总量需求预测误差分析

年份	实际值	预测值	相对误差（%）
2021	478168	490301	2.54
2022	546747	515778	5.66

灰色预测模型计算的 2023—2030 年 R&D 人员总量见表 4-22。

表 4-22 2023—2030 年灰色模型 R&D 人员总量

年份（年）	2023	2024	2025	2026	2027	2028	2029	2030
R&D 人员（人）	542579	570772	600430	631630	664450	698976	735296	773503

（四）R&D 人才总量缺口分析

根据回归预测、灰色预测的结果计算，比较其预测误差（见表 4-19、表 4-21），灰色预测模型的相对误差好于回归预测模型，因此使用灰色 GM（1，1）预测模型开展预测工作，根据表 4-22 的预测结果进行以下分析。

到“十四五”末期，北京市 R&D 人员需求总量预计将达到 773503 人，与 2022 年的存量相比，仍然存在 226756 人的缺口，是 2010 年的 2.87 倍。从预测结果可以看出，2023—2030 年北京市科技人才需求量呈快速增长趋势，平均每年将增加约 28866 人。由此可知，在攻坚发展阶段，建设北京科技创新中心对科技人才的需求过盛将引起科技人才的短缺。因此，加强科技人才的培养、引进、开发迫在眉睫。

随着北京市未来科技人才的不断涌入，在人口结构方面，会进一步向高素质、高学历方向倾斜，对于提升整个城市的竞争力有着积极影响；在经济发展方面，大量科技人才的需求意味着北京市将更加注重科技创新和产业升级，将促进高新技术产业的发展，推动经济结构的优化升级，提高经济增长的质量和效益；在社会服务与就业方面，随着科技人才数量的增加，他们对公共服务的需求也将相应提升，包括教育、医疗、文化等方面。这将推动北京市公共服务体系的进一步完善和提升，同时科技人才的聚集将带动相关产业链的发展，从而创造更多的就业机会，缓解部分就业压力。

综上所述，未来北京市 2023—2030 年科技人才需求量的快速增长将对该地区的人口、社会、经济等方面产生深远影响，既带来了发展机遇也带来了挑战。北京市需要采取有效措施，积极应对这些挑战，充分发挥科技人才的作用，推动城市的可持续发展。

第五章

人口特征、高等教育供给与经济社会发展耦合协调分析

本研究基于全面性、科学性、可比性、层次性、稳定性和数据可得性原则，参考国内外其他相关研究[88—107]，筛选高频指标，构建了人口—教育—经济社会系统耦合协调发展评价指标体系。其中，人口特征子系统主要包括人口规模、人口结构等，如人口密度、人口自然增长率、性别比等；经济社会子系统主要包括经济水平、经济结构、科技创新等，如地区生产总值及三次产业的占比等；高等教育供给结构子系统主要包括规模结构、层次结构、学科结构，如高等教育高校数、专任教师数、在校生人数等。

一、各子系统指标体系的构建

（一）人口特征子系统

人口特征子系统充分考虑人口规模、人口结构和人口质量三方面要素。本研究选用了常住人口数量、人口密度以及人口自然增长率作为衡量人口规模的关键指标。其中，常住人口数量直接反映了区域内人口的总量，而人口密度则揭示了人口在空间分布上的密集程度；人口自然增长率则体现了人口自然变动的趋势。对于人口结构，本研究考虑了人口年龄结构、性别结构、城乡结构和就业结构。少儿和老年人口占比被用作表征人口年龄结构的主要指标；性别比则通过男女人口数量的对比，揭示了人口性别的构成状况；城镇人口占比则直观地反映了城市化进程中人口在城乡间的分布和流动情况；第二、第三产业就业人口占比则揭示了劳动力在产业间的分布和就业结构的变化。人口质量方面则选取了人均受教育年限①以及 R&D 人员数占比作为衡量指标，具体如表 5－1 所示。

（二）高等教育供给结构子系统

为考察北京市人口—教育—经济社会的相关性，本研究根据相关已有文献，从规模结构、层次结构以及学科结构等方面构建高等教育供给结构指标体系。首先，针对规模结构，其主要包括学校规模、教师规模以及学生规模三个方面，学校规模选用高等院校数量和生均公共教育事业费指标来表示，教师规模结构用高等院校专任教师数来表示，学生规模采用高等院校在校学生数表示。高等教育层次分为研究生、本科、专科三个方面，因此选用研究生的毕业人数，本科的毕业

① 平均受教育年限是将各种受教育程度折算成受教育年限计算平均数得出的，具体的折算标准是：小学＝6 年，初中＝9 年，高中、中职＝12 年，大专及以上＝16 年。6 岁以上平均受教育年限＝（未上学人口数×0＋小学人数×6＋初中人数×9＋高中、中职人数×12＋大专及以上×16）/6 岁及以上人口数。——作者注

人数和专科的毕业人数这三个指标来衡量。其次，学科专业结构按照三个产业的概念将十二个学科分为农业类、工业类和服务业类这三大类，选用毕业生人数更能较好反映学生的情况。由于受数据限制，仅有研究生毕业人数的数据可获得，因此选用农业类研究生毕业人数、工业类研究生毕业人数、服务业类研究生毕业人数这三个指标来衡量。具体如表 5 – 1 所示。

（三）经济社会子系统

根据相关已有文献分析，经济社会子系统衡量了经济水平、经济结构、医疗卫生、基础设施和科技创新 5 个维度，该子系统选取了地区生产总值、地方一般公共预算收入、固定资产投资总额、人均 GDP、城镇居民人均可支配收入、三大产业分别占 GDP 比重、每万人拥有医疗卫生机构数、每万人拥有医疗卫生机构床位数、人均道路面积、人均住房建筑面积、R&D 人员全时当量、专利授权数和技术市场成交额占 GDP 比重共 15 个指标。具体如表 5 – 1 所示。

表 5 – 1　指标体系

一级指标	二级指标	三级指标	属性	单位
人口特征子系统	人口规模	常住人口x_{11}	+	万人
		人口密度x_{12}	+	人/平方公里
		人口自然增长率x_{13}	+	%
	人口结构	性别比x_{14}	–	人
		少儿人口占比x_{15}	+	%
		老年人口占比x_{16}	–	%
		城镇人口占比x_{17}	+	%
		第二、第三产业就业人口占比x_{18}	+	%
	人口质量	人均受教育年限x_{19}	+	年
		R&D 人员数占比x_{110}	+	%

续表

一级指标	二级指标	三级指标	属性	单位
高等教育供给结构子系统	规模结构	高等院校数量x_{21}	+	所
		生均公共教育事业费x_{22}	+	元
		高等院校专任教师数x_{23}	+	人
		高等院校在校学生数x_{24}	+	人
	层次结构	专科生毕业人数x_{25}	+	人
		本科生毕业人数x_{26}	+	人
		研究生毕业人数x_{27}	+	人
	学科结构	农业类研究生毕业人数x_{28}	+	人
		工业类研究生毕业人数x_{29}	+	人
		服务业类研究生毕业人数x_{210}	+	人
经济社会子系统	经济水平	地区生产总值x_{31}	+	亿元
		地方一般公共预算收入x_{32}	+	亿元
		固定资产投资总额x_{33}	+	亿元
		人均 GDP x_{34}	+	元
		城镇居民人均可支配收入x_{35}	+	元
	经济结构	第一产业占 GDP 比重x_{36}	−	%
		第二产业占 GDP 比重x_{37}	+	%
		第三产业占 GDP 比重x_{38}	+	%
	医疗卫生	每万人拥有医疗卫生机构数x_{39}	+	所
		每万人拥有医疗卫生机构床位数x_{310}	+	张
	基础设施	人均道路面积x_{311}	+	平方米/人
		人均住房建筑面积x_{312}	+	平方米/人
	科技创新	R&D 人员全时当量x_{313}	+	人年
		专利授权数x_{314}	+	件
		技术市场成交额占 GDP 比重x_{315}	+	%

二、数据来源与处理

（一）数据来源

本研究选取了2010—2022年北京市的指标数据，地区生产总值、地方一般公共预算收入、常住人口、居民人均可支配收入等指标数据均来自《北京统计年鉴》。R&D人员折合全时当量、专利授权数、技术市场成交额占GDP比重、高等教育毕业生数、普通高等学校生均预算内教育事业费支出等指标数据均来自《北京科技统计年鉴》。

（二）数据处理

本研究选择熵值法对指标进行赋权，该方法可以有效减少人为主观性和随意性对构建判断矩阵的影响。其实现过程可以概括为以下三步：第一步，对各指标数据进行标准化处理；第二步，计算各指标的信息熵及信息效用值；第三步，将信息效用值归一化得到各指标的权重。具体计算步骤如下：

本文采用Max-Min标准化方法对原始数据进行标准化处理：

正向指标：
$$x_{ij} = \frac{r_{ij} - min\ r_{ij}}{max\ r_{ij} - min\ r_{ij}} \tag{5-1}$$

逆向指标：
$$x_{ij} = \frac{max\ r_{ij} - r_{ij}}{max\ r_{ij} - min\ r_{ij}} \tag{5-2}$$

式中i（i=1，2，3）代表3个系统，j（j=1，2，…）代表具体指标，x_{ij}为标准化后的数值。再计算各指标的熵值H_j：

$$H_j = -k\sum_{j=1}^{n} p_{ij}\ln p_{ij} \tag{5-3}$$

式中：k为调节系数，$k = 1/\ln n$，且$k > 0$；

$$p_{ij} = x_{ij}/\sum\nolimits_{j=1}^{n} x_{ij} \tag{5-4}$$

计算各项指标的权重 W_j：

$$W_j = \frac{1 - H_j}{\sum_{j=1}^{n}(1 - H_j)} \tag{5-5}$$

三、研究方法

（一）综合评价模型

本研究通过线性加权法来计算人口—教育—经济社会三系统的综合评价指数[108]，公式为：

$$U_i = \sum_{j=1}^{n} W_j x_{ij} \tag{5-6}$$

对原始数据进行标准化处理后，用标准化处理后的数据 x_{ij} 与各指标的权重值 W_j 相乘累加，得到北京市在2010—2022年的人口特征指数 U_1 、高等教育供给结构指数 U_2 与经济社会指数 U_3 。

（二）耦合度模型

耦合是物理学中的概念，随着学者们研究的深入，耦合理论逐渐在社会学领域得到了广泛的应用，多个系统的耦合度模型为：

$$C_m = m\{(U_1 \times U_2, \cdots, \times U_m)/\prod(U_i + U_j)\}^{1/m} \tag{5-7}$$

其中，$i = 1,2,\cdots,m$；$j = 1,2,\cdots,m$；且 $i \neq j$。C_m 为耦合度，U_i 和 U_j 为各系统综合评价值，m 为系统个数。

当只有三个系统时，耦合度函数表达式为：

$$C = 3 \times \sqrt[3]{\frac{U_1 \times U_2 \times U_3}{[U_1 + U_2 + U_3]^3}} \tag{5-8}$$

（三）耦合协调度模型

由于人口特征、教育供给以及经济社会是相互作用、相互影响的，为更好地反映三者间的整体协同效应，引入耦合协调发展度的概念来对三者的协调发展水平进行测算，公式如下：

$$D = \sqrt{C \times T} \tag{5-9}$$

$$T = \alpha U_1 + \beta U_2 + \gamma U_3 \tag{5-10}$$

式中：C 为耦合度，取值在［0，1］之间，数值大小与耦合度成正比；T 为三个系统的综合评价指数；α、β、γ 分别为人口特征、高等教育供给结构、经济社会的待定系数，考虑人口、教育和经济社会的同等重要性，取 $\alpha = \beta = \gamma = 1/3$。D 为耦合协调度。

本研究根据实际情况，将耦合与协调类型划分为不同阶段，耦合度参考温煜华（2023）的研究将其划分为：低耦合阶段（$0 < C \leq 0.3$）、拮抗阶段（$0.3 < C \leq 0.5$）、磨合阶段（$0.5 < C \leq 0.8$）以及协调阶段（$0.8 < C \leq 1.0$）[109]。参考任保平等（2021）及张力隽等（2022）的研究，将系统耦合协调状况按照耦合协调度的大小分为 10 个等级[110][111]，如表 5－2 所示。

表 5－2　人口—教育—经济社会系统耦合协调度评价标准

D 值范围	协调等级	D 值范围	协调等级
0 < D≤0.1	极度失调	0.5 < D≤0.6	勉强协调
0.1 < D≤0.2	严重失调	0.6 < D≤0.7	初级协调
0.2 < D≤0.3	中度失调	0.7 < D≤0.8	中级协调
0.3 < D≤0.4	轻度失调	0.8 < D≤0.9	良好协调
0.4 < D≤0.5	濒临失调	0.9 < D≤1.0	优质协调

（四）障碍度模型

为有效评估影响北京市人口—教育—经济社会系统耦合协调发展的主要障碍，本研究利用障碍度模型进行障碍因素诊断，模型计算公式如下：

$$F_j = \frac{1}{3} \times W_j \tag{5-11}$$

$$I_j = 1 - U_j \tag{5-12}$$

$$M_{ij} = \frac{F_j I_j}{\sum_{j=1}^{n} F_j I_j} \tag{5-13}$$

$$O_i = \sum M_{ij} \tag{5-14}$$

公式中：F_j 为因子贡献度，α、β、γ 为第 i 个系统的权重，U_j 为单项指标标准化值，I_j 为指标偏离度，代表子系统 i 的实际发展指标与理想发展指标之间的差距；O_i 为障碍度，表示子系统 i 对人口—教育—经济社会系统的约束程度。

四、耦合协调度模型测算及分析

（一）指标权重测算

根据熵权法计算得到人口特征子系统和高等教育供给结构子系统以及经济社会子系统的各项评价指标的权重，具体如表 5－3 所示。

表 5－3　人口—教育—经济社会系统评价指标权重

一级指标	二级指标	三级指标	属性	指标权重
人口特征子系统	人口规模	常住人口x_{11}	+	0.062
		人口密度x_{12}	+	0.063
		人口自然增长率x_{13}	+	0.069
	人口结构	性别比x_{14}	−	0.133
		少儿人口占比x_{15}	+	0.085
		老年人口占比x_{16}	−	0.139
		城镇人口占比x_{17}	+	0.110
		第二、第三产业就业人口占比x_{18}	+	0.124
	人口质量	人均受教育年限x_{19}	+	0.064
		R&D 人员数占比x_{110}	+	0.150

续表

一级指标	二级指标	三级指标	属性	指标权重
高等教育供给结构子系统	规模结构	高等院校数量x_{21}	+	0.076
		生均公共教育事业费x_{22}	+	0.059
		高等院校专任教师数x_{23}	+	0.078
		高等院校在校学生数x_{24}	+	0.097
	层次结构	专科生毕业人数x_{25}	+	0.166
		本科生毕业人数x_{26}	+	0.104
		研究生毕业人数x_{27}	+	0.104
	学科结构	农业类研究生毕业人数x_{28}	+	0.063
		工业类研究生毕业人数x_{29}	+	0.143
		服务业类研究生毕业人数x_{210}	+	0.110
经济社会子系统	经济水平	地区生产总值x_{31}	+	0.060
		地方一般公共预算收入x_{32}	+	0.042
		固定资产投资总额x_{33}	+	0.040
		人均 GDP x_{34}	+	0.067
		城镇居民人均可支配收入x_{35}	+	0.059
	经济结构	第一产业占 GDP 比重x_{36}	−	0.118
		第二产业占 GDP 比重x_{37}	+	0.096
		第三产业占 GDP 比重x_{38}	+	0.048
	医疗卫生	每万人拥有医疗卫生机构数x_{39}	+	0.109
		每万人拥有医疗卫生机构床位数x_{310}	+	0.074
	基础设施	人均道路面积x_{311}	+	0.050
		人均住房建筑面积x_{312}	+	0.060
	科技创新	R&D 人员全时当量x_{313}	+	0.055
		专利授权数x_{314}	+	0.073
		技术市场成交额占 GDP 比重x_{315}	+	0.050

（二）综合评价指数测算及分析

根据公式计算得到2010—2022年历年人口特征子系统和高等教育供给结构子系统以及经济社会子系统的综合评价指数，各指数的变化趋势如图5－1所示。

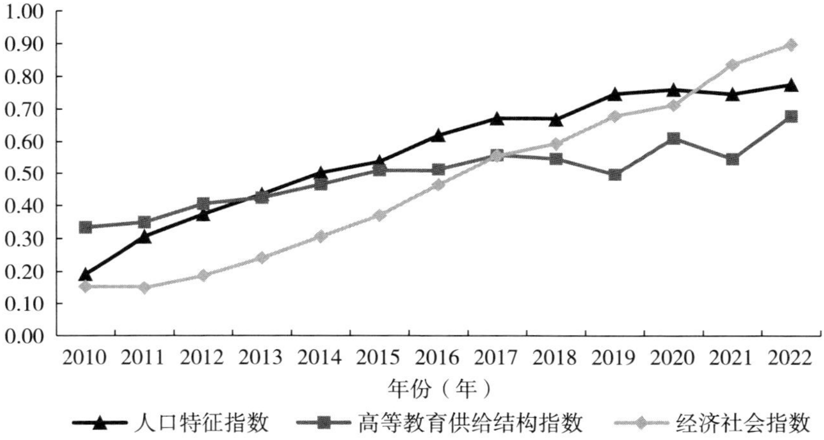

图5－1　2010—2022年人口—教育—经济社会指数变化趋势

1. 人口特征子系统指数演变特征

2010—2022年人口特征指数整体呈现上升趋势，但自2020年起，该指数的增长态势呈现出波动特征。指数从2010年的0.192稳步上升至2020年的0.762，这一增长主要得益于人口特征子系统中人口结构和人口质量准则层增速相对较快，这表明北京市伴随着城市化进程的加速，其人口结构和人口素质均得到了显著的改善和提升。

自2020年起，北京市的人口特征指数呈现波动式上升，该指数在2021年经历了轻微的下滑，在2022年又有所回升。通过观察子系统内部可以发现，人口规模以及人口老龄化问题是导致指数波动变化的主要因素。一方面，随着北京市人口老龄化的加剧，老年人口比例不断上升，这可能对人口特征指数产生了一定的负面影响。另一方面，北京作为中国的首都，吸引了大量外来人口，为了缓解城市人口过多带来的资源紧张、环境压力等问题，北京市采取了严格的人口调控措施。此外，近年来北京的生育率持续走低，这些因素均在一定程度上导致了人口规模的变化。

2. 高等教育供给结构子系统指数演变特征

高等教育供给结构指数自 2010 年以来呈现出总体上升的态势，但其中也伴随着一定的波动。从 2010 年的 0. 334 起步，指数在 2011 年微增至 0. 349，随后这一增长趋势延续至 2017 年，达到了 0. 560。这一时期的增长表明北京市在高等教育供给结构方面教育资源的投入和配置得到了进一步优化，改革和调整取得了积极成效。然而，进入 2018 年后，指数出现了小幅下滑，降至 0. 499。2020 年开始，指数再次呈现出强劲的增长态势。2022 年指数更是达到了 0. 681。从高等教育供给结构子系统内部来看，近 3 年规模结构虽有所缩减，但层次结构向更高级、更优质的方向发展，学科结构中除农业类毕业生有一定程度的波动外，其余均显著提升。尽管北京市在高等教育供给结构方面取得了显著的进展，但仍需注意到其中存在的挑战和问题。例如，教育资源的分配不均、教育质量的参差不齐等问题仍然存在，需要继续加大投入和改革力度，以实现更加均衡、优质的高等教育发展。

3. 经济社会子系统指数演变特征

经济社会指数从 2010 年的 0. 152 增长到 2022 年的 0. 900，增长了 4. 92 倍，是三个子系统中增长最快的。这一增长趋势表明，北京市在经济社会发展的各个方面都取得了显著的进步。从经济社会发展子系统内部看，经济水平、医疗卫生和科技创新准则等对指数的增长起到了重要的推动作用。然而，尽管北京市经济社会指数呈现出显著的增长趋势，但仍然存在一些挑战和问题。究其原因，一是北京市第二产业占比从 2010 年的 21. 6% 降为 2022 年的 15. 9%，13 年降低了

5.7 个百分点，导致经济结构准则层增速较慢；二是 2019 年北京市固定资产投资总额比 2017 年减少了 1079.36 亿元，随后虽有所增加，但仍未回升到 2017 年的水平。此外，随着城市化的加速和人口的增长，北京市交通拥堵加剧、公共交通系统发展滞后等问题，都是未来北京市经济社会高速高质量发展需要解决的主要问题。

（三）耦合度及耦合协调度测算及分析

根据上述已计算出的人口特征、高等教育供给结构、经济社会子系统的评价指数，在此基础上通过耦合度模型、耦合协调度模型计算 2010—2022 年北京市人口—教育—经济社会系统的耦合度和耦合协调度，并分析其发展趋势。其具体数值如表 5－4 所示，其变化趋势如图 5－2 所示。

表 5－4　2010—2022 年人口—教育—经济社会系统耦合及耦合协调度

年份	耦合度 C 值	综合评价指数 T 值	耦合协调度 D 值	耦合协调程度
2010	0.984	0.226	0.472	濒临失调
2011	0.539	0.268	0.380	轻度失调
2012	0.813	0.322	0.512	勉强协调
2013	0.900	0.367	0.575	勉强协调
2014	0.936	0.425	0.631	初级协调
2015	0.961	0.473	0.674	初级协调
2016	0.975	0.533	0.721	中级协调
2017	0.986	0.597	0.767	中级协调
2018	0.990	0.604	0.774	中级协调
2019	0.963	0.643	0.787	中级协调
2020	0.994	0.696	0.832	良好协调
2021	0.983	0.712	0.836	良好协调
2022	1.000	0.786	0.887	良好协调

由表5－4可知，从耦合度C值的角度来看，2011—2022年的人口—教育—经济社会系统之间的耦合度呈现出显著的增长趋势。从2011年的0.539逐渐增长至2022年的1.000。其中，2011年人口—教育—经济社会系统的耦合度较低，为磨合阶段。其余年份均处于比较平稳的高耦合状态。这一变化意味着这三个系统之间的相互作用和相互依赖关系不断加强。其次，从综合评价指数T值来看，同样呈现增长趋势，从2010年的0.226增长至2022年的0.786。综合评价指数的增长表明北京市在人口—教育—经济社会系统之间的协调性正在逐步提高，反映了北京市在优化资源配置、改善经济结构、提高教育质量等方面取得了一定成效，但仍有一定的提升空间。

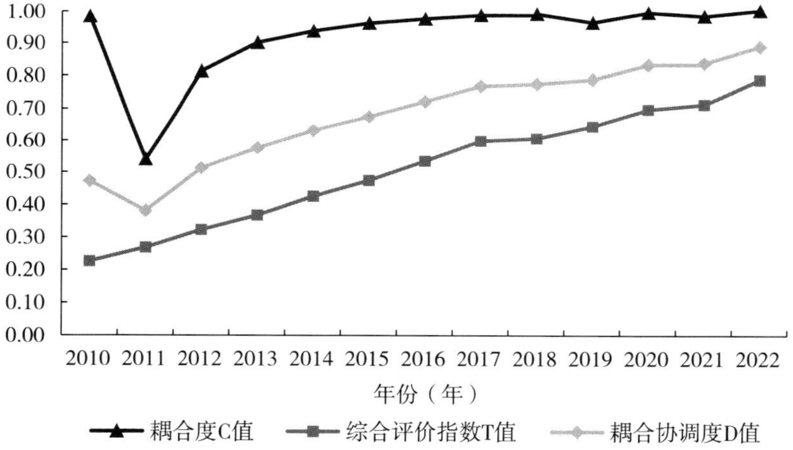

图5－2　2010—2022年人口—教育—经济社会系统耦合及耦合协调度变化趋势

人口—教育—经济社会系统的耦合协调度在2010—2022年从0.472增长至0.887，耦合协调程度总体呈现“濒临失调—轻度失调—勉强协调—初级协调—中级协调—良好协调”的变化趋势。虽然目前整体已达到较好水平，但仍未达到优质协调，这表明北京市在推动人口—教育—经济社会系统协调发展方面取得了一定的成效，但仍有待进一步加强。

根据人口—教育—经济社会子系统的评价指数，将耦合协调度分为如下类型：当 $m = min\{U_1, U_2, U_3\}$ 时，为 m 滞后型；当 $U_1 = U_2 = U_3$ 时，为人口—教育—经济同步发展型。由表 5－5 可知，2010—2022 年，北京市人口—教育—经济社会系统主要表现为经济社会发展滞后和高等教育供给滞后两种类型。

表 5－5　2010—2022 年北京市人口—教育—经济社会系统耦合协调度及类型

年份	U_1	U_2	U_3	三者大小	耦合协调类型与特征
2010 年	0.192	0.334	0.152	$U_2 > U_1 > U_3$	经济社会滞后型，高等教育供给结构的扩张速度超出了人口和经济社会子系统的承载能力
2011 年	0.306	0.349	0.149	$U_2 > U_1 > U_3$	经济社会滞后型，人口发展和高等教育供给结构的扩张速度超出了经济社会子系统的承载能力
2012 年	0.373	0.406	0.188	$U_2 > U_1 > U_3$	经济社会滞后型，人口的持续发展引起三系统间转为勉强协调
2013 年	0.435	0.424	0.242	$U_1 > U_2 > U_3$	经济社会滞后型，人口发展和高等教育供给结构的扩张速度超出了经济社会子系统的承载能力
2014 年	0.503	0.466	0.306	$U_1 > U_2 > U_3$	经济社会滞后型，经济社会的持续发展引起三系统间转为初级协调
2015 年	0.538	0.510	0.370	$U_1 > U_2 > U_3$	经济社会滞后型，经济社会的持续发展引起三系统间保持了初级协调
2016 年	0.621	0.514	0.465	$U_1 > U_2 > U_3$	经济社会滞后型，人口—教育—经济社会系统达到中级协调
2017 年	0.673	0.560	0.557	$U_1 > U_2 > U_3$	经济社会滞后型，经济社会强劲发展，各系统间向更协调方向发展

续表

年份	U_1	U_2	U_3	三者大小	耦合协调类型与特征
2018 年	0.670	0.548	0.595	$U_1 > U_3 > U_2$	高等教育供给滞后型，人口的超前发展超出了高等教育供给子系统的承载阈值
2019 年	0.749	0.499	0.681	$U_1 > U_3 > U_2$	高等教育供给滞后型，人口和经济社会的超前发展超出了高等教育供给系统的承载阈值
2020 年	0.762	0.613	0.714	$U_1 > U_3 > U_2$	高等教育供给呈滞后型，人口—教育—经济社会系统达到良好协调
2021 年	0.748	0.549	0.839	$U_3 > U_1 > U_2$	高等教育供给滞后型，人口发展降速，三系统间维持良好协调
2022 年	0.778	0.681	0.900	$U_3 > U_1 > U_2$	高等教育供给滞后型，经济社会仍在持续发力，三系统间达到良好协调

2010—2015 年属于转型发展阶段，这一阶段前期，高等教育供给结构发展快于人口和经济社会发展（$U_2 > U_1 > U_3$），后期经济社会子系统的指数明显滞后于人口特征和高等教育供给结构子系统的指数（$U_1 > U_2 > U_3$），耦合协调类型具体表现为经济社会滞后型。人口的发展和高等教育供给结构的扩张速度超出了经济社会系统的承载能力，揭示了系统间发展的不协调性。耦合协调度从 2011 年的 0.380 上升到 2015 年的 0.674，年均增长率为 15.40%。与此同时，人口、教育及经济社会子系统指数也均实现了正增长，年均增速分别为 15.15%、9.95% 和 25.53%。从耦合协调度提升的主要驱动力来看，经济社会的快速增长和人口的发展起到了决定性作用。这种增长不仅推动了系统间的耦合协调度提升，也反映出北京市在这一阶段的经济社会转型取得了显著的成效。

2016—2022 年属于协调发展阶段，人口—教育—经济社会系统的发展由中级协调向良好协调转变。在这一时期（2016—2017 年，

$U_1 > U_2 > U_3$；2018—2020 年，$U_1 > U_3 > U_2$；2021—2022 年，$U_3 > U_1 > U_2$），耦合协调类型逐步转变为高等教育供给结构滞后型。2016—2017 年，耦合协调度从 0.721 增长到 0.767，年均增长率为 6.38%，增速有所放缓。其中经济社会子系统指数增速最高为 19.79%，其表现出强劲的发展势头。2018—2020 年，人口的超前发展超出了高等教育供给子系统的承载阈值，至 2021 年，北京市人口持续发展出现转折，呈现向下发展趋势。2022 年，经济社会子系统仍在持续发力，人口—教育—经济社会系统达到了良好协调状态。

（四）障碍度测算及分析

2010—2022 年，北京市人口—教育—经济社会系统协调发展的障碍度，如图 5－3 所示。由图可知，2010—2017 年经济社会子系统一直是制约系统耦合协调发展的主要因素，随着人口规模、结构和质量的优化和经济社会快速发展，2018—2022 年高等教育供给结构子系统对北京市协调发展的制约作用日益凸显。与此同时，2019—2022 年人口特征子系统对协调发展的消极影响愈发明显。

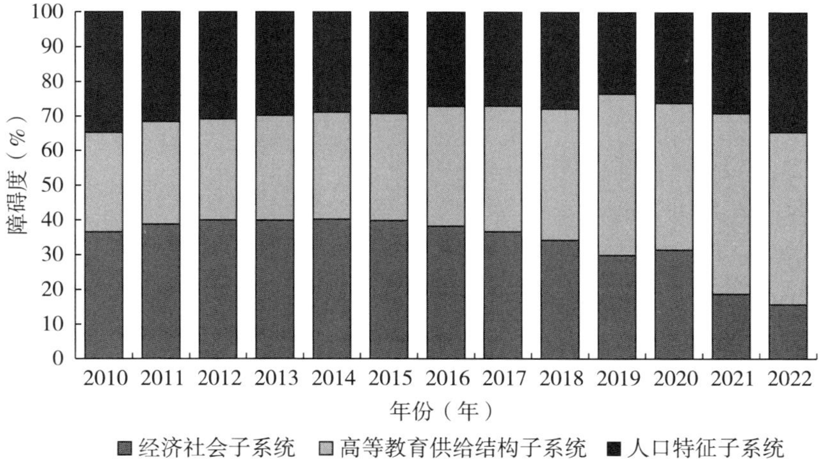

图 5－3　北京市 2010—2022 年人口—教育—经济社会系统协调发展的障碍度

北京市各年份中人口—教育—经济社会系统中障碍度前五的指标及其排序，如表5－6所示。通过分析指标层的障碍度发现，经济社会子系统障碍度高主要是由于北京市面临产业结构转型的严峻挑战以及医疗卫生发展相对滞后。北京市作为中国的首都，其虹吸效应显著，吸引了大量外来人口。然而，这种人口聚集现象给医疗资源造成了巨大压力，导致出现了资源分配不均等问题，进而影响了经济社会子系统的整体表现。人口特征子系统的障碍度在早期阶段主要归因于性别比例失衡以及人口素质有待进一步向更高层次提升。随着时间的推移，老年人口的持续增加、研究与试验开发人数占比偏低以及自然增长率的下降成为后期主要的障碍因素。这种人口结构的变化不仅影响了经济社会的稳定性，也对高等教育供给结构子系统产生了日益增强的胁迫作用。随着人口和经济社会的持续增长，这种胁迫作用将愈发显著。因此，将教育供给视为最大的刚性约束，并高度重视其优化与调整，对于缓解人口特征子系统和经济社会子系统之间的冲突，改善基础设施建设和医疗卫生服务以及实现可持续发展具有至关重要的意义。

表5－6　北京市2010—2022年人口—教育—经济社会系统主要障碍因素及其障碍度

年份		指标排序				
		1	2	3	4	5
2010年	因素	x_{110}	x_{29}	x_{18}	x_{14}	x_{36}
	障碍度	0.065	0.056	0.053	0.053	0.051
2011年	因素	x_{110}	x_{29}	x_{18}	x_{36}	x_{14}
	障碍度	0.063	0.055	0.055	0.054	0.052
2012年	因素	x_{14}	x_{110}	x_{29}	x_{36}	x_{18}
	障碍度	0.065	0.062	0.062	0.058	0.052

续表

年份		指标排序				
		1	2	3	4	5
2013 年	因素	x_{29}	x_{14}	x_{110}	x_{36}	x_{39}
	障碍度	0. 070	0. 067	0. 065	0. 062	0. 054
2014 年	因素	x_{110}	x_{39}	x_{14}	x_{36}	x_{29}
	障碍度	0. 071	0. 063	0. 060	0. 055	0. 051
2015 年	因素	x_{110}	x_{39}	x_{14}	x_{29}	x_{210}
	障碍度	0. 076	0. 066	0. 057	0. 052	0. 050
2016 年	因素	x_{110}	x_{39}	x_{29}	x_{210}	x_{37}
	障碍度	0. 076	0. 067	0. 053	0. 052	0. 052
2017 年	因素	x_{110}	x_{25}	x_{37}	x_{39}	x_{16}
	障碍度	0. 076	0. 070	0. 065	0. 061	0. 060
2018 年	因素	x_{25}	x_{110}	x_{37}	x_{16}	x_{29}
	障碍度	0. 114	0. 078	0. 072	0. 069	0. 058
2019 年	因素	x_{25}	x_{29}	x_{37}	x_{16}	x_{28}
	障碍度	0. 153	0. 133	0. 088	0. 083	0. 059
2020 年	因素	x_{25}	x_{16}	x_{37}	x_{39}	x_{110}
	障碍度	0. 182	0. 110	0. 103	0. 065	0. 050
2021 年	因素	x_{25}	x_{16}	x_{21}	x_{24}	x_{37}
	障碍度	0. 179	0. 139	0. 088	0. 081	0. 070
2022 年	因素	x_{25}	x_{16}	x_{37}	x_{21}	x_{24}
	障碍度	0. 241	0. 217	0. 150	0. 120	0. 118

（五）两系统间耦合协调度模型测算及分析

人口—教育子系统、人口—经济社会子系统、教育—经济社会子系统之间的耦合度及耦合协调度如表 5 –7 所示，两系统间耦合度及耦合协调度发展情况见图 5 –4。

表 5-7　两系统间耦合度及耦合协调度

年份	人口—教育子系统耦合协调度			人口—经济社会子系统耦合协调度			教育—经济社会子系统耦合协调度		
	耦合度 C	综合评价指数 T	耦合协调度 D	耦合度 C	综合评价指数 T	耦合协调度 D	耦合度 C	综合评价指数 T	耦合协调度 D
2010 年	1.000	0.263	0.513	0.983	0.172	0.411	0.983	0.243	0.489
2011 年	0.813	0.327	0.516	0.425	0.227	0.311	0.731	0.249	0.427
2012 年	0.982	0.390	0.618	0.735	0.280	0.454	0.829	0.297	0.496
2013 年	0.975	0.429	0.647	0.854	0.338	0.538	0.942	0.333	0.560
2014 年	0.987	0.484	0.691	0.906	0.404	0.605	0.960	0.386	0.609
2015 年	0.997	0.524	0.723	0.945	0.454	0.655	0.966	0.440	0.652
2016 年	0.986	0.567	0.748	0.964	0.543	0.723	0.995	0.490	0.698
2017 年	0.993	0.616	0.782	0.980	0.615	0.776	0.996	0.558	0.746
2018 年	0.991	0.609	0.777	0.988	0.632	0.790	1.000	0.572	0.756
2019 年	0.944	0.624	0.768	0.989	0.715	0.841	0.981	0.590	0.761
2020 年	0.996	0.687	0.827	0.992	0.738	0.856	0.999	0.663	0.814
2021 年	0.978	0.648	0.796	1.000	0.793	0.891	0.981	0.694	0.825
2022 年	1.000	0.729	0.854	1.000	0.839	0.916	1.000	0.791	0.889
均值	0.972	0.531	0.712	0.905	0.519	0.674	0.951	0.485	0.671

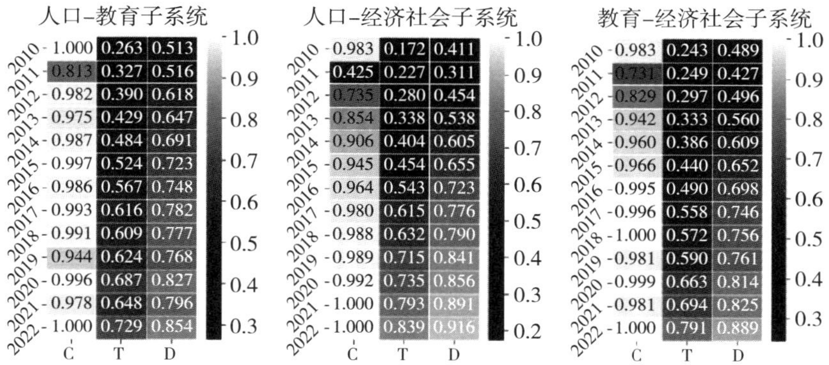

图 5－4　两系统间耦合度及耦合协调度发展情况

1. 人口—教育子系统耦合协调度分析

北京市人口—教育子系统耦合度均值为 0.972，处于高度耦合状态。从耦合协调度来看，D 值均大于 0.5，不存在失调的情况，其耦合协调水平经历了“勉强协调—初级协调—中级协调—良好协调”的渐进式演化过程。其中，人口—教育子系统在 6 年的时间跨度内，完成从中级协调向良好协调的跨越式转变，且人口特征子系统指数的年均增长率比高等教育供给结构子系统指数高 6.25 个百分点。这一数据揭示了当前高等教育在规模、层次以及学科结构等方面尚须紧密追随人口发展的步伐，进一步优化和调整。与此同时，近两年耦合协调水平存在中级—良好协调反复的情况，这也预示着人口—教育子系统未来向优质协调水平迈进将是一个复杂且充满挑战的过程，需要长期的努力和精细的调控策略。

2. 人口—经济社会子系统耦合协调度分析

北京市人口—经济社会子系统耦合度均值为 0.905，处于协调耦合状态。自 2010 年以来，D 值呈现出稳步增长的态势，至 2022 年已达到 0.916，首次达到了优质协调水平，显示了北京市在人口与经济社会协调发展方面取得的显著成效。

人口—经济社会子系统耦合协调水平经历了由轻度失调状态向优质协调状态的转变。2011—2016 年，该系统快速从轻度失调调整至中级协调状态，这一转变凸显了北京市在应对经济社会与人口发展不平衡问题上的高效调整能力，不仅体现了政策制定与执行的精准性，也反映出北京市在促进人口与经济社会协调发展方面所付出的努力和取得的成效。

3. 教育—经济社会子系统耦合协调度分析

教育—经济社会子系统耦合度均值为 0. 951，处于高度耦合状态。从耦合协调度均值来看，教育—经济社会系统耦合协调度均值为 0. 671，这一数值不仅低于其他两组系统的均值 0. 674 和 0. 712，亦低于三系统耦合协调度的整体均值 0. 681。造成这一结果的主要原因是，北京市在前期高等教育供给结构的快速扩张过程中，其扩张速度超出了经济社会系统的承载能力。2020—2022 年，北京市经济社会系统经过调整和优化，教育—经济社会子系统已达到良好协调水平，这一转变也预示着未来该系统将保持健康稳定的发展态势。

本研究构建了北京市人口—教育—经济社会系统协调发展的评价指标体系，运用耦合度和耦合协调模型，分析了 2010—2022 年北京市人口—教育—经济社会系统的耦合协调度，并探究了耦合协调度的影响因素，为北京市人口—教育—经济社会的协调发展提供理论参考。从整体耦合角度看，自 2012 年起，系统耦合度均在 0. 8 以上，2013 年及以后为 0. 9 以上，处于高度耦合状态。耦合协调发展水平整体呈显著上升的趋势，经历了由濒临失调到良好协调的逐渐过渡。这一上升趋势主要是由人口和经济社会的快速发展推动的。

从子系统角度来看，2010 年北京市人口特征子系统指数为 0. 192、经济社会子系统指数为 0. 152，均低于高等教育供给结构子系统指数 0. 334。到 2022 年，人口特征子系统指数达到 0. 778，且经济社会子系统指数达到了 0. 900，远超过了高等教育供给结构子系统指数 0.681。经济社会子系统指数增长最快，其次为人口特征子系统指数，增长最慢的是高等教育供给结构子系统指数。

从耦合协调影响因素角度看，在研究后期，高等教育供给结构一直是制约三系统耦合协调发展的最大因素，且制约作用逐渐增加。高等教育供给成为未来亟须解决的重要问题。而经济社会子系统的障碍度降低，人口特征子系统近两年障碍度也逐步增加，人口老龄化和自然增长率下降也成为限制三系统协调发展的因素。

从两系统耦合协调角度看，人口—教育子系统高度耦合，历经从勉强协调到良好协调的演化，表明高等教育需进一步优化以匹配人口发展。人口—经济社会子系统耦合协调度稳步上升，在 2022 年首次达到优质协调水平，显示出北京市在促进人口与经济社会协调发展方面的显著成效。教育—经济社会子系统耦合协调度虽低于其他系统，但近年已达到良好协调水平，预示着健康稳定的发展态势。

第六章

与其他直辖市的对比分析

北京、天津、上海和重庆作为我国的四个直辖市，均展现出显著的发展潜力和重要的战略地位。北京作为首都，不仅在政治上占据核心地位，还在经济和文化领域具有举足轻重的影响力；上海和天津分别作为我国南北两个重要的经济中心，其经济发展对区域乃至全国都具有显著的带动作用；而重庆，作为我国西南地区的重要城市，其经济发展迅速，对推动西南地区乃至全国的经济发展起到了关键作用，其独特的地理位置和资源优势，使之成为连接东西、沟通南北的重要节点。

本章将北京市与全国其他三个直辖市进行对比，通过对比分析了解北京市的发展情况。四个直辖市在地理位置上分别位于我国的华北、东部和西南地区，一定程度上代表着我国不同地域的发展情况，比较具有代表性。为了使对比分析结果更加完善，本章还将全国的发展情况纳入分析范围。通过对比分析全国与其他三个直辖市的发展状况，可以更加准确地把握北京市在全国发展格局中的位置和角色，为北京市的发展提供更为全面和深入的参考。这种综合性的对比分析方法，不仅能够确保分析结果的准确性和严谨性，还能够丰富分析内容，提高分析的深度和广度。

一、经济社会比较分析

（一）地区生产总值

在我国经济社会快速发展的背景下，深入对比和分析不同地区的经济表现具有重要意义。表6－1展示了2010—2022年我国国内生产总值和四个直辖市地区生产总值的相关数据，图6－1直观展现了其变动趋势。从表与图中可以看出，我国国内生产总值从2010年（41.21万亿元）到2022年（120.47万亿元）总体处于增长态势，体现了中国经济发展的强劲动力。其中，在2010—2019年，中国GDP保持了较为稳定的增长，中国GDP增长率①在6%至11%之间波动（数据来源：国家统计局）。受2020年新冠疫情全球暴发的影响，中国GDP增长率出现显著下滑，降至2.2%。2021年随着新冠疫情得到控制和经济复苏，中国GDP增长率迅速反弹至8.4%，体现了强大的经济韧性。

表6－1　全国和四个直辖市2010—2022年的生产总值　单位：亿元

年份	地域				
	全国	北京	天津	上海	重庆
2010	412119.30	14964.00	6830.76	17915.41	8065.26
2011	487940.20	17188.80	8112.51	20009.68	10161.17
2012	538580.00	19024.70	9043.02	21305.59	11595.37
2013	592963.20	21134.60	9945.44	23204.12	13027.60
2014	643563.10	22926.00	10640.62	25269.75	14623.78

① GDP增长率是GDP不变价增长速度，它等于当期的不变价GDP除以上年同期同基期不变价GDP再减去100%。——作者注

续表

年份	地域				
	全国	北京	天津	上海	重庆
2015	688858. 20	24779. 10	10879. 51	26887. 02	16040. 54
2016	746395. 10	27041. 20	11477. 20	29887. 02	18023. 04
2017	832035. 90	29883. 00	12450. 56	32925. 01	20066. 29
2018	919281. 10	33106. 00	13362. 92	36011. 82	21588. 80
2019	986515. 20	35445. 10	14055. 46	37987. 55	23605. 77
2020	1013567. 00	35943. 30	14007. 99	38963. 30	25041. 43
2021	1149237. 00	41045. 60	15685. 05	43214. 85	28077. 28
2022	1204724. 00	41610. 90	16311. 34	44652. 80	29129. 03

数据来源：国家统计局及各地区统计年鉴

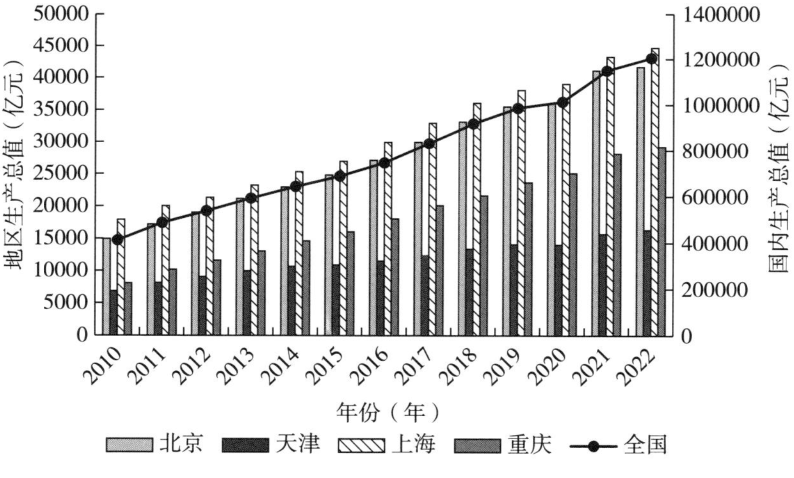

图 6－1　全国和四个直辖市 2010—2022 年国内生产总值变化趋势

数据来源：国家统计局及各地区统计年鉴

北京的经济增长在持续加速，从 2010 年的 14964 亿元增长到 2022 年的 41610. 90 亿元；作为中国经济中心的上海，其 GDP 一直保持在全国前列，在四个直辖市中始终位列首位；作为北方重要经济中心的天津，其 GDP 在过去 13 年里也有显著增长，但与其他三个直辖市相比，增长速度稍显缓慢；重庆近年来经济显著增长，特别是在 2022 年，其 GDP 排名全国第四。

四个直辖市 2010—2022 年的地区生产总值的变化整体上呈上升趋势，但是其上升速度各不相同。四个直辖市的地区生产总值排序从大到小依次是上海、北京、重庆、天津。北京和上海 GDP 总量和增长速度均位居前列。天津和重庆也实现了稳定的经济增长，但增长速度稍逊北京和上海。

在经济发展方面，相较于其他直辖市，北京因其独特的战略地位，不仅仅局限于经济驱动作用。实际上，北京还承载着政治功能、宣扬文化、国际交往、带动科技创新等其他任务。鉴于上述多重功能的叠加，北京的经济发展速度在直辖市中保持着较高的增长态势，仅次于上海，并显著领先于天津和重庆。这种经济发展格局不仅反映了北京作为国家首都的综合实力和资源优势，也彰显了其在多维发展中的战略地位和核心作用。

（二）一般公共预算收支

在全国范围内，一般公共预算的年度收入与支出均展现出稳步上升的趋势，这不仅是国家经济实力增强的直接体现，也反映了政府在公共服务领域投入的不断加大。其中，支出规模持续超越收入，揭示了政府在推动社会经济发展、改善民生福祉方面的积极姿态。全国及四个直辖市在 2010—2022 年的一般公共预算收支情况见表 6－2。

表 6-2　全国和四个直辖市 2010—2022 年的一般公共预算收支情况

单位：亿元

年份	地域									
	全国		北京		天津		上海		重庆	
	收入	支出	收入	支出	收入	支出	收入	支出	收入	支出
2010	83101. 51	89874. 16	2353. 93	2717. 32	1068. 81	1376. 84	2873. 58	3302. 89	1018. 29	1769. 11
2011	103874. 43	109247. 79	3006. 28	3245. 23	1455. 13	1796. 33	3429. 83	3914. 88	1488. 33	2570. 24
2012	117253. 52	125952. 97	3314. 93	3685. 31	1760. 02	2143. 21	3743. 71	4184. 02	1465. 85	2717. 79
2013	129209. 64	140212. 10	3661. 11	4173. 66	2079. 07	2549. 21	4109. 51	4528. 61	1686. 87	3058. 94
2014	140370. 03	151785. 56	4027. 16	4524. 67	2390. 35	2884. 70	4585. 55	4923. 44	1922. 02	3304. 39
2015	152269. 23	175877. 77	4723. 86	5737. 70	2667. 11	3232. 35	5519. 50	6191. 56	2080. 63	3813. 82
2016	159604. 97	187755. 21	5081. 26	6406. 77	2723. 50	3699. 43	6406. 13	6918. 94	2227. 91	4001. 81
2017	172592. 77	203085. 49	5430. 79	6824. 53	2310. 36	3282. 54	6642. 26	7547. 62	2252. 38	4336. 28
2018	183359. 84	220904. 13	5785. 92	7471. 43	2106. 24	3103. 16	7108. 15	8351. 54	2265. 54	4540. 95
2019	190390. 08	238858. 37	5817. 10	7408. 19	2410. 41	3555. 71	7165. 10	8179. 28	2134. 93	4847. 68
2020	182913. 88	245679. 03	5483. 89	7116. 18	1923. 11	3151. 35	7046. 30	8102. 11	2094. 85	4893. 95
2021	202554. 64	245673. 00	5932. 31	7205. 12	2141. 06	3152. 55	7771. 80	8430. 86	2285. 45	4835. 06
2022	203649. 29	260552. 12	5714. 36	7469. 15	1846. 69	2729. 83	7608. 19	9393. 16	2103. 42	4892. 77

数据来源：国家统计局及各地区统计年鉴

北京、上海、天津、重庆四个直辖市在财政收支上展现出各自独特的格局。北京与上海作为中国的两大一线城市，其财政收支水平相对较高，且两者间存在一定的相似性。相比之下，天津与重庆的财政收支状况则更为接近，形成了另一组对比鲜明的群体。2022 年，北京的财政收入增长至 5714.36 亿元，而上海则攀升至 7608.19 亿元，差距约 2000 亿元；在支出端，上海同样以 9393.16 亿元的规模领先于北京的 7469.15 亿元。上海凭借其强大的经济实力与高效的财政管理，在财政收支上持续领先；而北京作为首都，在保持财政稳健增长的同时，也充分发挥了其政治、文化、国际交往中心的功能。未来，随着国家发展战略的深入实施与区域协调发展的持续推进，各地区的财政收支结构有望进一步优化，共同推动国家经济社会的高质量发展。

（三）产业产值构成结构

2010—2022 年，我国的产业结构经历了显著的转变，从第二产业与第三产业并驾齐驱，逐步过渡到第三产业占据主导地位的新格局。2010 年，全国经济总量中，第二产业与第三产业共同贡献了 90.7% 的产值，其中，第三产业尚未超越第二产业；2022 年，这一格局发生根本性变化，第三产业以 52.8% 的占比跃居首位，成为推动经济增长的主力军，而第二产业占比则滑落至 39.9%，第一产业则进一步缩减至 7.3%。这一变迁不仅反映了中国经济结构的深刻调整，也彰显了国家发展战略向服务化、高端化转型的坚定决心。具体数据见表 6－3。

表 6－3　全国和四个直辖市 2010—2022 年的产业产值构成

单位：%

年份	地域														
	全国			北京			天津			上海			重庆		
	一	二	三	一	二	三	一	二	三	一	二	三	一	二	三
2010	9. 3	46. 5	44. 2	0. 8	21. 6	77. 6	1. 9	47. 7	50. 4	0. 6	41. 5	57. 9	8. 1	44. 9	47. 0
2011	9. 2	46. 5	44. 3	0. 8	20. 7	78. 5	1. 7	46. 3	52. 0	0. 6	40. 8	58. 6	7. 8	45. 0	47. 2
2012	9. 1	45. 4	45. 5	0. 8	20. 3	78. 9	1. 6	45. 7	52. 7	0. 6	38. 4	61. 0	7. 6	45. 8	46. 6
2013	8. 9	44. 2	46. 9	0. 8	19. 7	79. 5	1. 6	44. 3	54. 1	0. 6	35. 7	63. 7	7. 2	46. 0	46. 8
2014	8. 6	43. 1	48. 3	0. 7	19. 3	80. 0	1. 5	43. 4	55. 1	0. 5	34. 2	65. 3	6. 8	46. 3	46. 9
2015	8. 4	40. 8	50. 8	0. 6	17. 8	81. 6	1. 5	41. 3	57. 2	0. 4	31. 3	68. 3	6. 7	44. 9	48. 4
2016	8. 1	39. 6	52. 3	0. 5	17. 3	82. 2	1. 5	38. 0	60. 5	0. 4	28. 7	70. 9	6. 9	43. 1	50. 0
2017	7. 5	39. 9	52. 6	0. 4	16. 9	82. 7	1. 3	36. 7	62. 0	0. 4	28. 9	70. 7	6. 4	42. 1	51. 5
2018	7. 0	39. 7	53. 3	0. 4	16. 5	83. 1	1. 3	36. 2	62. 5	0. 3	28. 8	70. 9	6. 4	41. 0	52. 6
2019	7. 1	38. 6	54. 3	0. 3	16. 0	83. 7	1. 3	35. 2	63. 5	0. 3	26. 8	72. 9	6. 6	39. 8	53. 6
2020	7. 7	37. 8	54. 5	0. 3	16. 0	83. 7	1. 5	35. 1	63. 4	0. 3	26. 3	73. 4	7. 2	39. 8	53. 0
2021	7. 2	39. 3	53. 5	0. 3	18. 0	81. 7	1. 7	36. 2	62. 1	0. 2	26. 0	73. 7	6. 8	40. 0	53. 2
2022	7. 3	39. 9	52. 8	0. 3	15. 9	83. 8	1. 7	37. 0	61. 3	0. 2	25. 7	74. 1	6. 9	40. 1	53. 0

数据来源：国家统计局及各地区统计年鉴

在直辖市层面，北京与上海作为中国的经济引擎，其产业结构优化路径尤为重要。两市的第一产业占比均在 1% 以内，而第三产业则成为绝对的主导力量。特别是北京，自 2014 年起，其第三产业占比便持续稳定在 80% 以上，展现了强大的服务业集聚效应与创新能力。上海虽在第三产业占比上稍逊一筹，但其作为国际金融、贸易、航运中心的地位依然稳固，第三产业同样保持快速增长态势。天津的产业结构在这一进程中，第一产业占比持续压缩，而第三产业则迅速崛起，至 2022 年已占据 61.3% 的份额，远超第二产业的 37% 。

重庆尽管第一产业占比逐年下降，但其占比仍在 6% 以上。同时，第二产业、第三产业均保持强劲发展势头，两者占比相近，共同构成了重庆经济多元化、全面发展的格局。这种均衡发展的策略为重庆提升综合竞争力、实现经济持续增长提供了有力支撑。

综上所述，第二产业和第三产业逐渐成为发展的主要部分。第一产业所占比重有所减少，但在部分地区仍占有一定比重，也是不容忽视的发展部分。而对比第二产业和第三产业，相对来说会投入更多资源发展第三产业，强化地区软实力。

（四）城镇化率

从表 6－4 中可以看到，四个直辖市的城镇化率在历年均高于全国水平。上海城镇化率自 2010 年以来一直保持在 88% 以上，成为全国城镇化发展的标杆，体现了上海在城市化建设、基础设施完善及公共服务配套等方面的卓越成就。北京城镇化率从 2010 年的 85.96% 稳步增长至 2022 年的 87.57% ，显示出北京在控制城市规模、优化城市结构以及提升城市品质方面的持续努力。天津的城镇化率从 2010 年的 79.55% 增长到 2022 年的 85.11% ，增加了 5.56 个百分点。而重庆作为西部地区的重要直辖市，其城镇化率虽然起点较低（2010 年仅为 53% ），但发展速度惊人，至 2022 年已增长至 71% ，增幅高达 18 个百分点。

综上所述，四个直辖市的城镇化发展各具特色，但均展现出稳步向前的良好态势。上海的卓越表现、北京的稳健增长、天津的显著加速以及重庆的快速发展，共同构成了中国城镇化发展的多元图景。

表 6－4　全国和四个直辖市 2010—2022 年的城镇化率　　单位：%

年份	地域				
	全国	北京	天津	上海	重庆
2010	49.95	85.96	79.55	89.30	53.00
2011	51.27	86.20	80.50	89.30	55.00
2012	52.57	86.29	81.55	89.30	56.60
2013	54.49	86.39	82.01	89.60	58.30
2014	55.75	86.50	82.28	89.30	59.70
2015	57.33	86.71	82.64	88.53	61.50
2016	58.84	86.76	82.93	89.00	63.30
2017	60.24	86.93	82.93	89.10	65.00
2018	61.50	87.09	83.15	89.13	66.60
2019	62.71	87.35	83.48	89.22	68.20
2020	63.89	87.55	84.70	89.30	69.50
2021	64.72	87.55	84.88	89.30	70.30
2022	65.22	87.57	85.11	89.33	71.00

数据来源：国家统计局及各地区统计年鉴

（五）常住就业人口

从常住就业人口来看（表 6－5），2010—2014 年，全国就业人口数量呈现小幅增长态势，此后，呈现逐年递减趋势，2022 年为 73351 万人。四个直辖市的常住就业人口数量变动趋势不尽相同。北京从 2010 年（1067 万人）开始逐年上升，2017 年达到最高，为 1191 万人，此后，呈现下降趋势，2022 年为 1132 万人，仍然高于

2010 年。上海则呈现波动变化趋势，从 2010 年的 1091 万人上涨到 2013 年的 1369 万人；此后略有下降，2015 年为 1362 万人；然后继续上涨，2018 年、2019 年达到最高，均为 1376 万人；此后连续下降，达到 2022 年的 1347 万人。天津则呈现出先增加后下降的趋势，从 2010 年的 667 万人增加到 2014 年、2015 年的 718 万人，随后连续下降，2022 年为 621 万人。重庆从 2010 年的 1551 万人上升到 2020 年的 1676 万人，随后略有下降，2022 年为 1644 万人。

表 6－5　全国和四个直辖市 2010—2022 年的就业人口　单位：万人

年份	地域				
	全国	北京	天津	上海	重庆
2010	76105	1067	667	1091	1551
2011	76196	1090	677	1104	1587
2012	76254	1115	693	1116	1606
2013	76301	1137	711	1369	1619
2014	76349	1142	718	1366	1632
2015	76320	1164	718	1362	1647
2016	76245	1188	705	1365	1658
2017	76058	1191	684	1373	1659
2018	75782	1190	672	1376	1663
2019	75447	1184	659	1376	1668
2020	75064	1164	647	1374	1676
2021	74652	1158	641	1365	1668
2022	73351	1132	621	1347	1644

数据来源：国家统计局及各地区统计年鉴

（六）人均可支配收入

从表 6－6 可以看到，全国和四个直辖市 2010—2022 年城镇居民人均可支配收入在逐年递增。北京、上海和天津的城镇居民人均可支配收入高于全国水平，而重庆的城镇居民可支配收入略低于全国水平。

表 6 -6　全国和四个直辖市 2010—2022 年的城镇居民人均可支配收入情况

单位：元/人

年份	地域				
	全国	北京	天津	上海	重庆
2010	19109.44	32132.00	24292.60	31838	17532.43
2011	21809.78	36365.00	26920.86	36230	20249.70
2012	24564.72	40306.00	29626.41	40188	22968.14
2013	26467.00	44564.00	32657.95	43851	23058.00
2014	28843.90	48532.00	31506.00	47710	25147.00
2015	31194.80	52859.00	34101.00	52962.00	27239.00
2016	33616.20	57275.00	37110.00	57692	29610.00
2017	36396.20	62406.00	40278.00	62596	32193.00
2018	39250.80	67990.00	42976.00	68034	34889.00
2019	42358.80	73849.00	46119.00	73615.00	37939.00
2020	43833.80	75602.00	47659.00	76437	40006.00
2021	47411.90	81518.00	51486.00	82429	43502.00
2022	49282.90	84023.00	53003.00	84034	45509.00

数据来源：国家统计局及各地区统计年鉴

（七）社会消费品零售总额

表 6 -7 为全国及四个直辖市 2010—2022 年的社会消费品零售总额。在全国视角下，社会消费品零售总额展现出显著的逐年增长态势，从 2010 年的 156998.40 亿元稳步增长至 2022 年的 439732.50 亿元，累计增幅接近 280000 亿元。这一数据不仅彰显了中国消费市场的强劲活力，也预示了未来消费潜力的进一步释放。

表6－7　全国和四个直辖市2010—2022年的社会消费品零售总额

单位：亿元

年份	地域				
	全国	北京	天津	上海	重庆
2010	156998.40	7273.00	2902.55	6901.39	3514.94
2011	183918.60	8334.80	3395.06	8052.21	4384.77
2012	210307.00	9440.20	3921.43	8833.20	5141.09
2013	242842.80	10382.50	4470.43	9693.15	5946.16
2014	271896.10	11354.00	4738.65	10592.68	6762.83
2015	300930.80	12271.90	5257.28	11605.70	7667.59
2016	332316.30	13134.90	5635.81	12588.21	8728.40
2017	366261.60	13933.70	5729.67	13699.52	9769.39
2018	377783.10	14422.30	4562.86	14874.76	10705.24
2019	408017.20	15063.70	3396.04	15847.55	11631.67
2020	391980.60	13716.40	3582.91	15932.50	11787.20
2021	440823.20	14867.70	3769.78	18079.25	13967.67
2022	439732.50	13794.20	3571.99	16442.14	13926.08

数据来源：国家统计局及各地区统计年鉴

聚焦于四大直辖市，其社会消费品零售总额的增长轨迹各具特色。北京作为首都与消费高地，在2010年便以7273亿元的社会消费品零售总额领跑，随后持续增长，并于2019年达到峰值15063.7亿元，随后略有回调。上海则以其独特的国际大都市魅力，吸引了大量高端消费与外来消费，其社会消费品零售总额近年来迅速攀升，于2021年达到18079.25亿元的峰值，成为四大直辖市中的新领头羊。相比之下，天津的社会消费品零售总额增长较为稳健，但也在2017年触及5729.67亿元的高点后，面临一定的增长压力。重庆作为西部地区的代表城市，其社会消费品零售总额的增长轨迹同样稳健，2022

年稍有下降。在四大直辖市中，重庆的增长率虽非最高，但其稳定的增长步伐与不断扩大的市场规模，无疑为西部地区消费市场的繁荣贡献了重要力量。

二、人口特征比较分析

（一）常住人口数

在当前人口结构变迁和社会发展背景下，常住人口的变化趋势直接反映了城市的吸引力和发展潜力。表6－8展示了全国和四个直辖市2010—2022年的常住人口总数。

表6－8　全国和四个直辖市2010—2022年的常住人口　单位：万人

年份	地域				
	全国	北京	天津	上海	重庆
2010	134091	1961.9	1299.29	2302.66	2884.62
2011	134916	2023.8	1341	2355.53	2944.43
2012	135922	2077.5	1378	2398.5	2974.88
2013	136726	2125.4	1410	2448.43	3011.03
2014	137646	2171.1	1429	2467.06	3043.48
2015	138326	2188.3	1439	2457.59	3070.02
2016	139232	2195.4	1443	2467.37	3109.96
2017	140011	2194.4	1410	2466.28	3143.51
2018	140541	2191.7	1383	2475.39	3163.14
2019	141008	2190.1	1385	2481.34	3187.84
2020	141212	2189	1386.6	2488.36	3208.93
2021	141260	2188.6	1373	2489.43	3212.43
2022	141175	2184	1363	2475	3213

数据来源：国家统计局及各地区统计年鉴

在全国范围内，人口数量在2010—2016年保持稳定增长态势。全国人口年平均增长率为0.63%左右，较前一个十年（2000—2010年）的数值0.57%略有上升。2017—2021年，我国人口数量增长开始放缓，这一阶段的年增长率进一步下降，反映出人口结构的变化和生育率的降低。2022年是我国常住人口变化趋势的一个重要转折点。2022年末，全国人口为141175万人，比上年末减少85万人，标志着中国正式进入人口负增长时代。这一变化反映了生育率下降、老龄化加剧等多重因素的影响。

2010—2016年，北京常住人口保持增长，但增速逐渐放缓。自2017年起，北京常住人口进入负增长阶段，并持续至今。上海近十年来逐渐实施了一系列人口调控政策，自2015年起，常住人口增长开始放缓，并出现负增长的情况。天津人口数量整体为先增加后降低，主要是初期经历了迅速的工业化和城市化进程，吸引了大量外来人口涌入，政府为了更好地控制城市规模和提高城市生态环境质量，采取了人口调控措施，导致人口增长率下降且降幅较大。2010—2022年，重庆常住人口保持持续增长，是全国唯一一个人口持续正增长的直辖市。重庆市政府一直致力于吸引人才、推动经济发展和城市建设，不断吸引外来人口。

（二）人口自然增长率

人口自然增长率是指在一定时期内（通常为一年）人口自然增加数（出生人数减死亡人数）与该时期内平均人数（或期中人数）之比，一般用千分比表示。全国及四个直辖市2010—2022年的人口自然增长率见表6－9。2010—2022年，我国人口自然增长率展现出显著的下降趋势，并于2022年首次触及负值临界点，标志着我国人口已步入负增长阶段。此现象不仅反映了生育率下降与老龄化加速的复杂交织影响，也对经济社会可持续发展提出了新挑战。

上海人口负增长情况比较严重，在大多数年份常住人口自然增长率均为负值；其他三个直辖市的自然增长率在大多数年份均略低于全国水平，其中北京市的变化趋势与全国相似。北京在 2022 年出现人口负增长情况，晚于其他直辖市；天津在 2021 年出现人口负增长情况；重庆在 2020 年出现人口负增长情况。

表 6－9　全国和四个直辖市 2010—2022 年常住人口自然增长率　单位：‰

年份	地域				
	全国	北京	天津	上海	重庆
2010	4. 79	2. 98	2. 60	－0. 60	2. 77
2011	6. 13	4. 02	2. 50	－0. 68	3. 17
2012	7. 43	4. 72	2. 63	0. 26	4. 00
2013	5. 90	4. 39	2. 28	－0. 54	3. 60
2014	6. 71	4. 80	2. 14	0. 32	3. 62
2015	4. 93	2. 98	0. 23	－1. 27	3. 86
2016	6. 53	4. 07	1. 83	0. 50	4. 53
2017	5. 58	3. 73	2. 60	－0. 60	3. 91
2018	3. 78	2. 63	1. 25	－1. 90	3. 48
2019	3. 32	2. 58	1. 43	－2. 31	2. 91
2020	1. 45	2. 39	0. 07	－3. 52	－0. 23
2021	0. 34	0. 96	－0. 93	－4. 36	－1. 55
2022	－0. 60	－0. 05	－1. 68	－5. 23	－2. 11

数据来源：国家统计局及各地区统计年鉴

（三）人口性别比

在人口统计学中，人口性别比作为衡量两性人口数量平衡的关键指标，其正常范围通常界定在 102 至 107，这一区间反映了自然状态下男女性别比例的相对稳定状态。表 6－10 给出了全国及四个直辖市常住人口性别比的情况。从表中数据可以看出，我国在 2010 年至 2022 年间的人口性别比始终维持在这一正常区间内，并呈现出一种温和的下调趋势。

表 6－10　全国和四个直辖市 2010—2022 年的性别比　　单位：%

年份	地域				
	全国	北京	天津	上海	重庆
2010	105.21	106.76	114.50	99.27	107.19
2011	105.18	106.57	115.47	99.07	106.91
2012	105.13	106.96	116.44	98.93	106.70
2013	105.10	106.85	117.26	98.82	106.47
2014	105.06	106.32	118.31	98.72	106.27
2015	105.02	106.04	126.30	98.59	106.18
2016	104.98	105.31	119.07	98.45	105.97
2017	104.81	104.99	118.12	98.29	105.61
2018	104.64	104.93	118.78	98.09	105.32
2019	104.45	104.76	118.80	97.87	105.11
2020	105.09	104.66	106.31	97.65	104.77
2021	104.88	104.37	105.23	97.64	104.61
2022	104.69	104.12	104.96	97.50	104.43

数据来源：国家统计局及各地区统计年鉴

我国四个直辖市的人口性别比呈现出区域间的显著差异性与特定的发展轨迹。北京与重庆两个直辖市在性别比变化上展现出较高的相似性，两者均从 2010 年（约 107）逐步下降至 2022 年的接近正常范围中值（约 104），这一趋同过程反映了全国范围内性别平等意识的提升及生育政策效果的区域性。天津在2010—2019年的性别比持续偏高，多次突破正常范围上限，甚至达到极端值126.3。自2020年起，天津性别比发生显著逆转，迅速降至正常范围以下。上海的性别比始终保持在100以下，即女性人口数量持续超过男性，这在全球范围内亦属罕见现象。与此同时，这一性别比不平衡状况还呈现出进一步加剧的趋势，这与上海作为国际化大都市的独特吸引力、女性职业发展环境的优化以及人口迁移的特定模式等因素紧密相关。

性别比的逐步下降能在一定程度上体现出我国四大直辖市内居民性别偏好观念的积极转变，特别是“重男轻女”传统观念的逐渐淡化。这一趋势不仅体现了社会文明进步的历程，也是性别平等理念深入人心的直接体现。然而，性别比的优化不应仅停留于简单的下降趋势，而应追求一个科学、合理的区间平衡，以确保人口结构的健康发展与社会的和谐稳定。

（四）人口年龄分布

从人口年龄分布来看，我国老龄化趋势明显，少儿人口的比例保持不变，劳动力人口的比例在减少，老年人口比例在增加（见表6－11）。这一现象不仅映射出人口年龄金字塔的底部稳固与顶部扩张的失衡状态，也预示着社会经济结构将面临深刻的转型挑战。

从少儿人口比例来看，北京、天津与上海在2010—2022年，少儿人口比例呈现出不同程度的增长态势，重庆的少儿人口比例有所下降，尽管如此，重庆少儿人口比例依旧高于其他三个直辖市。

表 6－11　全国和四个直辖市 2010—2022 年的人口年龄分布情况

单位:%

地域		年份												
		2010	2011	2012	2013	2014	2015	2016	2017	2018	2019	2020	2021	2022
全国	0—14 岁人口比例	16. 60	16. 47	16. 46	16. 41	16. 49	16. 52	16. 64	16. 79	16. 86	16. 79	17. 98	17. 49	16. 96
	15—64 岁人口比例	74. 53	74. 40	74. 14	73. 91	73. 45	73. 01	72. 51	71. 82	71. 20	70. 64	68. 50	68. 29	68. 16
	65 岁以上人口比例	8. 87	9. 13	9. 40	9. 68	10. 06	10. 47	10. 85	11. 39	11. 94	12. 57	13. 52	14. 22	14. 88
北京	0—14 岁人口比例	8. 60	9. 23	9. 66	9. 82	10. 43	10. 73	11. 11	11. 35	11. 50	11. 57	11. 84	12. 09	12. 09
	15—64 岁人口比例	82. 68	81. 64	80. 87	80. 53	79. 09	78. 25	77. 38	76. 59	76. 05	75. 63	74. 86	73. 67	72. 80
	65 岁以上人口比例	8. 72	9. 13	9. 47	9. 65	10. 48	11. 02	11. 51	12. 06	12. 45	12. 80	13. 30	14. 24	15. 11
天津	0—14 岁人口比例	9. 80	9. 82	10. 01	9. 88	9. 79	9. 81	9. 92	10. 19	10. 22	10. 31	13. 47	13. 33	12. 99
	15—64 岁人口比例	81. 68	80. 83	80. 08	79. 28	79. 05	80. 58	80. 09	79. 68	78. 91	78. 08	71. 77	70. 72	69. 99
	65 岁以上人口比例	8. 52	9. 35	9. 91	10. 84	11. 16	9. 61	9. 99	10. 13	10. 87	11. 61	14. 76	15. 95	17. 02

续表

地域		年份												
		2010	2011	2012	2013	2014	2015	2016	2017	2018	2019	2020	2021	2022
上海	0—14 岁人口比例	8. 65	8. 29	8. 46	9. 36	10. 11	9. 34	9. 68	9. 95	9. 84	10. 04	9. 80	9. 82	9. 77
	15—64 岁人口比例	81. 23	83. 84	82. 53	80. 00	80. 21	77. 84	77. 36	75. 79	75. 21	73. 70	73. 92	72. 73	71. 56
	65 岁以上人口比例	10. 12	7. 87	9. 01	10. 64	9. 68	12. 82	12. 96	14. 26	14. 95	16. 26	16. 28	17. 45	18. 67
重庆	0—14 岁人口比例	17. 00	17. 07	16. 89	16. 59	16. 63	16. 62	16. 68	16. 71	16. 58	16. 31	15. 90	15. 29	14. 57
	15—64 岁人口比例	71. 28	70. 82	70. 50	70. 42	69. 86	69. 38	68. 84	68. 15	67. 57	67. 19	67. 02	66. 96	67. 13
	65 岁以上人口比例	11. 72	12. 11	12. 61	12. 99	13. 51	14. 00	14. 48	15. 14	15. 85	16. 50	17. 08	17. 75	18. 30

数据来源：根据国家统计局及各地区统计年鉴数据整理

从劳动力人口占比来看，四个直辖市无一例外地经历了劳动力人口占比的显著下滑，这一降幅在约 13 年间平均达到了 10% 左右。劳动力资源的相对减少，不仅预示着经济增长潜力的潜在调整，更直接关联到家庭与社会层面抚养负担的加重，以及随之而来的生活成本与生活压力的双重攀升。

从老年人口来看，四大直辖市均展现出高于全国水平的老年人口比例，凸显了其在老龄化进程中的先行态势。其中，北京与天津的老年人口比例略高于全国，而上海与重庆则显著高于全国水平，表明这两座城市的老龄化问题尤为严峻。

（五）人口城乡结构

从全国范围来看，2010 年城乡人口数量尚维持在大致均衡的状态，随着国家现代化进程的加速推进及城镇化战略的深入实施，城乡人口分布格局发生了根本性转变。至 2022 年，城镇人口规模已显著超过乡村，两者之间的差距扩大至约 4 亿人，这一转变不仅标志着我国城镇化水平的显著提升，也反映了社会经济结构的深刻调整。具体数据见表 6 – 12。

2010—2022 年，北京、天津、上海的城镇人口始终占据绝对多数，远超乡村人口，彰显了其作为全国城镇化发展前沿阵地的角色。相比之下，重庆市的城镇化历程起步较晚，但同样展现出了强劲的发展势头。2010 年，重庆市城镇人口虽已略超乡村人口，但差距尚不明显，仅约为 200 万人。然而，经过 10 余年的快速发展，截至 2022 年，这一差距已显著扩大至 1200 万人左右，表明重庆在城镇化道路上正加速前进，逐步实现城乡人口结构的深刻转型。

表 6－12　全国和四个直辖市 2010—2022 年的城乡结构

单位：万人

年份	地域									
	全国		北京		天津		上海		重庆	
	城镇	乡村	城镇	乡村	城镇	乡村	城镇	乡村	城镇	乡村
2010	66978. 45	67112. 55	1686. 40	275. 50	1033. 59	265. 70	2056. 28	246. 38	1529. 55	1355. 07
2011	69171. 43	65744. 57	1744. 60	279. 20	1090. 44	264. 14	2103. 49	252. 04	1618. 71	1325. 72
2012	71454. 20	64467. 80	1792. 70	284. 80	1152. 49	260. 66	2141. 86	256. 64	1685. 12	1289. 76
2013	74502. 00	62224. 00	1836. 10	289. 30	1207. 36	264. 85	2193. 79	254. 64	1755. 27	1255. 76
2014	76737. 65	60908. 36	1878. 00	293. 10	1248. 04	268. 77	2203. 08	263. 98	1818. 32	1225. 16
2015	79302. 30	59023. 70	1897. 50	290. 80	1278. 40	268. 55	2175. 70	281. 89	1887. 29	1182. 73
2016	81924. 11	57307. 89	1904. 80	290. 60	1295. 47	266. 65	2195. 96	271. 41	1969. 69	1140. 27
2017	84342. 63	55668. 37	1907. 70	286. 70	1291. 11	265. 76	2197. 46	268. 82	2043. 13	1100. 38
2018	86432. 72	54108. 29	1908. 80	282. 90	1296. 81	262. 79	2206. 32	269. 07	2106. 81	1056. 33
2019	88426. 12	52581. 88	1913. 10	277. 00	1303. 82	258. 01	2213. 85	267. 49	2175. 23	1012. 61
2020	90220. 35	50991. 65	1916. 40	272. 60	1174. 44	212. 16	2222. 11	266. 25	2229. 08	979. 85
2021	91425. 00	49835. 00	1916. 10	272. 50	1165. 40	207. 60	2223. 00	266. 00	2259. 13	953. 30
2022	92071. 00	49104. 00	1912. 80	271. 50	1160. 06	202. 94	2211. 00	264. 00	2280. 32	933. 02

数据来源：国家统计局及各地区统计年鉴

（六）人口就业结构

从人口的就业结构可以看出，第一产业的就业人数呈现逐年递减的态势，而第二产业与第三产业的就业人数则持续攀升，这一趋势鲜明地体现了我国经济发展重心由传统农业向现代化工业与服务业的逐步偏移，具体数据见表6－13。

聚焦于四个直辖市，北京与上海作为全国经济发展的领头羊，其就业结构的变化尤为显著。在这两座城市中，第三产业已成为吸纳劳动力的绝对主力，其就业人数远超第一产业与第二产业之和，这一特征凸显了服务业在推动城市经济增长与就业扩张中的核心地位。相比之下，天津的就业结构展现出独特的平衡状态。第二产业与第三产业在吸纳就业方面保持着较为接近的水平，共同构成了城市经济的支柱，而第一产业的就业人数则相对较少，反映出工业化与服务业发展的双轮驱动模式。重庆的就业结构则呈现出过渡性的特征。第一产业与第二产业的就业人数保持相对接近，而第三产业虽占据主导地位，但其就业人数的绝对优势并不如北京、上海那样显著。这一结构反映了重庆市在快速城镇化与工业化进程中，农业与工业基础仍较为稳固，同时服务业也在快速发展，三者之间形成了一种动态的平衡与互动。

表 6－13　全国和四个直辖市 2010—2022 年的就业结构

单位：万人

年份	地域														
	全国			北京			天津			上海			重庆		
	一	二	三	一	二	三	一	二	三	一	二	三	一	二	三
2010	27931	21842	26332	58	252	757	67	277	323	37	444	610	604	352	595
2011	26472	22539	27185	59	248	783	65	280	332	37	445	622	569	391	627
2012	25535	23226	27493	55	232	828	61	286	346	46	440	630	531	423	652
2013	23838	23142	29321	51	228	859	56	302	353	51	479	839	495	452	671
2014	22372	23057	30920	47	225	871	56	280	382	45	477	844	464	464	704
2015	21418	22644	32258	43	220	901	53	256	409	46	460	856	440	474	733
2016	20908	22295	33042	42	218	928	51	239	415	45	449	871	419	477	762
2017	20295	21762	34001	39	215	938	48	222	414	42	431	900	403	462	795
2018	19515	21356	34911	37	212	941	45	214	413	41	423	912	391	443	830
2019	18652	21234	35561	31	211	941	43	200	416	41	336	1000	381	434	853
2020	17715	21543	35806	28	194	942	36	221	390	27	448	899	378	421	877
2021	17072	21712	35868	27	193	938	34	219	388	25	445	1097	366	427	875
2022	17663	21105	34583	25	186	921	33	214	374	21	439	887	389	414	841

数据来源：国家统计局及各地区统计年鉴

三、高等教育供给结构比较分析

（一）规模结构对比分析

1. 普通高等学校数

在教育供给结构的优化中，普通高等学校数、生均预算内教育事业费支出和高等院校专任教师数是衡量教育资源配置效率与质量的三个重要维度。图6-2展示了全国和四个直辖市2010—2022年的普通高等学校数量的动态演变趋势。从图中可以看出，全国范围内普通高等院校的数量呈现出稳健增长的态势，这一趋势不仅体现了国家对高等教育发展的高度重视，也映射出教育资源配置力度的持续增强与教育供给能力的不断提升。

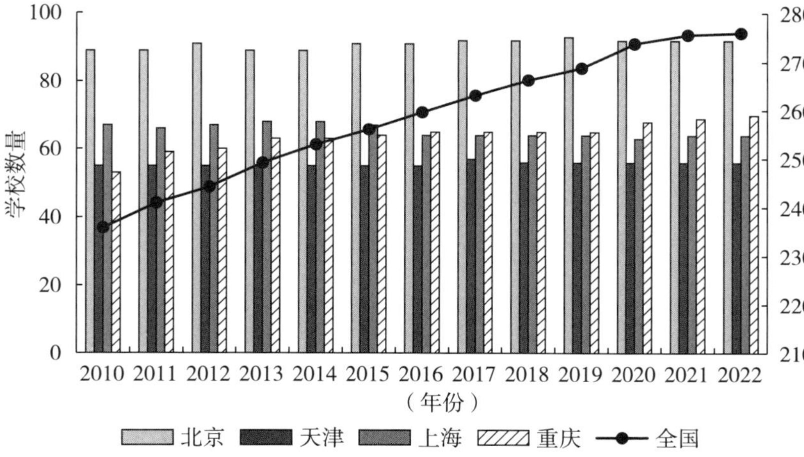

图6-2　全国和四个直辖市2010—2022年普通高等院校数量情况

数据来源：国家统计局及各地区教育年鉴

聚焦于四个直辖市，各区域展现出了差异化的发展轨迹。北京与天津作为教育资源相对集中的地区，其高校数量在此期间保持了较为稳定的增长态势，虽增幅相对温和，但体现了教育质量的稳步提升与教育资源的高效利用。这种“稳中有进”的模式，为区域社会经济发展提供了坚实的人才支撑与知识创新源泉。重庆普通高等院校数量增长显著，从2010年的53所增长至2022年的70所，增幅明显。相比之下，上海的普通高等院校数量则呈现出一种较为复杂的波动趋势，具体表现为曲折下降。尽管上海的普通高等院校数量上有所减少，但应关注到其背后可能蕴含的教育质量提升、资源利用效率优化等深层次变化。

2. 高等院校专任教师数

表6－14展示了全国和四个直辖市2010—2022年的高等院校专任教师数。2010—2022年，我国高等院校专任教师数量变化趋势呈现出显著的增长态势。2010—2017年为稳定增长阶段，在此期间，随着高等教育规模的不断扩大和内涵式发展的推进，专任教师数量稳步增长。2017—2022年为加速增长阶段，从2017年开始，专任教师数量的增长进入了一个加速期；截至2022年，高等院校专任教师数已达200.52万人。在这一阶段，随着国家对高等教育投入的增加和教师培养体系的完善，专任教师数量实现了快速增长。除此之外，专任教师队伍结构也在不断优化，具有研究生学历的专任教师比例逐年上升，教师队伍整体素质不断得到提升，这些变化为高等教育的发展提供了有力的人才保障。

2010—2015年，北京高等院校专任教师数量经历了波动式下降，自2015年起，专任教师数量保持稳步上升的趋势。2010—2022年，天津高等院校专任教师数量整体呈现增长趋势，其间存在一定波动，天津高等院校专任教师数量的年增长率略高于北京。2010—2022年，上海和重庆高等院校专任教师数量均保持了持续增长。上海高等院校专任教师数量初期高于重庆，但随着时间的推移，重庆高等院校专任教师数量在2020年实现了对上海的反超，仅次于北京。这一变化不仅反映了重庆在高等教育领域的显著发展，也凸显了其在吸引和留住高等教育人才方面的成效。这一趋势可归因于重庆教育政策的积极调整、教育投入的增加以及城市吸引力的提升。

表 6 – 14　全国和四个直辖市 2010—2022 年的高等院校专任教师数

单位：万人

年份	地域				
	全国	北京	天津	上海	重庆
2010	140. 68	7. 42	2. 81	3. 92	3. 11
2011	144. 97	6. 30	2. 89	3. 96	3. 31
2012	149. 46	6. 41	2. 99	4. 01	3. 57
2013	154. 39	6. 96	3. 09	4. 03	3. 71
2014	157. 81	7. 11	3. 10	4. 06	3. 89
2015	161. 39	6. 85	3. 11	4. 16	3. 99
2016	163. 75	6. 94	3. 05	4. 23	4. 06
2017	166. 69	6. 92	3. 11	4. 35	4. 17
2018	170. 38	7. 05	3. 14	4. 46	4. 29
2019	176. 94	7. 12	3. 27	4. 63	4. 55
2020	186. 00	7. 31	3. 42	4. 77	4. 92
2021	191. 38	7. 39	3. 25	4. 87	5. 21
2022	200. 52	7. 67	3. 34	5. 04	5. 53

数据来源：国家统计局及各地区统计年鉴

3. 生均预算内教育事业费支出

图 6 – 3 显示 2010—2022 年我国及四个直辖市在生均预算内教育事业费支出方面的动态变化趋势。2010—2022 年，我国普通高等学校生均预算内教育事业费支出整体呈现出增长态势。

从图中可以看出，北京生均预算内教育事业费支出显著高于全国平均水平，这一趋势在2010—2022年保持稳定，说明北京在高等教育投入方面的持续重视和较大力度。与此同时，上海和天津的生均预算内教育事业费支出也高于全国平均水平，但这两个直辖市在此期间呈现出一定的下降趋势，反映了其教育经费分配策略的调整或优化。重庆的生均预算内教育事业费支出低于全国平均水平。

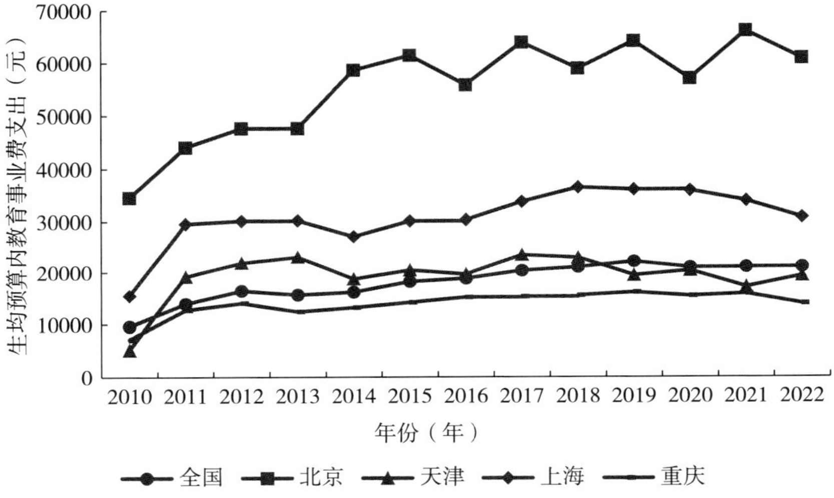

图6－3　全国和四个直辖市2010—2022年的生均教育事业费支出

数据来源：中国统计年鉴及各地区统计年鉴

（二）层次结构对比分析

1. 研究生层次结构

表6－15展示了2010—2022年全国及四个直辖市研究生层次结构的动态变化趋势。从表中可以看出，我国研究生教育的招生与毕业比例均呈现出稳步上升的总体态势。其中，招生比例从2010年的7.52%提升至2022年的10.98%，毕业比例则由6.25%增长至8.19%，这一增长趋势凸显了我国高等教育体系对高层次人才培养力度的持续增强。

表6－15　全国和四个直辖市2010—2022年的研究生层次结构

单位：%

年份	地域									
	全国		北京		天津		上海		重庆	
	招生占比	毕业占比	招生占比	毕业占比	招生占比	毕业占比	招生占比	毕业占比	招生占比	毕业占比
2010	7.52	6.25	34.06	28.29	10.58	9.80	21.06	16.72	8.30	7.77
2011	7.59	6.60	34.51	29.46	10.92	8.92	22.50	17.47	7.95	8.63
2012	7.89	7.22	34.95	31.54	11.06	11.39	24.42	19.65	7.63	9.14
2013	8.03	7.44	35.92	33.04	11.00	11.00	25.19	20.33	8.11	8.71
2014	7.93	7.52	36.69	34.50	11.20	11.33	24.13	21.38	7.78	8.25
2015	8.04	7.49	37.59	34.38	11.52	10.96	25.16	22.46	7.74	7.59
2016	8.18	7.41	38.65	35.07	11.85	10.97	26.33	22.81	7.89	7.49
2017	9.57	7.28	42.21	35.63	14.38	10.42	30.50	23.15	9.67	7.32
2018	9.79	7.43	42.92	37.13	14.86	11.02	31.91	24.27	10.15	7.64
2019	9.11	7.78	44.14	38.84	14.62	11.90	32.56	25.65	8.52	7.67
2020	10.26	8.37	45.63	40.48	14.76	13.22	34.50	27.56	10.09	8.36
2021	10.55	8.55	46.47	41.31	15.94	13.01	34.73	29.01	10.11	9.36
2022	10.98	8.19	46.80	42.57	16.37	13.33	36.44	29.65	10.61	7.87

数据来源：根据教育部统计数据、中国教育年鉴以及各地区统计年鉴数据整理

四大直辖市研究生招生人数的增长呈现出普遍性特征。北京研究生招生占比自2010年的34.06%显著跃升至2022年的46.80%，成为引领全国研究生教育扩张的标杆。天津与上海亦不甘落后，分别实现了从10.58%至16.37%、21.06%至36.44%的稳健增长，展现了直辖市在研究生教育扩容中的重要作用。相比之下，重庆虽增幅较小，但亦从8.30%稳步提升至10.61%，反映了其研究生教育规模的逐步扩大。在毕业生人数方面，北京、天津、上海三市呈现出较为一致的增长轨迹，特别是北京，其毕业人数占比持续领先，彰显了其作

为全国教育高地的强大吸引力与输出能力。上海与天津紧随其后，研究生毕业比例稳步提升。重庆研究生毕业生人数占比的变化轨迹略显不同，呈现出近似“M”形的波动。尽管如此，至2022年，重庆的研究生毕业人数占比仍实现了微小但稳健的增长，比2010年高出0.1个百分点，表明其研究生教育在复杂环境中仍保持了发展的韧性。

2. 本科生层次结构

我国及四大直辖市本科生教育层次结构的演变趋势（见表6-16）揭示了其在过去13年间的显著变化。数据表明，我国本科教育在招生与毕业人数比例上展现出了鲜明的对比趋势：招生比例经历了波折性下降，而毕业人数占比则总体上呈现出曲折上升的态势。

表6-16　全国和四个直辖市2010—2022年的本科生层次结构　单位：%

年份	地域									
	全国		北京		天津		上海		重庆	
	招生占比	毕业占比	招生占比	毕业占比	招生占比	毕业占比	招生占比	毕业占比	招生占比	毕业占比
2010	49.09	42.21	49.92	51.37	53.12	47.67	49.75	48.80	53.87	49.94
2011	48.35	42.94	50.32	50.76	53.09	47.84	49.10	49.97	52.71	48.95
2012	50.02	45.12	49.48	49.91	52.70	48.78	49.50	50.16	52.87	49.51
2013	50.12	46.37	49.31	50.40	52.58	49.43	49.18	50.40	52.26	50.65
2014	48.93	47.88	49.62	50.29	51.74	52.56	48.60	50.53	49.60	51.11
2015	48.53	48.72	50.07	49.75	52.40	50.96	48.80	51.47	49.40	50.90
2016	49.72	49.22	50.66	49.94	53.93	51.39	49.92	51.04	50.16	53.25
2017	48.78	48.41	48.10	50.03	52.94	50.84	48.74	49.79	48.69	49.40
2018	48.15	47.54	47.15	50.47	53.38	50.33	48.02	49.06	47.90	48.70
2019	42.85	47.99	46.06	50.16	51.75	51.21	46.16	48.35	39.67	50.04
2020	41.10	48.33	45.60	49.09	47.77	51.26	45.17	48.95	39.34	48.88
2021	39.88	47.37	45.70	47.96	47.56	51.44	43.78	48.27	36.51	47.37
2022	41.37	44.80	44.81	47.39	47.41	50.22	45.91	46.98	37.55	41.95

数据来源：根据教育部统计数据以及中国教育年鉴数据整理

在招生层面，北京、天津及上海本科招生比例虽然保持了相对稳定的态势，但均经历了轻微的下滑。相比之下，重庆的本科招生比例变化更为显著，从 2010 年的 53.87% 显著下降至 2022 年的 37.55%，这一降幅反映了该地区高等教育层次结构正在发生深刻的转型。毕业生人数方面，北京本科毕业生人数依然占据显著比例，但比例有所下降，从 2010 年的 51.37% 滑落至 2022 年的 47.39%。天津则表现出不同的趋势，其本科毕业生人数占比稳中有升，从 2010 年的 47.67% 增长至 2022 年的 50.22%。上海本科毕业生人数占比变化相对较小，2022 年相较于 2010 年仅下降了 2.18 个百分点。而重庆则呈现出较为明显的下降趋势，本科毕业生人数占比从 2010 年的 49.94% 减少至 2022 年的 41.95%，这一变化可能受到了区域经济结构调整、人才流动政策以及学生教育选择偏好的共同影响。

3. 专科生层次结构

表 6－17 展示了 2010—2022 年我国及四个直辖市专科生层次结构的动态变化趋势。从表中可以看出，我国专科教育招生比例经历了曲折增长的过程，截至 2022 年，相较于 2010 年，增幅达到了 4.26%，反映了专科教育在高等教育体系中的持续扩展与适应社会需求的能力。然而，专科教育的毕业比例则展现出更为复杂的变化轨迹：初期逐年下降，随后波动上升，截至 2022 年，毕业比例达到 47.01%，继续作为高等教育毕业人群中的主体构成部分。

从招生占比来看，北京、天津、上海专科生招生占比均低于全国平均水平，并且这些城市均出现了不同程度的下降，这一趋势表明这些城市的高等教育层次正在向更高水平迈进，如本科及研究生教育的扩张。相比之下，重庆的专科生招生占比则呈现出逐年增加的态势，至 2022 年已达到 51.84%，不仅超越了全国平均水平，更在招生规模中占据了主导地位。专科生毕业占比的变化趋势与招生占比趋势相呼应，北京、天津、上海三市专科生毕业人数占比自 2010 年起至

2022 年有所下降，而重庆则逆势而上，毕业人数占比提高了 7.9%。这一对比体现了不同区域专科教育发展的不均衡。

表 6－17　全国和四个直辖市 2010—2022 年的专科生层次结构　单位：%

年份	地域									
	全国		北京		天津		上海		重庆	
	招生占比	毕业占比	招生占比	毕业占比	招生占比	毕业占比	招生占比	毕业占比	招生占比	毕业占比
2010	43.39	51.54	16.02	20.34	36.30	42.53	29.19	34.48	37.83	42.28
2011	44.05	50.45	15.17	19.78	35.98	43.24	28.40	32.56	39.34	42.42
2012	42.10	47.65	15.57	18.55	36.24	39.84	26.08	30.19	39.51	41.35
2013	41.84	46.19	14.77	16.56	36.43	39.57	25.63	29.27	39.63	40.64
2014	43.14	44.60	13.69	15.21	37.06	36.12	27.27	28.09	42.61	40.63
2015	43.43	43.79	12.34	15.87	36.08	38.08	26.04	26.07	42.86	41.51
2016	42.10	43.36	10.69	14.99	34.21	37.64	23.75	26.15	41.95	39.26
2017	41.65	44.31	9.69	14.34	32.68	38.74	20.76	27.06	41.63	43.27
2018	42.07	45.04	9.93	12.40	31.76	38.66	20.07	26.68	41.95	43.67
2019	48.05	44.23	9.80	11.00	33.62	36.88	21.27	26.00	51.81	42.29
2020	48.63	43.29	8.77	10.43	37.47	35.51	20.33	23.49	50.57	42.76
2021	49.57	44.08	7.83	10.73	36.50	35.54	21.49	22.73	53.38	43.27
2022	47.65	47.01	8.39	10.04	36.22	36.45	17.65	23.37	51.84	50.18

数据来源：根据教育部统计数据以及中国教育年鉴整理

（三）学科专业结构对比分析

1. 研究生学科结构

全国及四个直辖市 2010 年、2020 年以及 2022 年各个学科的研究生在校生人数占比情况如表 6－18 所示。从表中可知，我国研究生教育学科结构呈现出相对稳定的特征，未经历剧烈波动，这反映了我国高等教育体系在学科布局上的持续性与成熟性。工学领域在研究生教育中持续占据主导地位，其在校生人数占比稳居榜首，这一现象凸显了工学在国家科技创新与产业升级中的核心支撑作用。同时，理学、医学与管理学作为研究生教育的重要组成部分，其在校生人数占比也保持在较高水平，共同构成了我国研究生教育的多元化学科格局。

表 6－18　全国和四个直辖市各个学科的研究生在校人数占比情况

单位：%

学科	地域														
	全国			北京			天津			上海			重庆		
	2010 年	2020 年	2022 年	2010 年	2020 年	2022 年	2010 年	2020 年	2022 年	2010 年	2020 年	2022 年	2010 年	2020 年	2022 年
哲学	1.21	0.49	0.44	1.16	0.65	0.62	0.88	0.37	0.25	1.08	0.61	0.56	0.21	0.38	0.31
经济学	4.76	3.69	3.79	6.56	5.79	5.49	8.06	5.19	5.14	6.41	5.54	5.47	3.33	3.01	3.44
法学	6.85	5.82	5.76	8.75	7.9	7.59	4.46	4.58	4.71	7.44	7.90	7.40	3.08	9.22	8.04
教育学	3.68	6.91	6.66	3.41	4.46	4.37	3.20	4.75	5.03	3.95	5.27	4.91	3.71	17.20	17.01
文学	9.18	3.79	3.76	10.46	4.64	4.48	9.47	4.31	3.91	9.91	5.21	4.93	10.29	5.06	5.08
历史学	1.36	0.73	0.72	1.17	0.79	0.78	1.96	1.09	1.00	1.45	0.79	0.73	0.12	0.49	0.52
理学	13.49	8.30	8.43	10.07	10.02	9.86	11.11	6.84	6.88	15.04	9.00	9.00	1.53	5.83	5.29
工学	37.23	37.47	36.49	41.17	38.12	38.71	37.12	41.55	42.05	38.50	34.08	34.75	42.43	31.03	31.36
农学	3.44	4.77	4.94	2.64	3.36	3.55	12.55	1.51	1.98	1.09	1.04	1.12	1.32	3.45	4.04
医学	9.79	10.71	11.93	4.67	5.86	6.37	0.26	11.27	10.90	7.73	8.48	8.38	8.63	8.09	7.98
军事学	0.06	0.01	0.01	0.08	0.00	0.00	0.05	0.00	0.00	0.01	0.00	0.00	0.00	0.00	0.00
管理学	8.95	14.27	13.82	9.86	14.59	14.49	10.88	15.83	15.15	7.39	19.04	19.87	25.35	13.34	14.05
艺术学	0.00	3.04	3.25	0.00	3.82	3.69	0.00	2.71	3.00	0.00	3.04	2.88	0.00	2.90	2.88

数据来源：根据中国教育年鉴以及各地区统计年鉴数据整理

在区域层面，四大直辖市研究生教育学科结构亦展现出一定的共性与差异。工学作为各直辖市研究生教育的共同主体，其在校生人数占比均显著高于其他学科，再次印证了工学在高等教育中的重要地位。然而，在学科排名前三的具体构成上，各直辖市则呈现出不同的特点：北京与上海的工学、管理学与理学在校生人数占比位列前三，反映了这两座城市在自然科学与社会科学领域的均衡发展；天津则在保持工学与管理学优势的同时，见证了医学研究生教育的快速增长；而重庆则以其工学、教育学与管理学的均衡发展为特色，显示出在多元化学科建设上的努力与成效。

2. 本科生学科结构

全国及四个直辖市于 2010 年、2020 年以及 2022 年各个学科的本科生在校生人数占比情况如表 6 – 19 所示。

根据表 6 – 19 中的数据可知，工学领域在本科教育中持续展现出主导地位，其学生数量历年稳居榜首，这一趋势不仅与研究生教育阶段工学领域的繁荣相呼应，也深刻揭示了工程技术类专业在当前社会经济发展中的核心价值与迫切需求。紧随其后的是管理学本科生数量，其在各时间节点均维持了较高的占比，体现了管理学教育在培养未来社会管理者与决策者方面的重要作用，以及社会各界对该领域人才的广泛认可与需求。文学类本科生数量自 2010—2022 年经历了显著下滑，降幅近半；而艺术学则呈现截然相反的增长态势，人数翻倍，反映了文化创意产业的蓬勃发展。其余学科虽存在细微波动，但总体保持相对稳定，表明高等教育体系在多元化发展的同时，也维持了一定的学科平衡。

表 6－19　全国和四个直辖市各个学科的本科生在校人数占比情况

单位：%

学科	地域														
	全国			北京			天津			上海			重庆		
	2010 年	2020 年	2022 年	2010 年	2020 年	2022 年	2010 年	2020 年	2022 年	2010 年	2020 年	2022 年	2010 年	2020 年	2022 年
哲学	0. 07	0. 06	0. 06	0. 20	0. 26	0. 27	0. 08	0. 07	0. 06	0. 16	0. 22	0. 22	0. 03	0. 05	0. 05
经济学	6. 00	5. 41	4. 99	7. 76	7. 20	6. 81	7. 72	6. 82	6. 51	9. 32	10. 21	9. 35	5. 64	5. 19	5. 05
法学	3. 85	3. 52	3. 62	6. 86	7. 12	7. 61	3. 11	2. 79	2. 78	6. 26	6. 05	6. 05	6. 17	4. 92	4. 86
教育学	3. 45	4. 45	4. 83	2. 35	2. 94	3. 16	4. 38	2. 00	2. 06	2. 14	2. 64	2. 91	2. 67	4. 14	4. 10
文学	18. 87	9. 79	9. 80	18. 27	9. 09	8. 75	19. 88	8. 28	7. 81	17. 09	7. 36	9. 67	23. 68	13. 96	13. 82
历史学	0. 51	0. 49	0. 55	0. 61	0. 52	0. 63	0. 29	0. 37	0. 37	0. 26	0. 40	0. 45	0. 54	0. 47	0. 48
理学	9. 89	6. 74	6. 69	9. 09	7. 01	6. 98	9. 64	5. 77	5. 80	8. 30	6. 18	6. 15	8. 94	6. 10	5. 64
工学	31. 57	33. 78	34. 30	33. 38	35. 32	36. 61	35. 02	38. 37	38. 78	33. 32	35. 43	34. 17	27. 17	32. 69	33. 62
农学	1. 79	1. 67	1. 68	1. 60	1. 48	1. 52	1. 09	0. 95	1. 05	0. 61	0. 60	0. 59	1. 98	1. 60	1. 63
医学	6. 98	7. 85	8. 14	2. 45	3. 96	4. 07	5. 93	5. 99	6. 48	2. 94	5. 04	5. 24	4. 68	3. 92	3. 77
管理学	17. 02	16. 47	15. 46	17. 43	15. 23	13. 74	6. 27	18. 21	17. 45	19. 60	17. 64	16. 35	18. 50	17. 19	17. 35
艺术学	0. 00	9. 77	9. 88	0. 00	9. 87	9. 85	6. 59	10. 38	10. 85	0. 00	8. 23	8. 85	0. 00	9. 77	9. 63

数据来源：根据中国教育年鉴以及各地区统计年鉴数据整理

四大直辖市的本科生教育学科结构既展现出共性特征，也蕴含着各自独特的发展轨迹。其中，北京与天津在学科构成上表现出高度相似性，工学、管理学与艺术学三大学科在校生人数占比位列前三，表现出两地对工程技术、管理科学及文化艺术教育的重视与投入。相比之下，上海则以其工学、管理学与经济学的高占比，凸显了其在全球经济体系中的战略地位及对经济类人才的迫切需求。而重庆则以其工学、教育学与文学的显著优势，展现了在工业化进程加速与教育文化传承方面的独特贡献。

（四）类型结构对比分析

表 6－20 展示了 2022 年四个直辖市各种类型的普通高等学校数量情况。从表中可以看出，理工院校展现出强大的发展势头，成为各直辖市高校体系中的中流砥柱，其数量在四地中均占据显著优势。

表 6－20　四个直辖市 2022 年各种类型的普通高等学校数　单位：所

学校类型	地域			
	北京	天津	上海	重庆
综合大学	5	16	4	16
理工院校	30	16	25	29
农业院校	3	1	2	0
林业院校	1	0	2	0
医药院校	4	5	2	6
师范院校	2	2	3	4
语文院校	10	2	17	2
财经院校	16	5	3	8
政法院校	8	1	1	2
体育院校	3	2	5	0
艺术院校	9	6	4	3
民族院校	1	0	25	0
总计	92	56	64	70

数据来源：教育部统计数据及各地区统计年鉴

北京市的高等教育结构呈现多元化特征，其中财经院校与语文院校紧随理工院校之后，分别以16所和10所的规模位列第二、第三，反映了北京作为全国经济与文化中心，对财经及人文社科教育的重视。林业院校与民族院校的数量相对稀缺，各仅有1所。天津综合大学与理工院校数量相当，均为16所，显示出该市在促进学科交叉融合与综合发展方面的努力。艺术院校以6所的数量成为特色亮点，而农业与政法院校则各占一席，林业与民族院校在天津尚未有设立，表明其高等教育体系在特定领域的空白。

上海的高等教育格局展现出独特的双峰并峙现象，民族院校与理工院校的数量并驾齐驱，均为25所，凸显了上海在促进民族教育与工程技术教育并重发展的战略眼光。语文院校以17所的规模紧随其后，显示出上海对传统文化与现代语言能力的双重重视。然而，政法院校的数量较为有限，仅为1所。重庆的综合大学数量达到16所，位居第二，重庆在农业、林业、体育及民族院校方面均为空白。

四、科技水平比较分析

（一）科技投入对比分析

1. R&D经费内部支出

R&D经费内部支出是衡量一个地区科技创新能力和研发投入水平的重要指标，通过分析这些数据，可以了解各区域在科技创新方面的投入趋势和变化，图6－4显示了全国和四个直辖市R&D经费内部支出情况。从全国范围来看，2010—2022年，R&D经费内部支出呈现持续快速增长的趋势。全国R&D经费从2010年的7063亿元提升至2022年的30782.90亿元，增长了近3.4倍。这表明我国在科技创新领域的投入不断增加，对科技发展的重视程度日益提高。

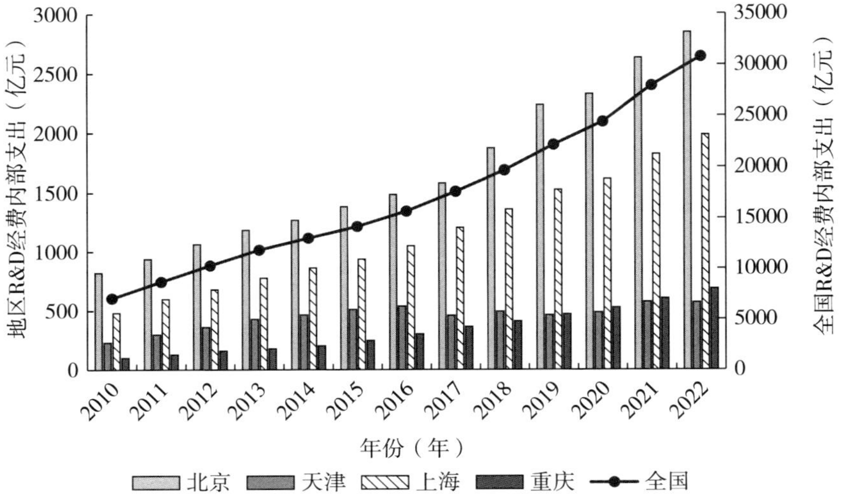

图 6－4　全国和四个直辖市 2010—2022 年 R&D 经费内部支出

数据来源：国家统计局及各地区统计年鉴

四个直辖市的 R&D 经费内部支出中，北京的 R&D 经费内部支出从 2010 年的 821.82 亿元增加到 2022 年的 2843.33 亿元，增幅明显，并且显著领先于其他地区。上海和天津作为经济发达的大都市，其 R&D 经费内部支出也呈现稳步增长的趋势。尤其是上海，从 2010 年的 481.70 亿元增加到 2022 年的 1981.58 亿元，增加速度极快。重庆的 R&D 经费内部支出从 2010 年的 100.27 亿元增长到 2022 年的 686.65 亿元，增长了近 6 倍，虽然增长速度较快，但总体水平相对较低。

综上所述，北京作为全国政治、经济、文化中心，其 R&D 经费内部支出显著领先，2010—2022 年大幅增长，凸显了其在科技创新中的核心地位及政府和企业的持续投入。上海和天津作为经济发达城市，R&D 经费内部支出也稳步增长，显示出对科技创新和产业升级的高度重视，特别是上海，其经济规模和技术密集型产业的发展显著推动了 R&D 经费内部支出的增长。重庆作为西部重要城市，R&D 经费内部支出增长迅速，但基数较低，总体水平仍有提升空间。

2. R&D 经费投入强度

R&D 经费投入强度代表了一个地区在科技创新方面的投入力度和水平，我国和四个直辖市的 R&D 经费投入强度如图 6－5 所示。全国整体的研发投入强度从 2010 年的 1.71% 增长到 2022 年的 2.54%，说明我国在推动科技创新和提升研发能力方面的长期努力和投入。

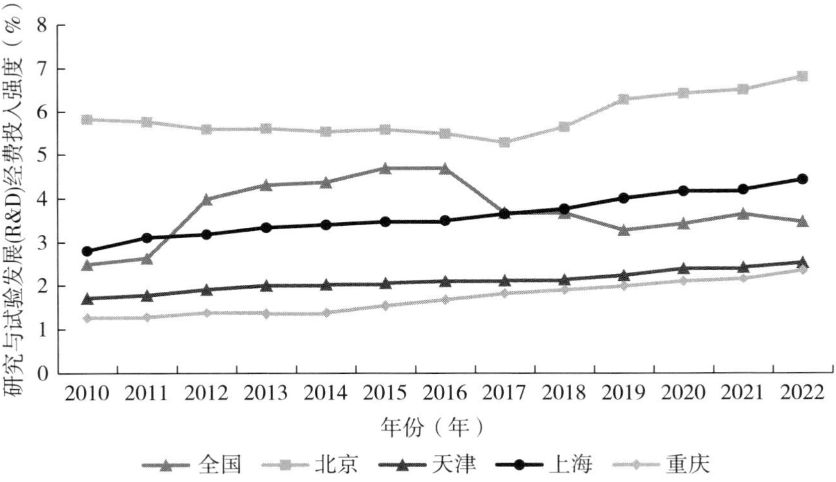

图 6－5　全国和四个直辖市 2010—2022 年 R&D 经费投入强度

数据来源：国家统计局及各地区统计年鉴、中国科技统计年鉴

四个直辖市在 R&D 经费投入强度中，北京 R&D 经费投入强度从 2010 年的 5.82% 增长到 2022 年的 6.83%，始终高于全国平均水平且位居四个直辖市之首；上海表现出显著的增长趋势，从 2010 年的 2.81% 增长到 2022 年的 4.44%；重庆 R&D 经费投入强度虽提升了近 1 倍，但到 2022 年仅为 2.36%，低于全国平均水平的 2.54%；天津的情况略有不同，其研发投入强度在 2010—2013 年增加显著，在 2014—2016 年较为稳定，然而从 2017 年开始出现了波动和下降，但整体 R&D 经费投入强度仍得到了提升。

综上所述，北京在 R&D 经费投入上持续领跑，其在全国范围内的科技创新也处于领先地位，上海紧随北京，R&D 经费投入强度显著增长，重庆 R&D 经费投入强度虽有所提升，但仍未及全国平均水平，在科技创新方面的投入还需进一步加强，天津 R&D 经费投入强度在近几年出现波动，反映了其在科技创新投入上的策略调整和面临着新的挑战。

3. 科学技术一般公共预算支出

科学技术一般公共预算支出代表了该地区在科学技术领域的财政投入力度和重视程度，是科技事业发展的重要资金来源和支撑力量。我国和四个直辖市的科学技术一般公共预算支出如图 6－6 所示。从全国层面来看，2010 年科学技术一般公共预算支出为 1588. 88 亿元，2022 年增长到 6816. 50 亿元，其间呈现持续增长的趋势，体现了国家对科技发展的高度重视、科技投入力度的不断加大、创新驱动发展战略的深入实施。

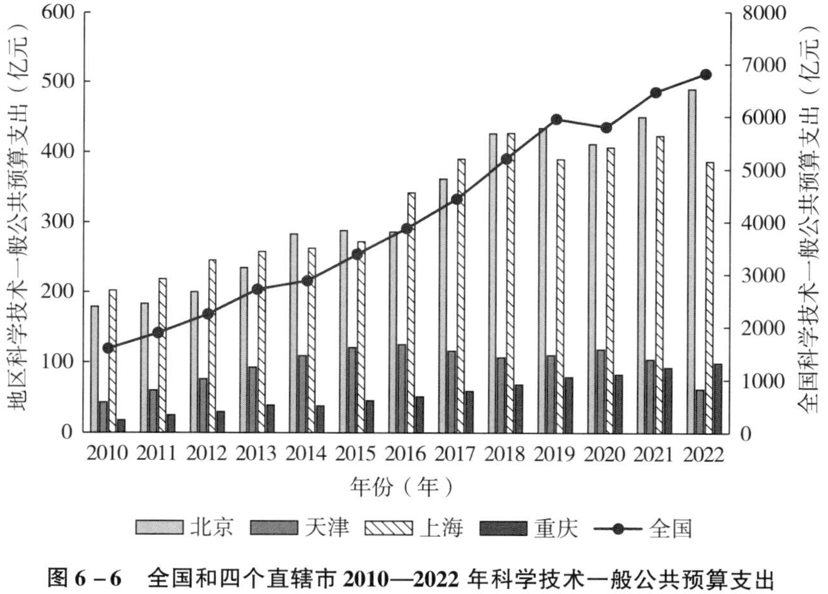

图 6－6　全国和四个直辖市 2010—2022 年科学技术一般公共预算支出

数据来源：国家统计局及各地区统计年鉴

四个直辖市的科学技术一般公共预算支出中，北京作为国家科技创新的重要基地，其科技预算支出从 2010 年的 178.92 亿元增长到 2022 年的 488.70 亿元，尽管在某些年份上出现波动，但总体呈现出稳步增长的趋势；上海科技一般公共预算支出同样逐年增长，但逐渐被北京超越，2022 年为 386.25 亿元，排名第二；天津总体上也呈现出增长趋势，但仅提升了 43.72%，2022 年的科技一般公共预算支出最少，并且增长幅度在不同年份间存在波动；重庆的科技一般公共预算支出的绝对数额在逐年增长，但与全国其他发达地区相比，其规模仍然相对较小。

综上所述，北京作为全国科技创新中心，其科技一般公共预算支出始终保持在较高水平，且增长稳定；上海显示出其在科技创新和研发投入方面的重视以及在科技创新和产业发展方面的优势；天津和重庆则处于相对劣势，重庆基数较小但增长稳定，天津近几年在科技一般公共预算方面的支出一直减少并且排名靠后。

（二）科技产出对比分析

专利授权量是对该地区科技创新实力、经济发展活力以及知识产权保护水平的重要衡量指标，全国和四个直辖市的专利授权量如图 6－7 所示。

全国专利授权量总体呈现显著增长趋势，从 2010 年的授权量 814825 个，到 2022 年增长到 4323409 个。虽然 2022 年较 2021 年略微下降，但整体仍保持着持续且稳定的增长。

四个直辖市的专利授权量中，北京专利授权量一路猛增，其中在 2013 年首次超过上海之后一直稳居第一，其整体授权量增长了约 5 倍，说明北京的科技创新活动的活跃程度较高；天津和重庆的增长趋势与北京相似，但其专利授权量始终低于北京；上海的专利授权量起点较高，但在中期发展缓慢，与北京差距逐渐明显，不过，近几年专利授权数量增加显著，使得差距逐渐缩小。

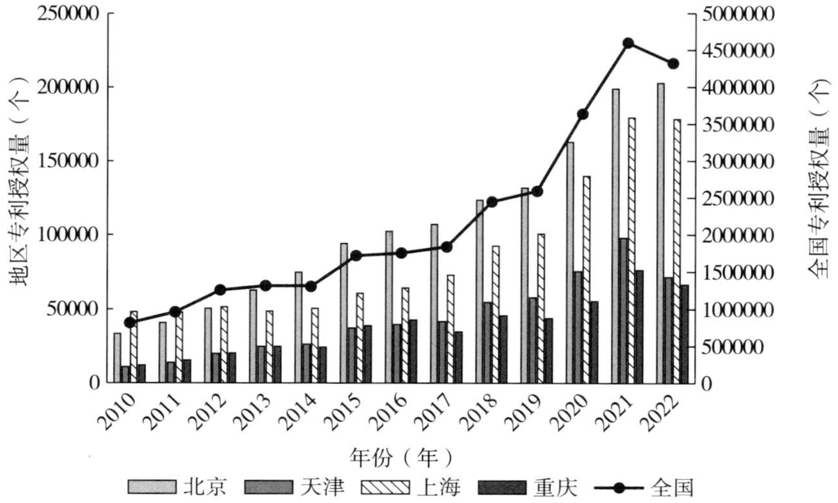

图 6－7　全国和四个直辖市 2010—2022 年专利授权量

数据来源：国家统计局及各地区统计年鉴

综上所述，各地区在专利授权量上的增长不均衡，但整体上呈现出正向增长的趋势。北京、上海作为中国的经济和科技中心，其专利授权量增长较快，相比之下，天津和重庆的专利授权量增速相对较慢，但也在持续发展中。

（三）科技环境对比分析

1. 技术合同数

技术合同数代表了该地区在科技创新、技术转移和成果转化、创新资源配置、产业结构升级以及区域创新竞争力等方面的整体情况。图 6－8 显示了全国及四个直辖市技术合同数量变动情况。全国范围的技术合同数从 2010 年的 229601 项增长到 2022 年的 772507 项，技术合同数量实现了翻番增长。我国科技创新活动日益活跃，其中，2010—2015 年增速相对较缓，年均增长 5.99%，之后在 2016 年后增速显著加快，年增长率达到 15.80%。

四个直辖市的技术合同数量存在明显差距。其中，北京的技术合同数始终远超其他三个直辖市，甚至高于上海2倍多，显示出强大的科技创新和成果转化能力。上海近年来快速追赶，但与北京仍有较大差距，天津和重庆的技术合同数相对较低，但两者之间的差距不大，在相对位置上较为接近。

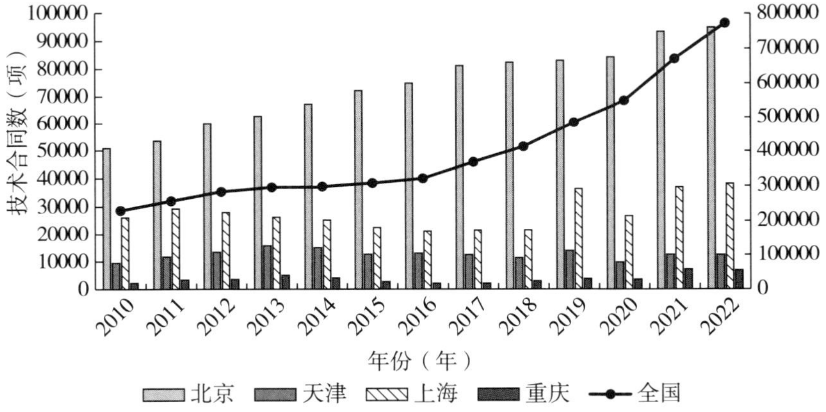

图6－8　全国和四个直辖市2010—2022年技术合同数

数据来源：国家统计局及各地区统计年鉴

综上所述，北京技术合同数量始终保持着领先地位，上海则通过近年来的快速增长，逐渐缩小与北京的差距。天津和重庆在科技创新方面虽有一定进展，但总体上仍与北京和上海存在较大差距。

2. 技术合同成交总额

技术合同成交总额是一个反映科技成果转化能力、技术交易活跃度、经济发展支撑作用以及技术转移体系发展的重要指标。图6－9显示了我国及四个直辖市技术合同成交总额变动情况。全国技术合同成交总额在过去十几年间呈现出稳步增长的趋势，从2010年的3907亿元增长至2022年的47791亿元，年增长率显著。其中，2010—2015年实现了翻番增长，2016—2019年增长了约一倍，2019—2022

年增长趋势更加显著。

四个直辖市的技术合同成交总额中，北京技术合同成交总额从2010年的1579.5亿元增长到2022年的7947.51亿元，增长趋势显著。尤其在2017年后，北京技术合同成交总额的增长速度明显加快，这与其作为中国科技创新中心的地位密切相关。上海技术合同成交总额也呈现出稳步增长的态势，从2010年的431.44亿元增长到2022年的3870.73亿元。尽管增速逐年略有波动，但总体来看，上海仍然保持着较为稳定的增长。天津和重庆的情况相对而言有所不同，天津技术合同成交总额在2010—2019年增长较为稳定，但2020年后开始显著加速，2022年达到了1650.87亿元，天津市自由贸易试验区等相关政策刺激起到了作用。重庆数据波动较大，2012年和2013年曾有明显增长，但在后续几年增速有所波动，2022年为559.47亿元，增速相对较慢。

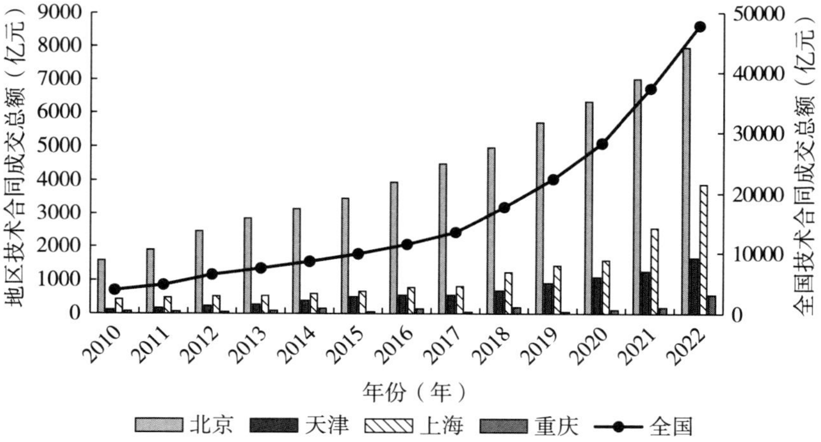

图6－9　全国和四个直辖市2010—2022年技术成交总额

数据来源：国家统计局及各地区统计年鉴、中国科技年鉴

综上所述，北京和上海技术合同成交总额增长较快且持续性较强。天津在政策支持下逐渐加速发展，而重庆尽管有波动，但整体增

长相对落后。

3. 科学研究和技术服务业从业人员平均工资

随着科技不断进步和产业结构不断升级，对科技人才的需求大幅增加，这也会导致科技人员的工资水平上升。因此，科技从业人员工资可以反映市场需求强度、人才价值提升、行业发展趋势等多个方面。我国和四个直辖市科技从业人员平均工资的变动情况如图 6 – 10 所示。从图中可以看出，我国科技行业薪酬水平持续提升，全国科学研究和技术服务业从业人员平均工资从 2010 年的 56376 元增长至 2022 年的 163486 元，增长了近两倍，但不同年份间的增长速度有所波动，如 2011—2012 年、2018—2019 年等时段增长较为显著，而部分年份如 2013—2014 年、2021—2022 年增速相对放缓。

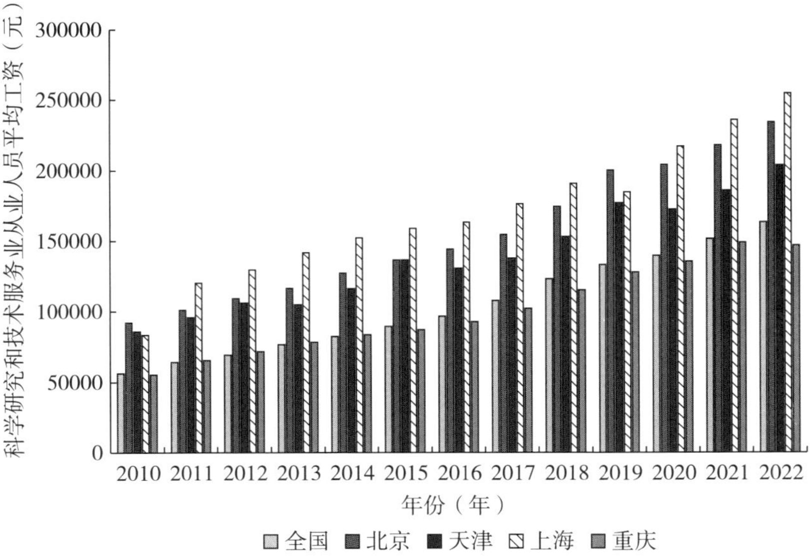

图 6 – 10　全国和四个直辖市 2010—2022 年科学研究和技术服务业从业人员平均工资

数据来源：国家统计局及各地区统计年鉴

四个直辖市科技从业人员平均工资中，北京科学研究和技术服务业从业人员平均工资始终远高于全国平均水平，且增长迅速，从2010年的92098元增长至2022年的234723元，增幅巨大。天津科学研究和技术服务业从业人员平均工资从2010年的85713元增长至2022年的204323元，呈现稳步增长态势，但相对于北京和上海，其增长速度和绝对值均较低。上海科学研究和技术服务业从业人员平均工资同样保持高位，且增长稳定，从2010年的83338元增长至2022年的254858元，是四个直辖市中增长最为显著且常年稳居第一的城市。重庆在四个直辖市中经济相对起步较晚，但其科技从业人员平均工资也实现了稳步增长，从2010年的55381元增长至2022年的147217元，其在初期，重庆科学研究和技术服务业从业人员平均工资略低于全国平均水平，但随着时间的推移，其增长速度加快，逐渐接近并部分年份超过全国平均水平，但近几年又再次低于全国平均水平。

综上所述，全国及四个直辖市科技从业人员工资均呈现出显著的增长趋势，反映了科技行业的快速发展和对科技人才的重视。其中，北京和上海作为科技中心和经济发达地区，其工资水平始终领先；天津虽然增长稳健，但相对北京和上海仍有差距；而重庆则作为后起之秀，展现出强劲的增长潜力，但其工资仍低于全国平均水平。

(四) 科技人员对比分析

R&D人员折合全时当量代表了在研究与开发（R&D）活动中投入的人力资源总量，综合反映了研发人员的数量和活动情况。全国和四个直辖市R&D人员折合全时当量的变动情况如图6－11所示。全国R&D人员折合全时当量在过去十几年间呈现出稳步增长的趋势，从2010年的255.40万人年增长至2022年的635.36万人年。其中，2010—2015年增长平稳，从2016年开始，全时当量的增长速度明显加快，特别是在2018年以后，年均增长率达到10%，表明我国在科技创新和研发活动方面的人力资源投入进入了一个加速期。

四个直辖市的 R&D 人员折合全时当量中，北京和上海 R&D 人员全时当量增长阶段与全国增长阶段相同，分为 2010—2015 年的平稳增长期和 2016—2022 年的快速增长期，但北京的 R&D 人员全时当量始终高于上海且有较大差距，另外，二者增速相对其他地区略显缓慢。天津的 R&D 人员折合全时当量具体增长阶段主要集中在 2010—2015 年，从 2010 年的 5. 88 万人年增长至 2015 年的 12. 43 万人年，2016 年开始出现了一定的波动，直到 2021 年和 2022 年的全时当量才再次接近并略微超过 2015 年的水平。重庆的 R&D 人员折合全时当量从 2010 年的 3. 71 万人年增长至 2022 年的 12. 89 万人年，增长迅速相对稳定，但总量较低。

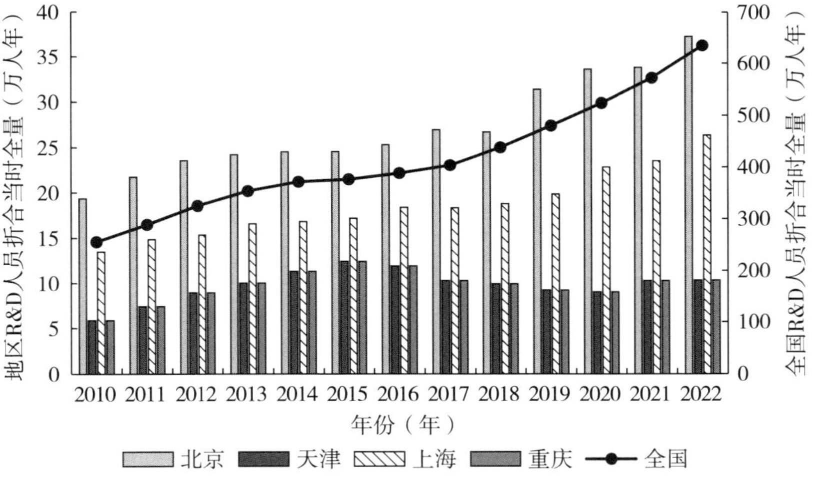

图 6－11 全国和四个直辖市 2010—2022 年 R&D 人员折合全时当量

数据来源：国家统计局及各地区统计年鉴

综上所述，北京和上海在 R&D 人员全时当量上经历了相似的增长阶段，但北京的总量始终显著高于上海，天津和重庆的 R&D 人员全时当量起点较低，虽然也在增长，但到 2022 年与北京和上海的 R&D

人员全时当量仍有较大差距。

五、耦合协调度的比较分析

基于第五章详细阐述的熵权法、综合评价法以及耦合度与耦合协调度的测定，本章进一步将其应用于全国范围以及上海、天津、重庆，并与先前北京的测算结果进行对比分析。

（一）综合评价指数对比

1. 人口特征子系统指数

从人口特征子系统指数（见图 6－12）来看，2011—2018 年，四个直辖市（北京、天津、上海、重庆）的指数值均高于全国水平。

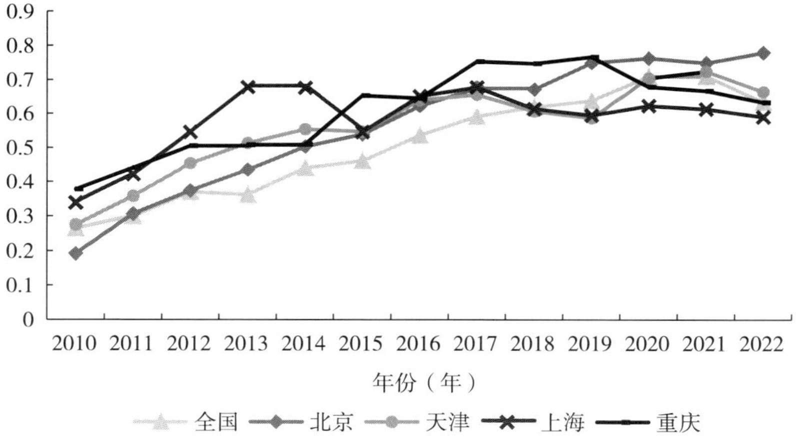

图 6－12　全国及四个直辖市 2010—2022 年人口特征子系统指数变化趋势

自 2018 年起，上海人口特征子系统指数低于全国水平。从人口特征子系统内部来看，人口自然增长率持续走低是导致指数变化的主要因素。自 2020 年起，重庆指数值低于全国水平。北京作为中国的首都和国际大都市，发挥了其作为政治中心、文化中心、国际交往中心以及科技创新中心的独特地位，其人口特征子系统指数在这一时期内始终保持着高于全国水平的态势。与此同时，除北京外，全国及其他直辖市在 2020—2022 年均由于人口负增长以及人口老龄化问题导致近两年人口特征子系统指数出现了普遍下降趋势。这一现象不仅反映了中国人口结构的变化趋势，也预示着未来需要更加关注人口变化对社会经济发展的影响，并采取相应的措施以应对人口负增长和老龄化带来的挑战。

2. 高等教育供给结构子系统指数

从高等教育供给结构子系统指数（见图 6 – 13）来看，2010—2022 年，全国指数整体呈现逐年增长的态势，且近两年增长速度显著加快，表明我国高等教育供给结构在持续优化，教育资源配置日趋合理。

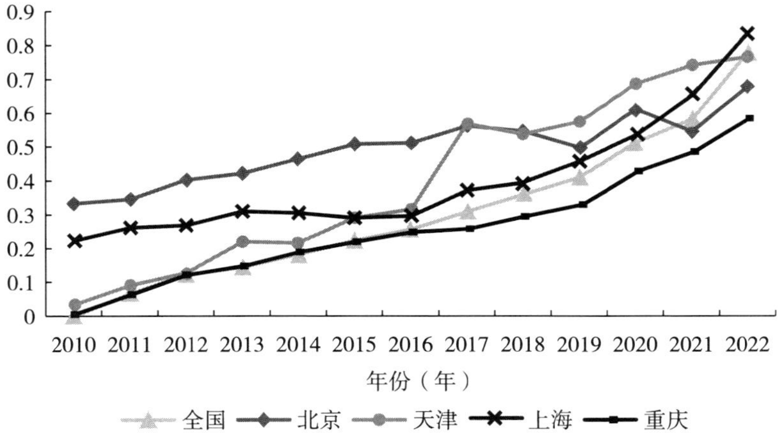

图 6 – 13　全国及四个直辖市 2010—2022 年高等教育供给结构子系统指数变化趋势

具体到四个直辖市，北京高等教育供给结构子系统指数在 2010 年处于领先地位，高于全国水平及其他三个直辖市，但在 2017 年及 2018 年与天津持平，2019 年被天津超越，2022 年低于全国水平。上海高等教育供给结构子系统指数虽然初始值低于北京，但凭借其规模的不断扩大、层次结构的持续优化和学科结构的合理调整，于 2021 年超过了北京，体现了上海在高等教育领域的持续投入与努力，也反映了其高等教育子系统对经济社会发展的高度适应性。天津高等教育供给结构子系统指数在 2019 年也超越了北京。重庆在四个直辖市中仍表现为相对较低的发展水平，未来需要加大政策扶持力度，促进高等教育资源的合理配置，同时加强教育创新，提升教育质量。尽管北京在高等教育领域长期占据领先地位，但其供给结构仍存在较大的优化空间。

综上所述，我国高等教育供给结构子系统指数的整体增长趋势体现了我国高等教育体系的持续进步与优化。然而，各地区在高等教育发展上仍存在不均衡性，需要因地制宜地制定和实施相关政策，以促进各地区高等教育的协调发展。

3. 经济社会子系统指数

从经济社会子系统指数（见图 6－14）来看，2010—2022 年，全国及四个直辖市的指数整体均呈现持续且稳健的增长态势。其中，北京经济社会子系统指数在此期间与全国平均水平保持高度一致，均呈现出显著的上升趋势。截至 2022 年，北京和全国的经济社会指数均已超过 0.9，表明其在经济社会发展的多个维度上均取得了显著成效。

上海作为中国的经济中心之一，其经济社会子系统指数的发展也尤为引人注目。上海凭借其独特的地理位置、政策支持和产业优势，经济社会子系统指数在后期实现了对天津和重庆的反超，显示出强劲的发展势头。天津在起始阶段，经济社会子系统指数数值较高，但随着时间的推移，虽然其指数值在逐年增加，但其增速却未能保持领先，可以归因于北京的虹吸效应，即资源、人才等要素向北京集聚，对天津的经济社会发展产生了一定的影响。因此，截至 2022 年，其经济社会子系统指数尚未达到较高水平，具体数值为 0.708。相比之下，重庆的经济社会子系统指数增长表现出相对的迟滞性，从经济社会子系统内部来看，重庆独特的地理形势，给经济社会发展的空间布局和资源配置带来了一定的挑战。科技创新作为推动经济社会发展的重要动力，在重庆的表现尚显不足以及产业结构相对单一等因素限制了重庆在经济社会子系统指数上的快速提升，使其相对于其他三个直辖市而言，发展速度较为滞后。

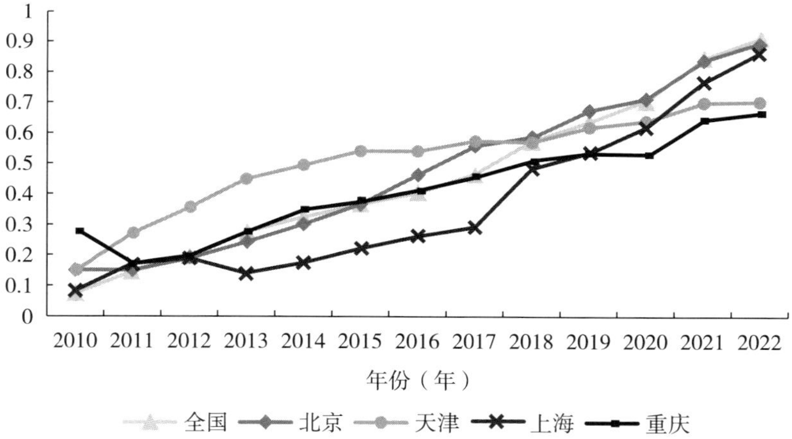

图 6－14 全国及四个直辖市 2010—2022 年经济社会子系统指数变化趋势

综上所述，2010—2022 年，全国及四个直辖市的各子系统指数呈现出显著且多样化的变化趋势，其变化速度和幅度存在差异。各子系统指数的变化可能受到多重因素的影响，包括但不限于区域政策导向、产业结构调整、人口流动趋势以及科技进步等。这些因素的交织作用，导致不同地区在子系统指数上的表现各有千秋，从而形成了复杂而多变的发展格局。

（二）耦合度 C 值对比

从耦合度 C 值的视角分析（见图 6－15），全国及天津在2010—2022

年的耦合度值普遍维持在高水平耦合阶段，这些地区在多个系统和要素间存在强烈的相互依赖和协同作用。北京的耦合度表现也呈现出高度的稳定性，除了 2011 年略有波动外，其余年份均维持在高度耦合状态，进一步印证了北京在区域发展中系统间协同作用的显著性和持续性。相比之下，重庆的耦合度演变表现出一定的阶段性特征。在初始的 3 年里，重庆经历了从拮抗耦合到磨合耦合的转变，反映了系统间从初步的冲突与不适应到逐渐磨合与协调的过程。从 2013 年开始，重庆的耦合度 C 值稳定在 0. 9 以上，标志着其进入了高水平耦合阶段，显示出该城市在后续年份中系统间的高度协同和融合。上海的情况则呈现出一种先磨合后高度耦合的态势。在 2011—2016 年，上海处于磨合耦合阶段，表明其各系统或要素间正在经历一个相互适应与协调的过程。而在随后的年份中，上海则顺利过渡到高水平耦合阶段，显示了其区域发展的成熟度和系统间协同作用的高效性。

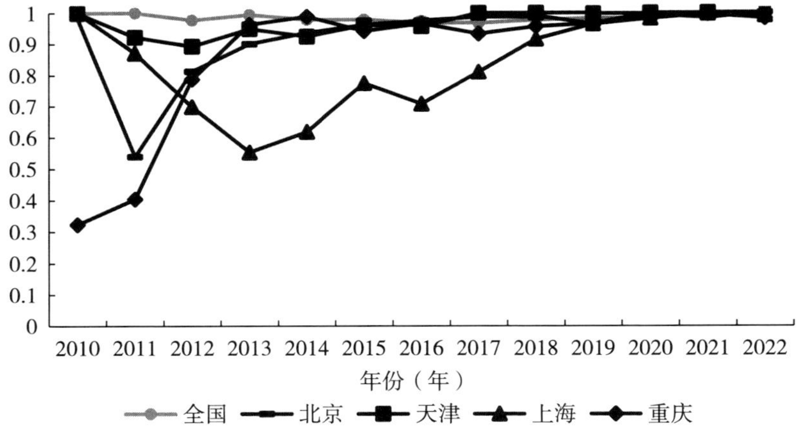

图 6－15　全国及四个直辖市 2010—2022 年耦合度变化

综合上述分析，可以推断出这些城市在区域发展中均呈现出较强的系统协同性和稳定性。同时，不同城市在耦合度演变上的差异性也反映了各自在区域发展中的独特性和复杂性。这些发现对于理解城市发展的动力机制、优化资源配置以及促进区域协调发展具有重要意义。

（三）耦合协调度 D 值对比

2010—2022 年，全国及四个直辖市（北京、天津、上海、重庆）的人口—教育—社会经济系统耦合协调度（见图 6－16）历经了显著的演变，即由“轻度失调”渐进至“濒临失调”，进而迈入“勉强协调”阶段，随后步入“初级协调”与“中级协调”的阶段，并最终达到“良好协调”的状态。其中，北京与天津率先突破失调的桎梏，进入了“勉强协调”的阶段。相比之下，上海的失调状态持续较久，历经 5 年的调整才实现了从濒临失调到勉强协调的转变，显示出其调整进程的相对滞后。而天津在达到初级协调后，再经过 4 年的努力才迈入“中级协调”，这一调整速度在四个直辖市中稍显缓慢。除重庆外，全国

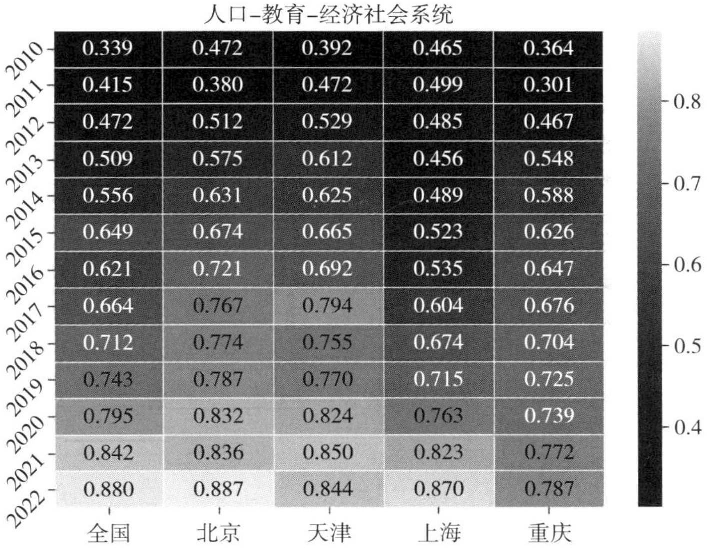

图 6－16　全国及四个直辖市 2010—2022 年耦合协调情况

及其他三个直辖市均已在 2020 年或 2021 年达到良好协调状态。然而，重庆自 2018 年步入中级协调后，至今尚未触及良好协调的阈值。基于现有数据的趋势分析，重庆有望在 2024 年实现这一跨越。

综上所述，北京在人口—教育—社会经济系统的耦合协调度方面表现突出，其进入高水平耦合协调阶段的时间节点普遍早于全国及其他直辖市。这一现象表明，北京的人口、教育和社会经济系统之间的相互作用强烈且相互促进，从而实现了较为优秀的整体协调状况。

第七章

基于系统动力学的路径提升分析

本章以系统论为基础，对各子系统之间相互作用的复杂机制进行系统动力学分析。参考已有文献确定模型中的相关参数，采用计算机仿真软件对模型进行仿真，为北京各系统协调发展的规划制定提供路径提升支撑。

一、研究方法

系统动力学（System Dynamics，SD）在1956年由美国麻省理工学院的福瑞斯特教授提出，旨在通过模拟实际的系统来探索和理解复杂的信息反馈机制。系统动力学是以社会系统为主要研究对象，以控制论、信息论和系统论作为理论基础，采用定性、定量的研究方法，建立因果关系反映社会系统的动态性和复杂性，研究系统动态发展过程并应用计算机进行模拟。该方法通过研究系统内部各要素之间的关系，解决复杂的社会系统问题。通过建立反馈图和流图，利用计算机技术模拟实验，以期找到有效的解决方案。系统动力学的理论和方法可以应用于工程学、经济学、生态学、管理学等领域，在帮助人们理解和控制复杂系统方面发挥着重要作用。

（一）流率基本入树模型

流率基本入树建模法，由南昌大学贾仁安教授团队于1998年首次提出，是一种以还原论为基础，深度结合图论中生成树理论的系统分析方法。该方法旨在对复杂系统进行细致而精确的逐层解构与还原，从而为理解和解决复杂系统问题提供新的视角和工具。具体而言，流率基本入树建模法首先根据实际研究目的和背景，把所研究的复杂系统划分成若干个子系统，再分别设定每个子系统内部的流位、流率和辅助变量，用一组以流率变量为根的树模型来刻画系统内各变量之间的因果关系，该树模型即为基本入树（In-tree），最后通过嵌运算将所有基本入树模型进行联结构建系统网络存量流量图。

与传统的系统动力学建模方法相比，流率基本入树建模法更加科学与严谨。它避免了先绘制因果反馈图再构建模型的间接性，直接从系统的本质特征和动态行为出发，构建了更加贴近实际、更加精确可靠的模型[112]。流率基本入树建模法的两个定义如下。

定义 1

设 $t \in T$，如果满足以下 3 个假设条件：（1）存在一个动态有向图 $T(t)$ 且满足 $T(t) = [V(t), X(t)]$；（2）存在一个点 t_1 且满足 $v(t_1) \in V(T)$；（3）对于任意一个属于 $V(T)$ 的点，即满足 $u(t) \in V(t)$，均只存在唯一一条从 $u(t)$ 指向 $v(t_1)$ 的有向道路，那这个动态有向图 $T(t)$ 就是一个入树模型。并且，有向道路终点的 $v(t_1)$ 作为树根，而许多个 $u(t)$ 中能够实现 $d[u(t)] = 0$ 的 $u(t)$ 作为树尾，$v(t_1)$ 与满足条件的 $u(t)$ 之间的唯一有向道路即树枝。

定义 2

如果入树模型 $T(t)$ 以流率变量作为树根 $v(t_1)$，以流位变量作为树尾 $u(t)$，则 $u(t)$ 的个数也就是入树模型 $T(t)$ 的阶数，而唯一有向树枝中包含的 $u(t)$ 的个数就是枝阶长度。

运用流率基本入树建模法构建系统动力学模型的主要流程如下。

1. 界定研究问题和研究边界，从而生成系统动力学模型的流位流率系，可以用 $\{[L_1(t), R_1(t)], [L_2(t), R_2(t)], \cdots, [L_n(t), R_n(t)]\}$ 来表示。其中，$L(t)$ 代表流位变量，$R(t)$ 代表流率变量。

2. 分别生成每个入树模型 $T_i(t)$，如果树枝中仅包含一个流位变量 $L(t)$，则入树模型 $T_i(t)$ 被称为基本入树模型，如图 7-1 所示。

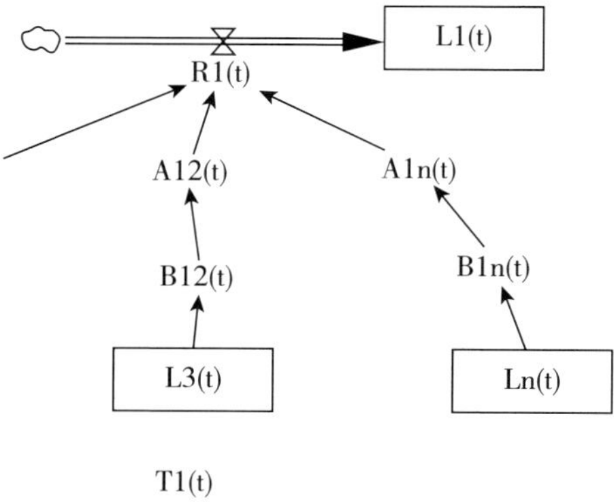

图 7-1　流率基本入树示意图

在流率基本入树模型中，流位变量 $L_j(t)$ 可以直接或者通过辅助变量 $A(t)$ 或 $B(t)$ 来控制流率变量，且 $A(t)$ 或 $B(t)$ 既可以为单个辅助变量，也可以是多个辅助变量形成的有向链。

3. 对以上生成的所有流率基本入树模型 $T_1(t),T_2(t),\cdots,T_n(t)$ 执行嵌运算，即将顶点、弧进行合并，并将流率与对应流位进行连接，从而得到整体流图模型 $G(T)$ 。流图模型 $G(T)$ 需满足交换律和结合律 2 个重要性质：

（1）交换律：$G_1(t)\ \vec{U}\ G_2(t) = G_2(t)\ \vec{U}\ G_1(t)$

（2）结合律：$[G_1(t)\ \vec{U}\ G_2(t)]\ \vec{U}\ G_3(t) = G_1(t)\ \vec{U}[G_2(t)\ \vec{U}\ G_3(t)]$

（二）强简化流率基本入树模型

流率基本入树建模法区分于传统系统动力学建模法的最大之处在于反馈结构的分析，即先构建出整体系统流图，再通过基模分析和枝向量反馈法计算得出所有反馈环。因此，以下先通过定性观察判断是否存在二阶极小基模，如果不存在再利用枝向量反馈法求解系统动力学模型的二阶以上反馈环。

基模核分析的基本概念：

（1）去除极小基模存在的所有只出现了一次的辅助变量顶点，并根据之前的有向路径对剩余变量进行连接，即可生成极小基模核。

（2）基模核。去除基模存在的所有只出现了一次的辅助变量顶点，并根据之前的有向路径对剩余变量进行连接，即可生成基模核。

在明确以上 2 个概念的前提下，可以进一步拓展出 3 个相关定义：

（1）去除流率基本入树模型所有只出现了一次的辅助变量顶点，再根据之前的有向路径对剩余变量进行连接，可以得到强简化流率基本入树模型，而这样的变化被定义为强简化变换[113]。

（2）对于所有基本入树 $T_1(t),T_2(t),\cdots,T_n(t)$ 而言，如果存在

任意一个入树链向量（$T_{j1}(t), T_{j2}(t), \cdots, T_{jp}(t)$），在满足 $T_{j1}(t)$ 的流位变量 $L_{j1}(t)$ 控制且只控制 $T_{jp}(t)$ 的流率 $R_{jp}(t)$ 的前提下，确保各个控制枝的各中间变量不完全相同，则 $G_{j1j2\cdots jp}(t) = T_{j1}(t) \overrightarrow{U} T_{j2}(t) \overrightarrow{U} \cdots \overrightarrow{U} T_{jp}(t)$，生成 p 阶极小基模[114]。

（3）已有基模 $G_{i1i2\cdots in}(t), G_{j1j2\cdots jm}(t)$，如果存在 $ik \in \{i1, i2, \cdots, in\}, jt \in \{j1, j2, \cdots, jm\}$，且同时满足 ik 与 jt 相等，则由 $G_{i1i2\cdots in}(t) \overrightarrow{U} G_{j1j2\cdots jm}(t)$ 可以生成新的基模结构[115]。

根据以上 3 个定义，可以得出以下推论：对流率基本入树模型实施强简化变化，从而生成极小基模核，再由极小基模核生成基模核，最后再实施强简化变化的逆变化，是不影响基模分析结果的。因此，基模核生成步骤可以归纳为以下几点：

（1）对流率基本入树模型实施强简化变化；

（2）依次生成极小基模核和基模核；

（3）对强简化流率基本入树模型实施逆变化。

相比于原来的流率基本入树模型而言，强简化流率基本入树模型去掉了所有只出现了一次的辅助变量顶点，简化了对控制枝中间变量的考量和表述，从而降低了基模分析的难度，但并不影响基模分析的最终结果。

（三）适用范围

系统动力学是一种同时从定性、定量两个角度出发，全面考虑问题的方法，并且因果图和流程图能够清晰地展示出变量之间的相互关系，利用数学方程式能使问题得以量化。系统动力学这种解决问题的方式，非常适合研究复杂结构之间的动态关系问题。

1. 适合研究复杂系统问题。系统动力学是一门研究复杂系统运动的学科，可以帮助研究者更好地解决非静态和非线性问题。如果研究者使用传统的数据处理方法可能无法获得期望的结果，而在系统动力学中采用计算机仿真技术，可以有效解决非静态、非线性的复杂问题。

2. 适合研究周期较长的问题。系统动力学软件具有极高的灵活性，能够根据需要调整仿真时间，以便进行更长周期的模拟，因此可运用到研究周期较长的问题当中。

3. 适合研究缺乏准确数据的问题。在系统动力学模型的参数方程中，即使有些变量很难被量化，不容易获得精确数据，系统动力学也能够基于实际情况，提出有效的推断和假设，从而更好地解决问题。由于缺乏充分的数据和无法准确地描述各个变量之间的相互作用，系统的动态性受到了一定程度的限制。但是，如果参数的估计值符合模型的规则，那么系统仍然可以稳定地运行。这表明系统动力学即使在数据稀少的情况下，也可以为那些难以获取到足够信息的研究带来极大的便利。

系统动力学的主要特点和优势在于，利用时间序列、反馈、循环、非线性和要素之间的因果关系使得现实世界的问题抽象化，利用计算机对数据进行分析，研究系统的结构功能和行为特性。通过系统动力学建模，可以探索系统中各个元素之间的复杂关系，揭示系统行为背后的机制，从而更好地预测系统的未来发展趋势。此外，系统动力学还可以帮助设计和优化系统控制策略，提高系统的性能和稳定性。

二、系统动力学模型构建

（一）因果树分析

在系统动力学看来，系统行为是由系统结构决定的，系统结构的调整可以改变系统的行为。在系统动力学模型中最重要的内部结构是因果作用机制，因此基于第六章构建的北京市人口—教育—经济社会系统耦合协调发展评价指标体系，得出系统动力学模型存在的 5 个主要因果树（Causes Tree），如图 7－2 到图 7－6 所示。

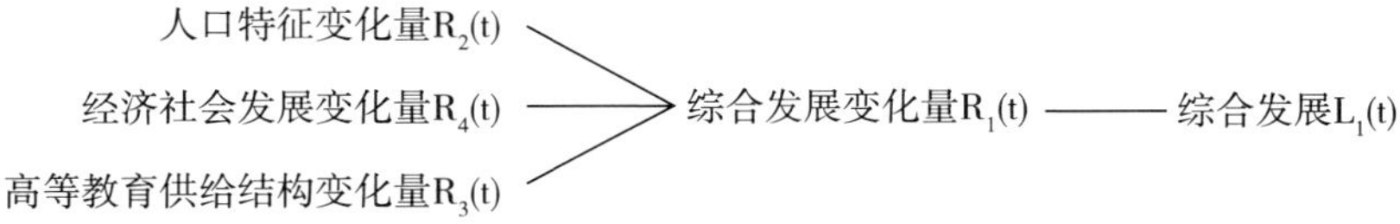

图 7－2　综合发展因果树

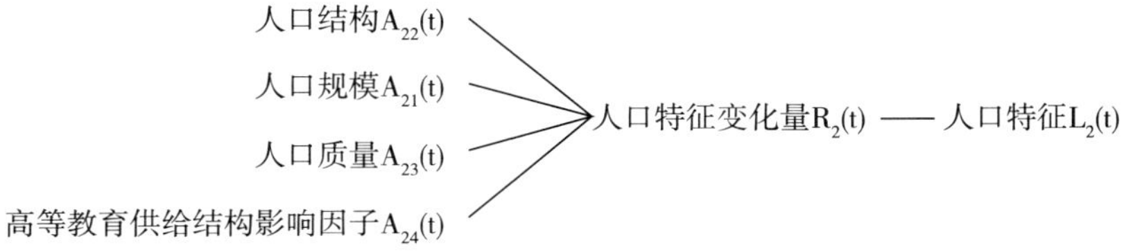

图 7－3　人口特征因果树

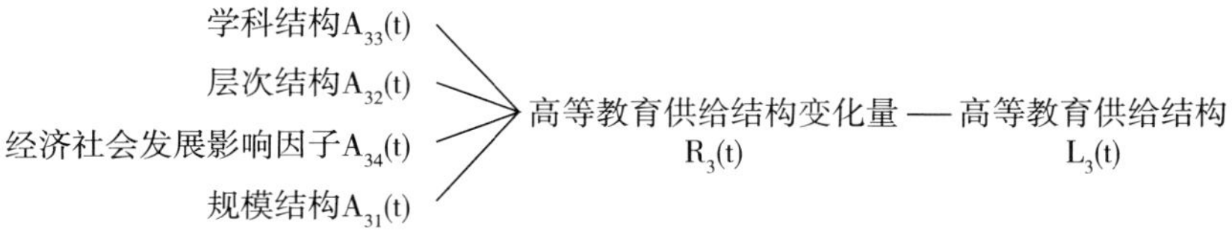

图 7－4　高等教育供给结构因果树

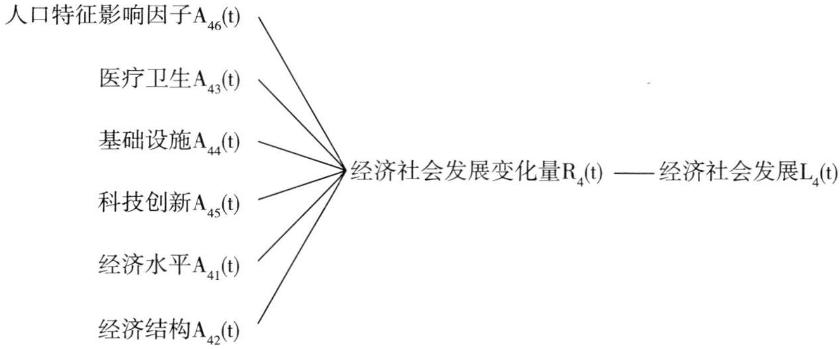

图 7－5　经济社会发展因果树

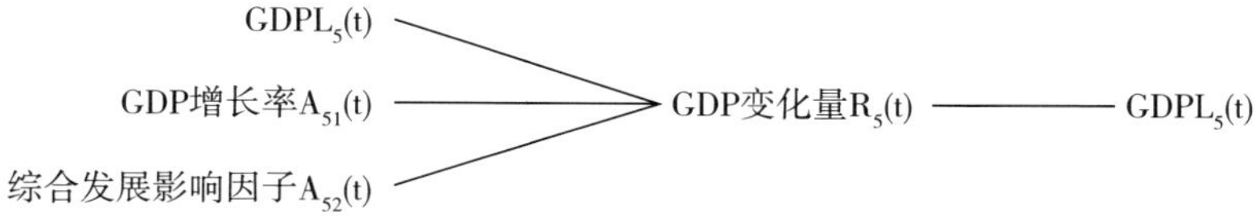

图 7－6　GDP 因果树

（二）建立流位流率系

在因果树基础上，设定北京市人口—教育—经济社会系统耦合协调发展流率基本入树模型的流位流率系，即：综合发展 $L_1(t)$ ，综合发展变化量 $R_1(t)$ ；人口特征 $L_2(t)$ ，人口特征变化量 $R_2(t)$ ；高等教育供给结构 $L_3(t)$ ，高等教育供给结构变化量 $R_3(t)$ ；经济社会发展 $L_4(t)$ ，经济社会发展变化量 $R_4(t)$ ；GDP $L_5(t)$ ，GDP 变化量 $R_5(t)$ 。以下对各个流率基本入树的构建进行详细阐述，各变量方程主要根据第五章第四节指标权重测算内容得到。

1. 流率基本入树 $T_1(t)$

流率基本入树 $T_1(t)$ 以综合发展变化量 $R_1(t)$ 为树根，以综合发展 $L_1(t)$ 为树尾，且综合发展变化量 $R_1(t)$ 依赖于人口特征变化量 $R_2(t)$ 、高等教育供给变化量 $R_3(t)$ 和经济社会发展变化量 $R_4(t)$ 。由此得到流率基本入树 $T_1(t)$ ，如图 7－7 所示。

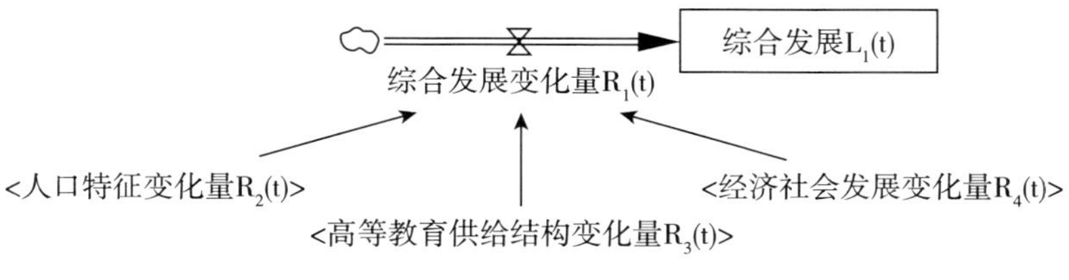

图 7－7　流率基本入树 $T_1(t)$ 示意图

每个入树代表 1 个微分方程，可得到以下表达式：

$$L_1(t) = INTEG[R_1(t), \text{初始值}] \qquad (7-1)$$

$$R_1(t) = \frac{1}{3}R_2(t) + \frac{1}{3}R_3(t) + \frac{1}{3}R_4(t) \qquad (7-2)$$

2. 流率基本入树 $T_2(t)$

流率基本入树 $T_2(t)$ 以人口特征变化量 $R_2(t)$ 为树根，以人口特征 $L_2(t)$ 为树尾，且人口特征变化量 $R_2(t)$ 依赖于人口规模 $A_{21}(t)$ 、人口结构 $A_{22}(t)$ 、人口质量 $A_{23}(t)$ 以及高等教育供给结构影响因子 $A_{24}(t)$ 。由此构建流率基本入树 $T_2(t)$ ，如图 7－8 所示。

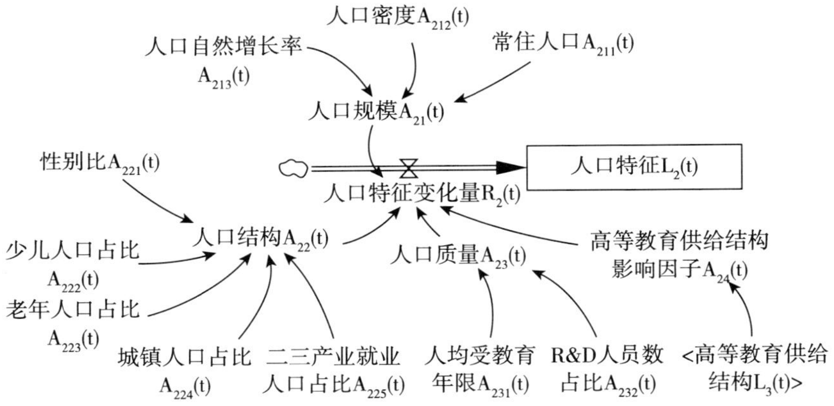

图 7－8　流率基本入树 $T_2(t)$ 示意图

根据北京人口—教育—经济社会系统耦合协调度的复杂适应性循环思想，三个子系统并不是独立存在，而是彼此之间存在反馈和作用机制。考虑三个子系统之间的作用方向为：人口特征→经济社会发展→高等教育供给结构→人口特征，由此确定人口特征 $L_2(t)$ 和人口特征变化量 $R_2(t)$ 的方程：

$$L_2(t) = INTEG[R_2(t), 初始值] \qquad (7-3)$$

$$R_2(t) = [0.194\,A_{21}(t) + 0.591\,A_{22}(t) + 0.214\,A_{23}(t)] \times A_{24}(t) \qquad (7-4)$$

根据流率基本入树 $T_2(t)$ 依次得到辅助变量的方程：

$$A_{21}(t) = [0.062A_{211} + 0.063A_{212} + 0.069A_{213}] \quad (7-5)$$

$$A_{22}(t) = [0.133A_{221} + 0.085A_{222} + 0.139A_{223} + 0.110A_{224} + 0.124A_{225}] \quad (7-6)$$

$$A_{23}(t) = [0.064A_{231} + 0.150A_{232}] \quad (7-7)$$

$$A_{24}(t) = L_3(t)/\text{DELAY1I}(L_3(t),\text{TIME STEP},0.334) \quad (7-8)$$

式（7－8）表示，如果高等教育供给结构的值大于上一年值，这将对人口特征子系统起到正向促进作用，该变量设置方法参考了文献[116]的系统动力学变量设置方法。

剩余变量：常住人口 A_{211}、人口密度 A_{212}、人口自然增长率 A_{213}、性别比 A_{221}、少儿人口占比 A_{222}、老年人口占比 A_{223}、城镇人口占比 A_{224}、二三产业就业人口占比 A_{225}、人均受教育年限 A_{231}、R&D 人员数占比 A_{232} 均采用表函数方程，为了避免量纲不一致对结果造成的影响，均采用评价指标标准化处理后的数值。

3. 流率基本入树 $T_3(t)$

流率基本入树 $T_3(t)$ 以高等教育供给结构变化量 $R_3(t)$ 为树根，以高等教育供给结构 $L_3(t)$ 为树尾，且高等教育供给结构变化量 $R_3(t)$ 依赖于规模结构 $A_{31}(t)$、层次结构 $A_{32}(t)$、学科结构 $A_{33}(t)$ 以及经济社会发展影响因子 $A_{34}(t)$ 。由此构建流率基本入树 $T_3(t)$ ，如图 7－9 所示。

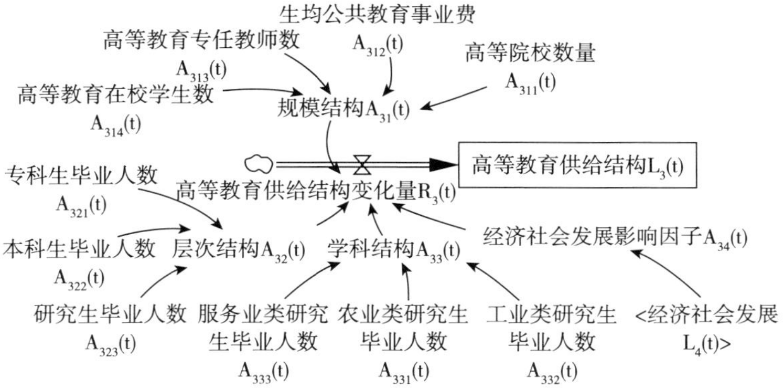

图 7－9　流率基本入树 $T_3(t)$ 示意图

按照相同思路，可得到高等教育供给结构 $L_3(t)$ 和高等教育供给结构变化量 $R_3(t)$ 的方程：

$$L_3(t) = INTEG[R_3(t), 初始值] \quad (7-9)$$

$$R_3(t) = [0.310\,A_{31}(t) + 0.374\,A_{32}(t) + 0.316\,A_{33}(t)] \times A_{34}(t) \quad (7-10)$$

根据流率基本入树 $T_3(t)$ 依次得到辅助变量的方程：

$$A_{31}(t) = 0.076\,A_{311} + 0.059\,A_{312} + 0.078\,A_{313} + 0.097\,A_{314} \quad (7-11)$$

$$A_{32}(t) = 0.166\,A_{321} + 0.104\,A_{322} + 0.104\,A_{323} \quad (7-12)$$

$$A_{33}(t) = 0.063\,A_{331} + 0.143\,A_{332} + 0.110\,A_{332} \quad (7-13)$$

$$A_{34}(t) = L_4(t)/\mathrm{DELAY1I}(L_4(t), \mathrm{TIME\ STEP}, 0.152479) \quad (7-14)$$

剩余变量：高等院校数量 A_{311}、生均公共教育事业费 A_{312}、高等教育专任教师数 A_{313}、高等教育在校学生数 A_{314}、专科生毕业人数 A_{321}、本科生毕业人数 A_{322}、研究生毕业人数 A_{323}、农业类研究生毕业人数 A_{331}、工业类研究生毕业人数 A_{332}、服务业类研究生毕业人数 A_{333} 均采用表函数方程，为了避免量纲不一致对结果造成的影响，均采用评价指标标准化处理后的数值。

4. 流率基本入树 $T_4(t)$

流率基本入树 $T_4(t)$ 以经济社会发展变化量 $R_4(t)$ 为树根，以经济社会发展 $L_4(t)$ 为树尾，经济社会发展变化量 $R_4(t)$ 依赖于经济水平 $A_{41}(t)$、经济结构 $A_{42}(t)$、医疗卫生 $A_{43}(t)$、基础设施 $A_{44}(t)$、科技创新 $A_{45}(t)$ 以及人口特征影响因子 $A_{46}(t)$。由此构建流率基本入树 $T_4(t)$，如图 7－10 所示。

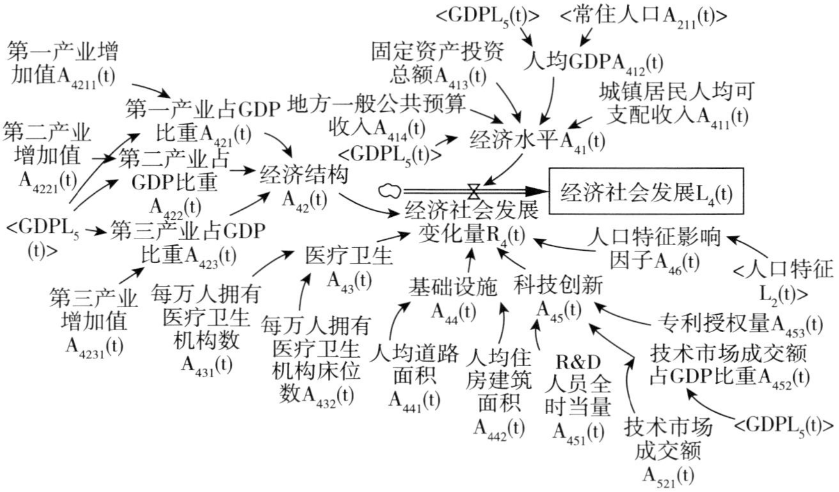

图 7-10 流率基本入树 $T_4(t)$ 示意图

同样可得到经济社会发展 $L_4(t)$ 和经济社会发展变化量 $R_4(t)$ 的方程：

$$L_4(t) = INTEG[R_4(t), 初始值] \quad (7-15)$$

$$R_4(t) = [0.268\,A_{41}(t) + 0.262\,A_{42}(t) + 0.183\,A_{43}(t) + 0.110\,A_{43}(t)] + 0.178\,A_{45}(t)] \times A_{46}(t) \quad (7-16)$$

根据流率基本入树 $T_4(t)$ 依次得到辅助变量的方程：

$$A_{41}(t) = 0.059\,A_{411} + 0.067\,A_{412} + 0.040\,A_{413} + 0.042\,A_{414} + 0.060\,L_5 \quad (7-17)$$

$$A_{42}(t) = 0.118\,A_{421} + 0.096\,A_{422} + 0.048\,A_{423} \quad (7-18)$$

$$A_{43}(t) = 0.109\,A_{431} + 0.074\,A_{432} \quad (7-19)$$

$$A_{44}(t) = 0.05\,A_{441} + 0.06\,A_{442} \quad (7-20)$$

$$A_{45}(t) = 0.055\,A_{451} + 0.05\,A_{452} + 0.073\,A_{453} \quad (7-21)$$

$$A_{46}(t) = L_2(t)/\mathrm{DELAY1I}(L_2(t), \mathrm{TIME\ STEP}, 0.192) \quad (7-22)$$

$$A_{412}(t) = L_5(t)/\mathrm{A211}(t) \quad (7-23)$$

$A_{421}(t) = A_{4211}(t) / L_5(t)$ (7-24)

$A_{422}(t) = A_{4221}(t) / L_5(t)$ (7-25)

$A_{423}(t) = A_{4231}(t) / L_5(t)$ (7-26)

$A_{452}(t) = A_{4521}(t) / L_5(t)$ (7-27)

剩余变量：常住人口 A_{211}、城镇居民人均可支配收入 A_{411}、固定资产投资总额 A_{413}、地方一般公共预算收入 A_{414}、第一产业增加值 A_{4211}、第二产业增加值 A_{4221}、第三产业增加值 A_{4231}、每万人拥有医疗卫生机构数 A_{431}、每万人拥有医疗卫生机构床位数 A_{432}、人均住房建筑面积 A_{442}、R&D 人员全时当量 A_{451}、技术市场成交额 A_{521}、专利授权量 A_{453} 均采用表函数方程。为了避免量纲不一致对结果造成的影响，均采用评价指标标准化处理后的数值。

5. 流率基本入树 $T_5(t)$

流率基本入树 $T_5(t)$ 以 GDP 变化量 $R_5(t)$ 为树根，以 GDP $L_5(t)$ 为树尾，且 GDP 变化量 $R_5(t)$ 依赖于 GDP 增长率 $A_{51}(t)$ 和协调发展影响因子 $A_{52}(t)$，由此构建流率基本入树 $T_5(t)$，如图 7-11 所示。

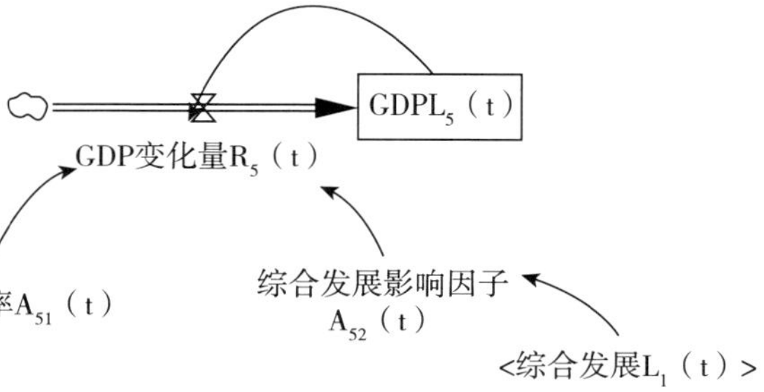

图 7-11　流率基本入树 $T_5(t)$ 示意图

可得到 GDP $L_5(t)$ 和 GDP 变化量 $R_5(t)$ 的方程：

$L_5(t) = INTEG[R_5(t), 初始值]$ (7-28)

$R_5(t) = [L_5(t) \times A_{51}(t)] \times A_{52}(t)$ (7-29)

$A_{52}(t) = \mathrm{R1}(t)/\mathrm{DELAY1I}(R_1(t), \mathrm{TIME\ STEP}, 0.226)$ (7-30)

剩余变量：GDP 增长率 $A_{51}(t)$ 采用表函数方程。为了避免量纲不一致对结果造成的影响，采用评价指标标准化处理后的数值。

通过以上分析建立了北京市人口—教育—经济社会系统耦合协调发展的流率基本入树模型。这 5 棵流率基本入树是整个系统动力学的主要框架，共同实现对真实世界内部作用机制的刻画和模拟。

（三）构建流量存量图

将上述 5 个流率基本入树执行嵌运算：

$$G(T) = T_1(t)\ \vec{U}\ T_2(t)\ \vec{U}\ T_3(t)\ \vec{U}\ T_4(t)\ \vec{U}\ T_5(t) \quad (7-31)$$

可得到北京市人口—教育—经济社会系统结构的存量流量图 $G(T)$，如图 7 – 12 所示。

（四）流率基本入树模型强简化变换

根据上述基模核生成定理可以发现，外生变量和调控参数的删除和还原不影响基模核分析的可靠性，因此可以通过对流率入树模型执行强简化变化得到基模核分析结果。对前述内容构建的 5 个流率基本入树执行强简化变化，即删除非重复的辅助变量顶点，得到 5 个强简化流率基本入树，如图 7 – 13 所示。

从图中可以发现，当流率基本入树模型 $T_1(t)$、$T_2(t)$、$T_3(t)$、$T_4(t)$、$T_5(t)$ 变化为强简化流率基本入树模型 $T_1(t)$、$T_2(t)$、$T_3(t)$、$T_4(t)$、$T_5(t)$ 后，更加简洁直观。强简化之前的 $T_2(t)$、$T_3(t)$、$T_4(t)$，存在较多辅助变量，经强简化变化后的效果更为突出，这使得后续基模核生成能够更加顺利地进行。

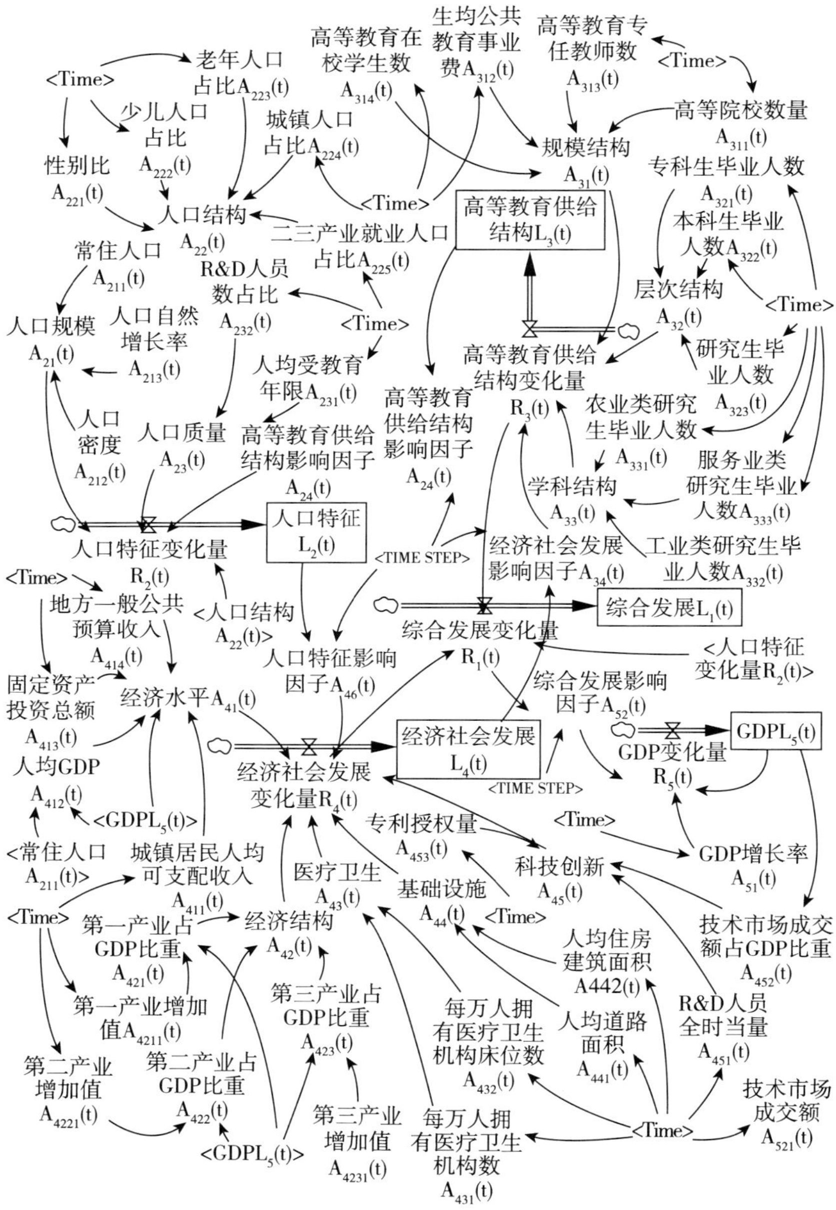

图 7－12　人口—教育—经济社会系统结构流量存量图 $G(T)$

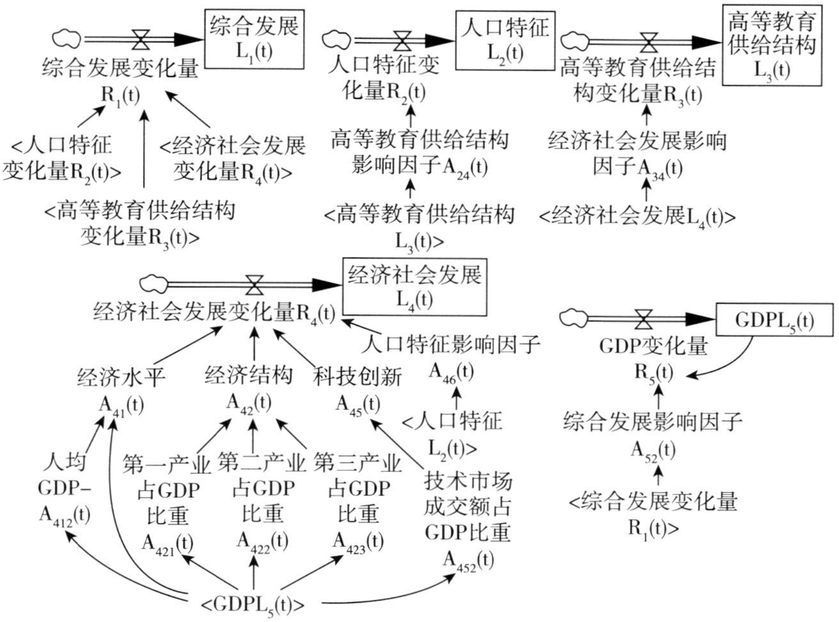

图 7－13 人口—教育—经济社会系统结构强简化流率基本入树

（五）二阶极小基模核生成分析

二阶极小基模核是指形成的反馈回路里有 2 个变量，变量的个数即为阶数。以下分别从 5 个强简化流率入树出发，分析是否存在二阶极小基模核。

从协调发展强简化入树 $T_1(t)$ 出发求二阶基模核，由于 $T_1(t)$ 同时受到人口特征变化量 $R_2(t)$、高等教育供给结构变化量 $R_3(t)$ 和经济社会发展变化量 $R_4(t)$ 3 个流率的控制，则得到了 3 个二元链入树向量，分别使用 [$T_1(t)$、$T_2(t)$]、[$T_1(t)$、$T_3(t)$]、[$T_1(t)$、$T_4(t)$] 进行表示，而协调发展 $L_1(t)$ 并未对强简化入树 $T_2(t)$、$T_3(t)$、$T_4(t)$ 产生控制，故根据生成集法定理，从强简化入树 $T_1(t)$ 出发未能形成二阶极小基模核。

从人口特征强简化入树 $T_2(t)$ 出发求二阶基模核，由于 $T_2(t)$ 受到高等教育供给结构 $L_3(t)$ 的控制，故存在 1 个二元链入树向量 [$T_2(t)$、$T_3(t)$]，而人口特征 $L_2(t)$ 并未对强简化入树 $T_3(t)$ 产生控制，故根据生成集法定理，从强简化入树 $T_2(t)$ 出发未能形成二阶极小基模核。

从高等教育供给结构强简化入树 $T_3(t)$ 出发求二阶基模核，由于 $T_3(t)$ 受到经济社会发展 $L_4(t)$ 的控制，故得到了 1 个二元链入树向量 [$T_3(t)$、$T_4(t)$]，而高等教育供给结构 $L_3(t)$ 并未对强简入化树 $T_4(t)$ 产生控制，故根据生成集法定理，从强简化入树 $T_3(t)$ 出发未能形成二阶极小基模核。

从经济社会发展强简化入树 $T_4(t)$ 出发求二阶基模核，由于 $T_4(t)$ 同时受到 GDP $L_5(t)$、人口特征 $L_2(t)$ 的控制，故得到了 2 个二元链入树向量，分别用 [$T_4(t)$、$T_2(t)$]、[$T_4(t)$、$T_5(t)$] 来表示，而经济社会发展 $L_4(t)$ 并未对强简化入树 $T_2(t)$、$T_5(t)$ 产生控制，故根据生成集法定理，从强简化入树 $T_4(t)$ 出发未能形成二阶极小基模核。

从 GDP 强简化入树 $T_5(t)$ 出发求二阶基模核，由于 $T_5(t)$ 受到综合发展 $L_1(t)$ 的控制，故存在 1 个二元链入树向量 [$T_5(t)$、$T_1(t)$]，而 GDP $L_5(t)$ 并未对强简入树 $T_1(t)$ 产生控制，故根据生成集法定理，从强简化入树 $T_5(t)$ 出发未能形成二阶极小基模核。

综上所述，北京市人口—教育—经济社会系统的系统动力学模型并不存在二阶极小基模核。

（六）二阶以上反馈环分析

在上一节中，发现北京市人口—教育—经济社会系统的系统动力学模型并不存在二阶极小基模核，而定性分析三阶及以上基模的过程非常烦琐且容易遗漏，因此本节将直接采用数学方法分析模型的反馈结构。明确系统动力学模型的反馈结构，能为模型检验、调试及运行结果论证提供非常可靠的基础支撑。

从北京市人口—教育—经济社会系统的系统流图来看，里面包含了很多具有相互作用的变量。若是通过定性观察，很难像分析二阶极小基模核那样，分析出整个系统的反馈结构。因此，本书采用枝向量行列式反馈环计算法来计算北京市人口—教育—经济社会系统的系统动力学模型的所有反馈环。

枝向量行列式反馈环计算法是贾仁安教授及其团队在 20 世纪 90 年代提出的，是一种运用矩阵工具求解反馈环的方法，目前已在系统动力学领域得到了广泛的应用。

首先，明确枝向量行列式计算法中的主要概念：

（1）枝向量：如果流率基本入树 $T_1(t)$，$T_2(t)$，…，$T_n(t)$，能够按照枝变量的顺序形成向量 $[R_i(t), \pm, A_{ij}(t), L_j(t)]$ 或 $[R_i(t), \pm, B_{ij}(t), L_j(t)]$，则称该向量为枝向量。在枝向量中，$R_i(t)$ 代表流率变量，$L_j(t)$ 代表流位变量，$A_{ij}(t)$ 和 $B_{ij}(t)$ 代表辅助变量依次排列形成的组合，“±”代表枝向量极性，只能取“+”或取“-”。按照约定，如果枝向量从 $R_i(t)$ 流出，则向量极性为“-”。

（2）枝向量行列式反馈环计算法：该方法主要用于计算系统动力学模型的二阶以上反馈环数量和类型。具体而言，该方法是将所有枝向量 $[R_i(t), \pm, A_{ij}(t), L_j(t)]$ 或 $[R_i(t), \pm, B_{ij}(t), L_j(t)]$ 用行列式进行表示，并按照特定运算法则进行行列式计算，从而根据计算结果得出模型的所有反馈环的一种方法。枝向量行列式的计算法则如式（7-32）所示。

$$[R_i(t),\ \pm, A_{ij}(t), L_j(t)] \times [R_t(t),\ \pm, B_{tp}(t), L_P(t)] = \begin{cases} [R_i(t),\ \pm, A_{ij}(t), L_j(t)], [R_t(t),\ \pm, B_{tp}(t), L_P(t)] & (1) \\ [R_t(t),\ \pm, B_{tp}(t), L_P(t)], [R_i(t),\ \pm, A_{ij}(t), L_j(t)] & (2) \\ 0 & (3) \end{cases} \tag{7-32}$$

在式（7－32）中，得到结果（1）的条件为 $R_t(t)$ 是 $L_j(t)$ 的流率且 $A_{ij}(t)$ 与 $B_{tp}(t)$ 中无相同变量；得到结果（2）的条件为 $R_t(t)$ 是 $L_P(t)$ 的流率且 $A_{ij}(t)$ 与 $B_{tp}(t)$ 中无相同变量；其他条件则得到结果（3）。

因此，可以得到采用枝向量行列式反馈环计算法分析系统动力学模型反馈结构的步骤，如下所述。

（1）对流率基本入树 $T_1(t)$，$T_2(t)$，…，$T_n(t)$ 进行强简化变换，并求出所有枝向量。需要说明的是，类似于基模核分析，对流率基本入树实施强简化变换，删除原本入树中非重复的辅助变量顶点，而将剩下重复的变量仍按照原来方式进行连接，得到的反馈环数目和不实施强简化变换是一样的。换言之，流率基本入树的强简化变换并不会影响反馈环分析结果，反而因为删除了仅存在一个或几个入树中的个别变量，降低了行列式的运算难度[117]。并且，实施强简化逆变换也十分容易，就是重新添加上原来去除的只出现了一次的辅助变量顶点即可。因此，进行入树模型 $T_1(t)$，$T_2(t)$，…，$T_n(t)$ 的强简化变换是构建行列式并求解二阶以上反馈环的第一步。

（2）将所有枝向量构成对角线均为 1 的枝向量行列式 $A_n(t)$，如式（7－33）所示。

$$A_n(t)=\begin{vmatrix}
1\cdots[R_1(t),\ \pm,A_{1j}(t),L_j(t)]\cdots[R_1(t),\ \pm,A_{1n}(t),L_n(t)] \\
\vdots\quad\cdots\quad\cdots\quad+[R_1(t),\ \pm,B_{1j}(t),R_j(t)]\quad\cdots\quad\cdots\quad\vdots \\
\vdots\quad\cdots\quad 1\quad\cdots\quad\cdots\quad+[R_1(t),\ \pm,B_{1n}(t),R_n(t)] \\
[R_n(t),\ \pm,A_{n1}(t),L_1(t)] \\
+[R_n(t),\ \pm,B_{n1}(t),R_1(t)] \\
[R_2(t),\ \pm,A_{21}(t),L_1(t)]\quad\cdots\quad\vdots \\
+[R_2(t),\ \pm,B_{21}(t),R_1(t)]\quad\cdots\quad\vdots \\
\vdots\quad\cdots\quad 1\quad\cdots\quad\vdots \\
[R_n(t),\ \pm,A_{n1}(t),L_1(t)]\quad\cdots\quad\vdots \\
+[R_n(t),\ \pm,B_{n1}(t),R_1(t)]\quad\cdots\quad\vdots
\end{vmatrix}$$

(7－33)

（3）运用（7－33）所示运算法则计算枝向量行列式 $A_n(t)$，并得到强简化流率基本入树模型的 3 － n 阶所有反馈环。此时再对得出的 3 － n 阶反馈环进行强简化逆变换，重新添加之前去除的只出现了一次的辅助变量，就能够得到完整的 3 － n 阶反馈环。根据枝向量行列式反馈环计算法，就可以求出系统动力学模型的 3 阶及以上反馈环（二阶极小基模核不存在）。由于在上一节基模核分析中已经对人口—教育—经济社会系统的 5 个流率基本入树进行了强简化变化，此处不再进行赘述。因此，在此基础上形成枝向量，并构建对角置 1 的枝向量行列式，如式（7－34）所示。

$$|A_{5\times5}| = \begin{vmatrix} 1 & (R_1, +, L_2) & (R_1, +, L_3) & (R_1, +, L_4) & 0 \\ 0 & 1 & (R_2, +, L_3) & 0 & 0 \\ 0 & 0 & 1 & (R_3, +, L_4) & 0 \\ 0 & (R_4, +, R_2) & 0 & 1 & (R_4, +, L_5) \\ (R_5, +, L_1) & 0 & 0 & 0 & 1 \end{vmatrix} \tag{7-34}$$

对行列式（7－34）按照式（7－33）所示的运算规则运用展开法进行计算，得到计算结果如下。

$$|A_{5\times5}| = \begin{vmatrix} 1 & (R_2, +, L_3) & 0 & 0 \\ 0 & 1 & (R_3, +, L_4) & 0 \\ (R_4, +, R_2) & 0 & 1 & (R_4, +, L_5) \\ 0 & 0 & 0 & 1 \end{vmatrix}$$

$$+ (R_5, +, L_1) \begin{vmatrix} (R_1, +, L_2) & (R_1, +, L_3) & (R_1, +, L_4) & 0 \\ 1 & (R_2, +, L_3) & 0 & 0 \\ 0 & 1 & (R_3, +, L_4) & 0 \\ (R_4, +, R_2) & 0 & 1 & (R_4, +, L_5) \end{vmatrix}$$

$$= \begin{vmatrix} 1 & (R_3, +, L_4) & 0 \\ 0 & 1 & (R_4, +, L_5) \\ 0 & 0 & 1 \end{vmatrix}$$

$$+ (R_4, +, R_2) \begin{vmatrix} (R_2, +, L_3) & 0 & 0 \\ 1 & (R_3, +, L_4) & 0 \\ 0 & 0 & 1 \end{vmatrix}$$

$$+ (R_5, +, L_1)(R_1, +, L_2) \begin{vmatrix} (R_2, +, L_3) & 0 & 0 \\ 1 & (R_3, +, L_4) & 0 \\ 0 & 1 & (R_4, +, L_5) \end{vmatrix}$$

$$
-(R_5,+,L_1)\begin{vmatrix}(R_1,+,L_3) & (R_1,+,L_4) & 0\\ 1 & (R_3,+,L_4) & 0\\ 0 & 1 & (R_4,+,L_5)\end{vmatrix}
$$

$$
-(R_5,+,L_1)(R_4,+,R_2)\begin{vmatrix}(R_1,+,L_3) & (R_1,+,L_4) & 0\\ (R_2,+,L_3) & 0 & 0\\ 1 & (R_3,+,L_4) & 0\end{vmatrix}
$$

$$
=1+(R_4,+,R_2)(R_2,+,L_3)(R_3,+,L_4)+(R_5,+,L_1)(R_1,+,L_2)(R_2,+,L_3)(R_3,+,L_4)(R_4,+,L_5)-(R_5,+,L_1)(R_1,+,L_3)(R_3,+,L_4)(R_4,+,L_5)+(R_5,+,L_1)(R_1,+,L_4)(R_4,+,L_5) \tag{7-35}
$$

从式（7－35）可以得出，人口—教育—经济社会系统的 SD 模型共有 4 个反馈环，分别是 2 个 3 阶反馈环，1 个 4 阶反馈环，1 个 5 阶反馈环。如果完全采用定性观察，很难完整地分析出 4 个反馈环，这也进一步证明了人口—教育—经济社会系统研究的复杂性，各个变量之间交叉作用，包含了多个反馈环，线性方法很难反映出这种反馈特征。

三、系统动力学模型检验

构建系统动力学模型的主要目的在于采用该模型对未来的情形进行预测，在预测之前需检验模型的稳健性。本书涉及的系统动力学模型检验包括：结构与单位检验、极限情况检验、积分错误检验以及仿真行为检验。

（一）结构与单位检验

本模型通过了 Vensim PLE 软件中的模型检验工具 Check Model

和单位检验工具 Unit Check 的检验，说明模型的相关设置是科学合理的。

（二）极限情况检验

极限情况检验是通过改变系统动力学模型某些变量取其极限值，将得出的模型仿真结果与真实系统在现实情况下的行为进行比较，当两者结果吻合则代表建立的模型通过了极限情况检验。本书选择修改 GDP 增长率取值为 0，来模拟系统发生经济停滞不前的极限情况，模拟情况结果见图 7－14。

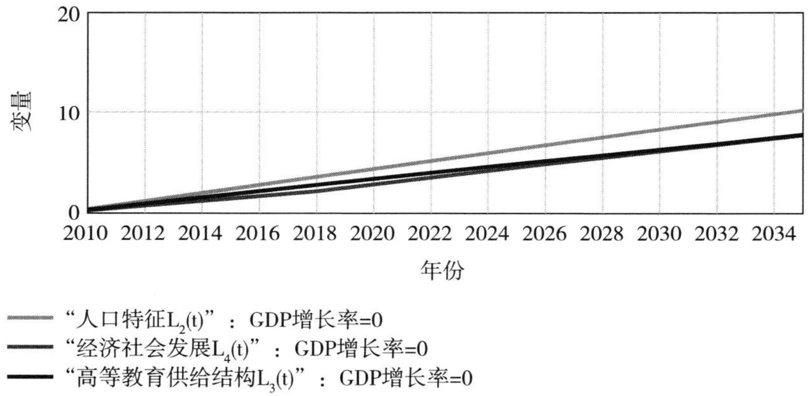

图 7－14　极限情况测试结果

从图 7－14 可以看出，当 GDP 增长率被设置为 0 后，北京市的 GDP 值开始成为常量，但是人口、教育、经济社会 3 个子系统的数值出现线性变化趋势。从强简化流率基本入树模型来看，经济社会子系统中的部分变量与 GDP 有直接关联，那么 GDP 不再发生变化时，这些变量的变化幅度相应减弱，同时通过多条反馈环作用另外两个子系统，所以 3 个子系统均出现线性增长。

（三）积分错误检验

本书正常使用的仿真时间步长为 0.25，现在将模型运行时的时间步长调整为 Timestep = 0. 25、Timestep = 0. 0125、Timestep = 0. 0625 进行系统模拟，并与 Timestep = 0. 25 的运行结果进行对比，结果如图 7 – 15 所示。从中可以看出，综合发展 L_1（t）不同时间间隔下的运行结果虽有细微差异，但整体趋势相近。因此，该模型非常稳定，可见系统动力学模型的仿真对时间步长并不敏感。

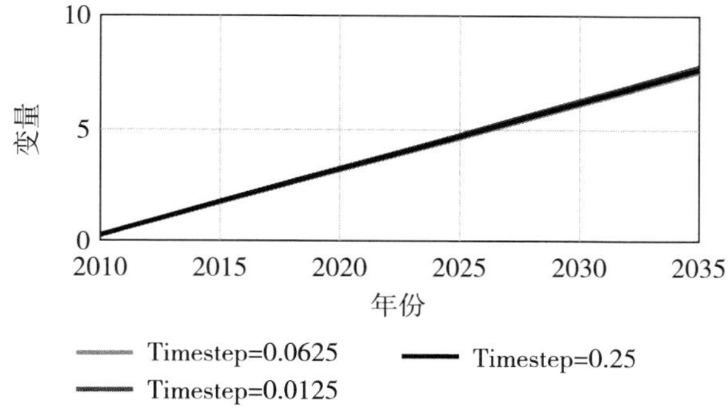

图 7 – 15 积分错误检验结果

（四）仿真行为检验

对北京市人口—教育—经济社会系统动力学模型进一步展开仿真行为检验，从而确保具有正确结构的模型产生了正确的行为，行为检验的主要方式是对比模型仿真结果与真实数据的偏差程度。

由于流位变量是流率变量的累计值，具有更高的准确性，因此多选用流位变量进行仿真数据和历史数据的偏差程度分析。本书构建的北京市人口—教育—经济社会系统动力学模型共包括 5 个流位变量：人口特征、高等教育供给结构、经济社会发展、综合发展及 GDP。在这 5 个流位变量中，由于系统动力学和综合评价法的计算原理有区别，所以前文采用综合评价法计算出的人口特征、经济社会发展、耦合协调数值不能作为历史数据进行仿真行为检测，而每年的 GDP 存在真实数据，因此选用 GDP 变量的仿真数据和历史数据进行比对，从而实现行为检验。行为检验结果如表 7 - 1 所示，为了统一量纲便于比较，将 GDP 的历史数据和仿真数据均进行标准化处理后再比较。

表 7 - 1　行为检验结果

年份	历史数据	仿真数据	偏差分析
2010	0. 360	0. 360	0. 00%
2011	0. 413	0. 417	0. 97%
2012	0. 457	0. 463	1. 31%
2013	0. 508	0. 512	0. 79%
2014	0. 551	0. 555	0. 73%
2015	0. 595	0. 604	1. 51%
2016	0. 65	0. 664	2. 15%
2017	0. 718	0. 738	2. 79%
2018	0. 796	0. 81	1. 76%
2019	0. 852	0. 85	-0. 23%
2020	0. 864	0. 905	4. 75%
2021	0. 986	0. 993	0. 71%
2022	1	1. 007	0. 70%

表 7 - 1 中数据显示，2010—2022 年 GDP 变量的历史数据和仿真数据有一定的偏差，但偏差程度最大达到 4. 75%，均未超过 5%，故可视为通过了行为检验。综上所述，北京市人口—教育—经济社会系统动力学模型可以用于下一步的仿真。

四、未来情景设定与分析

（一）情景设计

本部分结合第六章的障碍因素分析以及参考已有研究[118—122]，选定 GDP 增长率等 15 个变量作为模型的调节变量，并完成不同情景下的组合设置。假定预测期内不存在地震、洪水以及威胁公共安全等自然因素和人为因素极端变化情况，模拟延续现状模式、人口优先发展模式、教育优先发展模式、经济社会优先发展模式以及协同发展模式 5 种不同方案的未来发展情况，并对不同情景下北京市人口—教育—经济社会协调发展的提升路径进行动态仿真模拟。

根据《北京市国民经济和社会发展第十四个五年规划和二〇三五年远景目标纲要》等规划，结合北京市人口、教育以及经济社会发展现状，在不偏离相关规划的前提下，尽量追求经济社会的高效益发展、教育供给进一步完善和人口合理发展为原则，进行优先发展模式下的参数确定。各子系统的优先发展模式均以延续现状模式为参考实行上下调节，具体参数设置见表 7－2。

1. 情景 1：延续现状模式。即维持现有状态不变，按照北京现有的发展趋势进行模拟，不采取任何措施。

2. 情景 2：人口优先发展模式。该模式以人口合理发展为核心，主要调节人口特征子系统内的相关参数，具体为常住人口、性别比、老年人口占比、二三产业就业人数占比以及 R&D 人员数占比等 5 个参数。在参考北京三孩政策驱动以及考虑到北京人口承载力的基础上，将常住人口数上调 10%，以增强城市活力与潜力；为优化劳动力结构，将二三产业就业人口比例提升 10%，以强化经济支柱产业的竞争力；在人口结构合理化方面，将性别比与老年人口占比均适度上调 10%，以促进社会和谐与代际平衡；R&D 人员比例作为人口素质与创新能力的关键指标，将其比例提升 10%，以加速科技创新步伐，为城市可持续发展注入强劲动力。

3. 情景 3：教育优先发展模式。即以延续现状模式为基础，调节高等教育供给结构子系统内的相关参数，具体为高等院校在校学生数、生均教育事业费、专科生毕业人数、工业类研究生毕业人数、服务业类研究生毕业人数。在考虑社会对高层次人才日益增长的需求的基础上将高等院校在校学生数上调 15%；为优化教育资源分配，提升教育质量，将生均公共教育事业费上调 15%；专科生毕业人数、工业类研究生毕业人数以及服务业类研究生毕业人数是高等教育供给结构子系统中的主要障碍因子，因此根据障碍程度将其分别上调 30%、15%、15%。

4. 情景 4：经济社会优先发展模式。该模式突出强调以经济社会发展速度为关键追求目标，主要调节经济社会子系统内的相关参数，结合《北京市国民经济和社会发展第十四个五年规划和二〇三五年远景目标纲要》中“稳住二产、发展高端、加强融合”及“建设健康北京”的发展目标，相关参数具体为 GDP 增长率、二产增加值、三产增加值以及每万人拥有医疗卫生机构数 4 个参数。加强地区生产总值为社会发展提供动力，GDP 增长率上调 10%，考虑到北京 2010—2022 年三产增加值较二产增加值的增长速率更快，将二产增加值上调 12%，三产增加值上调 15%。参考北京 2010—2022 年的城市统计年鉴，将每万人拥有医疗卫生机构数上调 10%。

5. 情景 5：协同发展模式。该方案着眼于人口、教育以及经济社会的长期可持续协调发展，各项指标居中调和。

表 7－2　情景设计

子系统	变量	情景 1	情景 2	情景 3	情景 4	情景 5
人口特征子系统	常住人口	—	上调 10%			上调 5%
	性别比	—	上调 10%			上调 5%
	老年人口占比	—	上调 10%			上调 5%
	二三产业就业人数占比	—	上调 10%			上调 5%
	R&D 人员数占比	—	上调 10%			上调 5%
高等教育供给结构子系统	高等院校在校学生数	—		上调 15%		上调 10%
	生均教育事业费	—		上调 15%		上调 10%
	专科生毕业人数	—		上调 30%		上调 8%
	工业类研究生毕业人数	—		上调 15%		上调 5%
	服务业类研究生毕业人数	—		上调 15%		上调 5%
经济社会子系统	GDP 增长率	—			上调 10%	上调 5%
	二产增加值	—			上调 12%	上调 8%
	三产增加值	—			上调 15%	上调 10%
	万人拥有医疗卫生机构数	—			上调 10%	上调 5%

（二）结果分析

运用 Vensim 软件对北京市人口、教育和经济社会系统的 5 种情景进行模拟仿真，得到不同情景中的模拟结果，见图 7－16 至图 7－18。

1. 人口特征子系统

从系统模拟结果可知，首先，人口优先发展模式的人口特征指数最高，协调发展模式次之。这一研究表明，在资源分配与策略制定中，直接聚焦于人口规模与结构优化能够最显著促进人口质量的提升及可持续发展。其次，教育优先发展模式与经济社会优先发展模式虽然在人口特征指数上未能超越协同发展模式，但相较于延续现状模式，其表现亦不失为积极，差距甚微。该结果意味着尽管教育与经济社会的全面发展对人口发展具有潜在的正面效应，但这些间接手段尚不足以全面驱动人口结构的根本性优化，尚需辅以直接针对人口发展的政策措施，以实现更为显著且高效的人口状况改善。最后，所有经过调节的模拟情景，均展现出相较于延续现状模式的显著优势，这一共性特征强调了当前的人口发展趋势亟须科学合理的调节与干预，以克服自然演进的局限性，推动人口特征子系统向更加健康、均衡的方向演进。

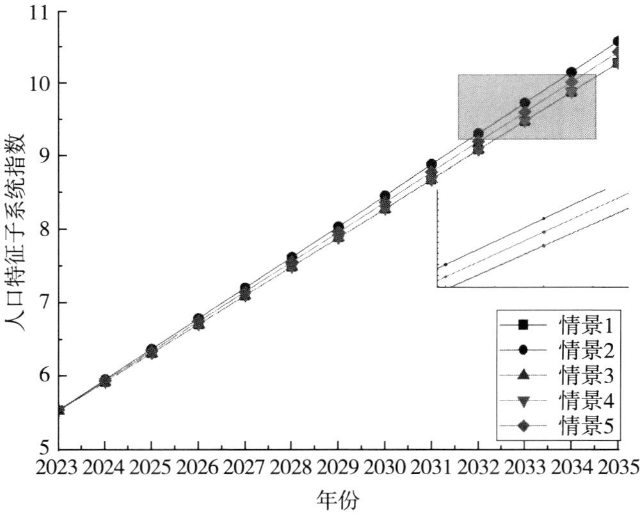

图 7－16　不同情境模型人口特征子系统运行结果

2. 高等教育供给结构子系统

综合各情景的仿真结果可知，在情景 5（协同发展模式）中，高等教育供给结构展现出显著的优化趋势，此过程不仅促进了教育资源的合理配置，还有效协同了人口的调控，推动了经济社会的发展。此外，情景4（经济社会优先发展模式）对于高等教育供给结构的优化亦具有正向驱动效应，但其促进程度相较于教育优先发展模式、协同发展模式以及延续现状模式而言略显逊色。这一结果说明，尽管经济社会子系统的调节对高等教育供给结构有所裨益，但其效能的充分发挥仍需教育政策的深度整合或协调发展的调节。在情景2（人口优先发展模式）中，高等教育供给结构子系统指数相较于延续现状模式出现了轻微下滑，说明仅考虑人口特征子系统的优先发展，在缺乏教育政策配套与协调发展的支撑下，会对高等教育供给结构的自然演进轨迹产生不利影响。

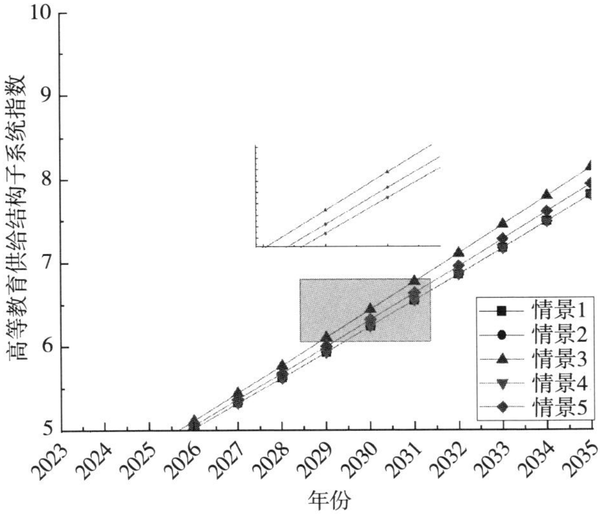

图7－17　不同情境模型高等教育供给结构子系统运行结果

3. 经济社会子系统

由图7－18可知，在5个情景中，经济社会子系统指数均呈现逐年增长趋势，说明随着人口的持续发展、高等教育供给结构的持续优化，经济社会持续向好发展。其中，情景 4 和情景 5 的经济社会子系统指数的增长速度快于其他情景，说明这两个情景对于促进经济社会发展的效果更为突出。这表明相较于其他策略，情景 4 与情景 5 的发展模式更能有效激发经济社会发展的内在潜力。此外，情景 3 在促进经济社会发展方面的效果优于情景 2，这一对比结果揭示了调节高等教育供给结构子系统内参数，可以更有效地促进经济社会子系统的正向发展。这一结果也为政策制定者提供了宝贵的启示，即优化高等教育供给结构是推动经济社会全面发展的重要杠杆。

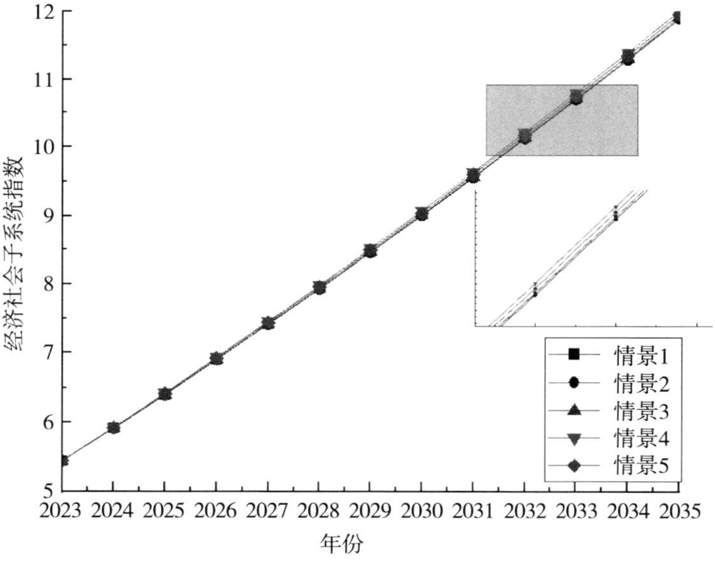

图 7－18　不同情境模型经济社会子系统运行结果

五、耦合协调度模型模拟

如图 7－19 所示，2010—2020 年的基本趋势与历史数据评价的结果具有一致性，但耦合协调度是相对指标，在更长时段内，伴随着人口、教育以及经济社会发展的提升，三个指标的最大值也发生了变化，但其中的变化趋势依然明显。

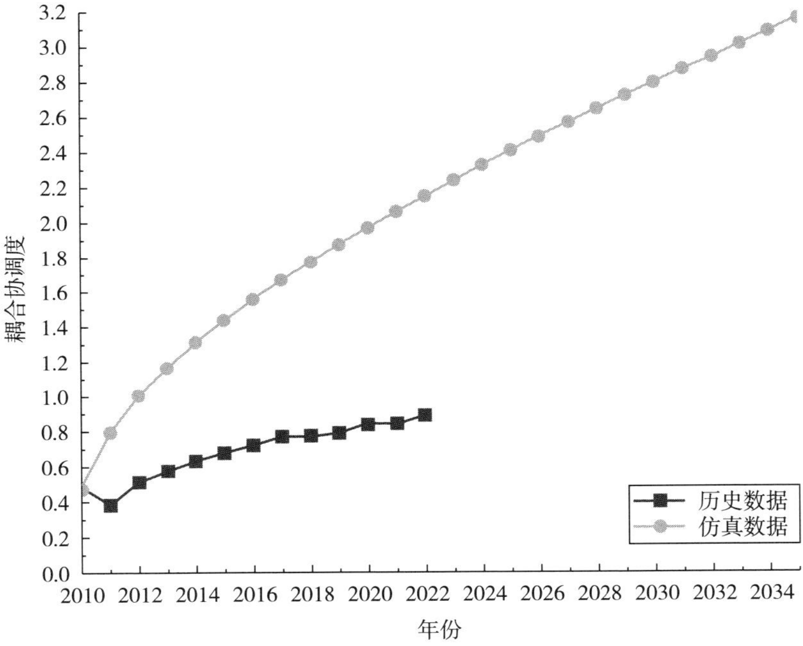

图 7－19　北京市 2010—2035 年耦合协调度模拟结果

根据模拟结果可知，北京市人口—教育—经济社会系统耦合协调度在 5 种情景下均呈上升趋势。其中，情景 1，即延续当前发展模式的情境下，系统耦合协调度的提升最为保守；相比之下，情景 4 侧重于经济社会优先发展的策略，通过产业结构的战略调整与基础设施的全面优化，虽能在一定程度上推动系统协调性的提升，但其效果仅略好于情景 1；情景 2 则聚焦于人口优先发展的路径，通过扩大人口规模、优化人口结构以及提升人口素质等综合措施，显著促进了系统耦合协调度的增长，展现了人口因素在系统协调发展中的重要作用；而情景 3，即教育优先发展的模式，虽然在初期阶段进展相对缓慢，但随着时间的推移，其后期加速效应逐渐显现，成为所有情景中的最高值；情景5，即协同发展模式，该模式强调在人口、教育及经济社会多个维度上实现全面均衡的发展。在这一模式下，系统耦合协调度始终保持在较高水平，接近教育优先发展模式的预测值。这一结果充分证明了多因素协同作用对于系统协调发展的重要性。

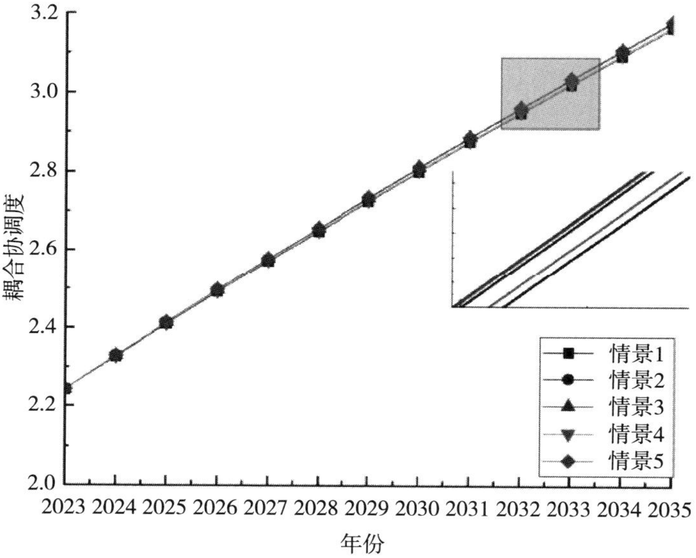

图 7－20　不同情境下北京市 2023—2035 年耦合协调度模拟结果

在推动北京市人口—教育—经济社会系统协调发展的过程中，单一子系统优先发展时，教育优先发展模式对耦合协调度的提高幅度最大，结合第五章的分析结果（即在研究后期高等教育供给结构一直是制约三系统耦合协调发展的最大因素，且制约作用逐渐增加），说明优化高等教育供给结构是北京市协调发展的关键。因此在 2023—2035 年，优先发展高等教育供给结构是最优策略。但从长远角度来看，单一子系统的优先发展虽能在短期内取得一定成效，但其局限性会随时间的推移日益凸显，难以持续维持系统的整体协调。因此，若考虑更长期的发展，则综合考虑人口、教育以及经济社会的协调发展模式为北京市协调发展的最优发展模式，即北京市应在调节人口增长、控制经济增速的同时，高度重视高等教育供给结构的适应性调整与优化升级，以期实现人口、教育及经济社会的协同发展，进而有效提升系统的整体协调性。

六、　路径提升分析

通过分析北京市 2010—2022 年的发展现状以及 2022—2035 年人口—教育—经济社会系统耦合协调度发展特征的模拟，基于北京市的实际发展情况，本书提出以下建议。

（一）基于人口特征视角的路径建议

北京是我国的首都，2016 年其战略定位为我国的政治中心、文化中心、国际交往中心、科技创新中心，北京势必成为资源高度集中的城市，这吸引着大量人口前往。人口充足对于城市发展在一定程度上具有促进作用，可是城市的承载能力有限，当不加管制下的大量人口聚集于北京，北京老龄少子化问题逐渐显露，甚至开始出现人口负增长，急需通过采取优化人口结构和调控人口总量，缓解城市人口带来的压力。

1. 积极应对人口老龄化问题

完善社会养老保障体系，进一步提高社会养老保障能力。适度提高退休人员基本养老金和城乡居民基础养老金，保险经办“一张卡”，优化经办服务流程；确保基本治疗性康复项目可使用医保支付，保障老年人基本就医需求，进一步减轻老年人个人医疗费用负担；对经济困难的失能和高龄老年人，额外提供照护服务补贴；建立救助数据库，对困境老年人提供精准社会救助等。

开发银发经济的消费潜能，发展老龄产业。优化老龄产业营商环境，如适当减轻老龄企业的税费负担，对社区家庭服务业进行税费优惠等；推动老龄产业融合发展，教育、健康、体育、文化、旅游、家政等幸福产业都可以考虑与养老服务业融合发展，培育以老年健康、养老服务为主要内容的项目和产品；培育发展老年用品市场，并建立相应的养老消费监测机制。

重视健康养老的迫切需求，注重老年人身心全面健康，促进养老服务高质量发展。例如，支持家庭承担养老功能，子女的陪伴对于老人身心健康都有极大的帮助，发挥家庭养老的作用；大力发展就近养老、社区养老，强化社区、机构的养老服务能力，确保老年人得到应有的照护，同时提升整个城市的适老化及无障碍建设水平，同时注重宣传养老孝老敬老文化，保障老年人合法权益，打造老年友好型城市；注重老年人精神文化和自我实现需求，加强老年学习示范校（点）建设，完善“互联网+老年教育”的服务模式，为老年人提供“医、养、文、体、教”的学习场所，此外可组建老年志愿者服务团队，积极引导老年志愿服务团队参加生活服务、健康服务、精神慰藉和法律援助等基层社会治理与社会公益活动。

2. 优化生育政策，保障女性权益，促进人口长期均衡发展

稳妥有序落实三孩生育政策。定期对北京市的人口发展形势和政策实施作出综合评估，依法依规优化生育政策；提高生育登记办事效率，做到一网通办，出生医学证明、儿童预防接种、户口登记、医保参保、社保卡申领、生育保险报销等多事联办；维护好出生人口的数据库，加大对未成年人的保护力度，加强对困境儿童的关注与帮助。

提高优生优育服务水平，保障孕产妇和儿童健康。做好生育全程基本医疗保健服务，从备孕到生产所有的健康医疗都应融入生育夫妇健康管理过程之中；借助“互联网+妇幼健康”的力量构建全链条、全周期、可追溯服务网络，保障每个环节都有详细记载；加强部门联动，综合防治出生缺陷，做到及时诊断并实行治疗；为育龄夫妇提供

婚姻登记、婚前保健、孕前优生健康检查等咨询指导一站式便民服务。

发展普惠托育服务体系，减轻抚养儿童压力。加大婴幼儿照护专业和学前教育相关专业的人才培养力度，对于从事婴幼儿照护服务专业技术的人才，提供完善的从业前培训课程，鼓励人才在从业中参评职称，适当增加该行业人员的待遇；在城市建设过程中，需要将婴幼儿活动场所及配套服务设施的建设纳入考虑，各区根据实际灵活多样地提供普惠性托育服务，并发展“互联网＋托育”，开展线上线下科学育儿指导服务，帮助家庭提高照护婴幼儿的能力；降低生养和教育的成本，严格落实产假、哺乳假、延长生育假、男方陪产假等制度，设立父母育儿假，提供生育医疗费用和生育津贴，儿童乘坐公共交通免票政策等。

保障女性就业合法权益。防止就业性别歧视，明确市、区人民政府应当促进女性公平就业，为因生育影响就业的女性提供公共就业服务，保护女性就业合法权益。发挥工会作用，保障女性员工权益。鼓励和支持失业女性参加本市免费就业技能培训。鼓励用人单位制定有利于职工平衡工作和家庭关系的措施，依法协商确定有利于照顾婴幼儿的灵活休假和弹性工作方式。

3. 调控人口总量，优化人口分布

通过加强党的全面领导，强化高位调度，统筹管理落户审批，适当收紧部分落户政策的口径，推进政策口径与规划目标相协调；持续优化人才发展生态，推出竞争力强的人才引进政策，为加快发展新质生产力注入人才动能。

坚持实行疏解非首都功能，通过专项行动推动人口随产业发展、区域功能布局有序流动，降低中心城区人口密度，加快北京城市副中心、平原新城发展。坚持京津冀协同发展，建立京津冀人口高质量发展协调机制，统筹人口空间格局，形成有利于人口迁移流动、合理分布的动力机制。坚持减量发展和区域平衡，严格按照《北京城市总体规划（2016—2035 年）》要求，到 2035 年北京人口规模严控在 2300 万人以内，通过各方面的“减量”规划逐步推进。

分区域引导人口布局优化。通过功能重组推动核心区人口减量和结构调整，加快配套安置房建设，服务外迁居民改善住房条件；城市副中心及新区积极承接发展与首都定位相适应的功能和产业，形成磁力中心吸引适宜功能和人口转移。

（二）基于高等教育供给结构视角的路径建议

北京市高等教育供给结构不仅关系到首都教育质量与创新能力的提升，也直接影响到城市的可持续发展和国际竞争力。北京市高等教育供给结构在前期凭借丰富的资源优势扩张速度快，但到了后期却成为北京市经济社会人口特征与教育供给结构协调发展的主要障碍因素。为了进一步提高北京市城市发展程度，需采取优化高等教育资源配置、创新人才培养模式、合理进行区域分配等措施。

1. 高等教育资源优化配置

推进教育公平与优质教育资源供给，持续加大高等教育的投入，进一步改善高等院校的办学条件，优化校园的科研环境、学习环境和生活环境，推进高等教育优质均衡发展。提升高校质量与特色化发展，鼓励北京地区的高等教育院校发挥各自优势，在打造院校具有鲜明特色的学科和专业的同时，综合提高整体的教育质量和竞争力。加强与企业的联系，尤其是在工业和服务业，加大研究生的培养力度，做到产学研合作，推动校企合作和产学研一体化，促进科研成果向实际应用转化，为学生提供实践和就业机会，尽可能提高毕业生就业率。

2. 人才培养模式创新，加强国际国内交流

开展多元化人才培养模式，高等院校的专业人才培养应当结合北京当前的经济社会发展需求，比如适当增加专业毕业生的人数，新科

技投入生产生活，除了需要高端人才在背后研发，也需要一定数量懂得操作的技术人员。专业设置上针对新兴领域开设相关专业或课程，保证学生学习内容的新颖性，培养多样化的人才，包括高技能人才、创新创业人才等。注重国际化的教育交流，加强国际教育合作，吸引外国学生来京留学，同时鼓励北京学生出国交流，提升全球视野。鼓励国内高校之间开展交换生、联合培养等多种新型人才培养模式。

3. 区域教育资源均衡，鼓励终身教育

优质教育资源下沉，推动优质高等教育资源向城市副中心和新城地区延伸，促进教育资源均衡分布。此外还可以利用网络和数字技术开发远程教育项目，为不同区域的人员提供灵活的学习方式。鼓励在职人员参与继续教育，提升职业技能和综合素质，提高学习活力。

（三）基于经济社会视角的路径建议

北京在京津冀经济圈中是龙头城市，也是“双核之一”，北京的经济发展能够有效推动京津冀一体化，加强三地产业的区域合作。北京 2008 年以后工业转型调整，使其工业得到大力发展，之后北京重视第三产业的发展，强调科技创新，故而北京目前以发展第三产业为主，第二产业占有小部分比重，第一产业占比很小。可是随着城市规模的发展扩大，社会问题凸显，仍需继续采取优化产业结构、提高能源利用效率、转移工业产业等措施提高产业活力。

1. 促进产业结构升级，增强科技创新能力

加大对高新技术产业的发展力度，北京应当利用好自身的科技资源优势，增加对基础研究和前沿技术的研发投入，提升自主创新能力，做到产业绿色、节能、高效发展，不断地更新换代以提高产业的附加值，同时要避免“产业空洞化”，不仅要大力推动高端制造业的发展，也要注重培育技术研发、核心制造、营销服务等产业环节，推动产业链的合理分工。通过政策引导和市场机制逐步将高污染、高耗能的落后产能淘汰，将部分在京不具优势但在津冀有明显优势的金属

冶炼、食品加工、印刷包装、服装加工等产业进行合理转移。在整个城市营造尊重知识、鼓励创新的社会氛围，激发企业和社会的创造活力。扩大对外开放，深化国际合作，拓展国际市场，提升北京的国际影响力。优化营商环境，简化行政审批流程，降低企业运营成本，吸引更多外资来京投资。

2. 优化公共交通系统，缓解交通拥堵压力

扩展轨道交通网络，加速铁路地铁融合建设。继续加快地铁线路的建设，填补线网空白，实现更广泛的覆盖，特别是连接郊区与市中心的新线路。同时推动铁路与地铁的融合发展，实现市域范围内的快速通勤，缓解城区内部的交通压力。

优化地面公交系统，建设慢行交通系统。通过调整公交线网优化公交线路布局，提高公交服务的覆盖面和效率，实现多种交通方式的无缝对接；将公交车辆升级为新能源车辆，减少碳排放并提升乘坐舒适度和安全性。在慢行交通系统建设方面，要在城市道路划分出明确的自行车道与人行道。一方面要保证慢行车道不被侵占，确保在主要道路和人口密集区骑自行车出门居民的安全，鼓励居民选择自行车作为短途出行方式；另一方面要改善人行道设施，保障行人安全，提升步行体验。

交通管理与服务创新，发展智能交通系统。利用大数据、人工智能等技术，提升交通管理的智能化水平，优化交通流量控制。进一步提高京津冀区域交通一体化水平，加强与周边地区的交通联系，共同构建高效便捷的区域交通网络。此外还需强化安全监管，加强对交通运输安全的监管，完善应急预案的建立并形成体系，确保交通事故的快速响应和有效处置，提高应对突发事件的能力。

3. 加强医疗服务能力建设，优化医疗资源配置

增加医疗资源供给，加大对医疗机构的投入，特别是基层医疗机构，增加医疗床位和医疗设备，提高医疗服务能力，尤其是保障老

人、儿童、孕妇等群体的医疗服务。促进区域医疗资源，均衡优化医疗资源配置，缩小城乡、区域间的医疗服务差距，实现医疗资源的均衡分布。

促进医疗卫生人才培养，加大对医疗卫生人才培养力度，提高培养质量，培养更多高水平的医疗人才，建立完善的医疗卫生人才激励机制，吸引更多优秀人才投身医疗卫生事业。利用政策引进高端医疗人才，开展医学研究，加强与国际医疗机构的交流研究，采用先进技术和治疗方法，提高医疗服务的质量和水平。

推进医疗卫生信息化建设。为每位市民建立电子健康档案，实现医疗信息的共享和互联互通。引入人工智能、大数据等技术，提高医疗服务的智能化水平，简化就医流程，减少患者等候时间，提高医疗服务的可及性和便利性。利用信息化技术完善医保制度，让民众了解医保制度相关政策，扩大医保覆盖范围，降低群众就医买药负担。利用信息技术加强公共卫生体系建设，提高对重大疾病的监测和预警能力，并建立健全应急医疗救治体系，提高应对突发公共卫生事件的能力。

（四）基于政府政策视角的保障建议

1. 统筹区域发展规划，加强建设资金支持

为了促进北京经济社会、人口特征与教育供给结构的协调发展，北京作为领头城市，市政府的眼光不应局限于只达成发展目标，还应看向京津冀一体化的大战略。比如，北京在优化配置教育资源的过程中提出“一校多区”的建设理念，那么还需要考虑多个校区之间的交流联系，而不是为了舒缓压力随意在其他地方修建校区；北京在优化产业结构的过程中需要转移产业，北京市政府应主动承担起更多事权和支出责任，在转移项目中给予较大的资金支持力度，做好转移工作而不是甩手工作。

2. 完善各项政策制度，深化政策引领行动

基于各个子系统所提出的提升路径中，诸如人才引进、人口落

户、国际交流、科技成果转化、医疗保险、社会保险、交通系统优化等，都需要先建立好完善合理的政策制度才可运行。没有政策引领行动，各部门只会像无头苍蝇一般乱冲乱撞。在政策确立之后，政府部门仍需进行后续的调查、访谈，了解政策落实情况，发现当前政策是否符合社会实际情况、是否存在较大的实施问题、是否仍有很大的改进空间。加大合理完善的政策支持，制定相关行业标准，精简各行各业办事工作流程，对新兴项目增加补贴，将财政资金投向各行之中创新升级中的重点环节。

参考文献

［1］庄文静：《中国企业的未来：放弃人口红利，抓住“人才红利”!》，《中外管理》2019 年第 9 期。

［2］薛姝惠：《基于组合模型的内蒙古科技创新人才需求预测研究》，内蒙古科技大学 2022 年硕士论文。

［3］黄海刚、付月：《“十四五”时期北京科技人才政策的战略转型》，《北京社会科学》2022 年第 1 期。

［4］陈嫒嫒：《首都科技人才梯队现状、问题与对策研究》，《全国流通经济》2019 年第 4 期。

［5］赵靖芝：《经济新常态下北京市高端制造业人才培养研究》，《科学管理研究》2020 年第 1 期。

［6］王剑、赵森、李宇红：《首都核心功能强化背景下北京高技能人才培养问题研究》，《中国职业技术教育》2021 年第 36 期。

［7］谢鹏、申垚：《国际组织人才梯队培养体系研究——基于北京市人才发展现状与实践探索的分析》，《中国人事科学》2022 年第 10 期。

［8］易德生：《灰色模型与人才预测》，《系统工程》1987 年第 1 期。

［9］殷淑严、顾培亮：《人才队伍需求预测与人才结构的优化研究》，《天津商学院学报》2000 年第 1 期。

[10] 沈钰、韩永强:《技术技能人才需求预测模型及其检验——基于BP神经网络视角》,《当代职业教育》2020年第2期。

[11] 池敏青:《区域农业科技人才需求关联因素定量分析及预测——以福建省为例》,《台湾农业探索》2019年第5期。

[12] 瞿群臻、王嘉吉、唐梦雪等:《基于组合模型的"十四五"期间中国科技人才需求预测》,《科技管理研究》2021年第21期。

[13] 殷林森、李延泽、高倩倩:《"十四五"时期上海市金融人才需求总量预测研究》,《上海立信会计金融学院学报》2022年第5期。

[14] 王新宇:《基于非线性自回归模型的短期导游人才需求预测》,《电脑知识与技术》2020年第2期。

[15] 易志恒、平先秉:《基于ARMA模型的湖南基层卫生技术人才规模需求预测》,《中国农村卫生》2023年第8期。

[16] 沈钰:《区域技术技能人才需求预测研究》,山西大学2020年硕士论文。

[17] Lapedes A, Farber R. *Nonlinear Signal Processing Using Neural Networks: Prediction and System Modelling* [R]. 1987.

[18] O Akinnuli B, K Apalowo R. *Regression Analysis Based Effective Manpower Planning Methodology: A Case Study* [J]. Journal of Engineering Research and Reports, 2018, 1 (4): 1-12.

[19] BuZ K, Liu S F, Wang R L, et al. *The Present Situation Analysis and Demand Prediction of Science and Technology Talents of Nanjing* [C] //2007 IEEE International Conference on Grey Systems and Intelligent Services. IEEE, 2007: 723-729.

[20] Ho P H K. *Forecasting Construction Manpower Demand by Gray Model* [J]. Journal of Construction Engineering and Management, 2010, 136 (12): 1299-1305.

[21] Lindburg L, Bozinovic L, Susek R. *As the Life Science Industry Evolves, so do Its Talent Needs* [J]. Nature Biotechnology, 2019, 37 (4): 481-483.

[22] Wu B, Gong H, Luo Z. *Number, Distribution, and Predicted Needed Number of General Practitioners in China* [J]. Family Medicine and Community Health, 2018, 6 (3): 154-159.

[23] Wang S, Tian X, Wang H, et al. *Forecasting and Coupled Coordination Analysis of Supply and Demand for Sustainable Talent in Chinese Agriculture* [J]. Sustainability, 2023, 15 (9): 7127.

[24] Breneman D W. *Higher Education and the Economy* [J]. Journal of the American College Health Association, 1982.

[25] Maddison A. *Growth and Slowdown in Advanced Capitalist Economies: Techniques of Quantitative Assessment* [J]. Journal of Economic Literature, 1987, 25 (2): 649-698.

[26] Gemmell N. *Evaluating the Impacts of Human Capital Stocks and Accumulation on Economic Growth: Some New Evidence* [J]. Oxford bulletin of economics and statistics, 1996, 58 (1): 9-28.

[27] Postiglione G A. *Global Recession and Higher Education in Eastern Asia: China, Mongolia and Vietnam* [J]. Higher education, 2011, 62: 789-814.

[28] Hanushek E A, Woessmann L. *Knowledge Capital, Growth, and the East Asian Miracle* [J]. Science, 2016, 351 (6271): 344-345.

[29] Gruber L, Kosack S. *The Tertiary Tilt: Education and Inequality in the Developing World* [J]. World Development, 2014, 54: 253-272.

[30] Qi D, Ali A, Li T, et al. RETRACTED: *An Empirical Analysis of the Impact of Higher Education on Economic Growth: The Case of China* [J]. Frontiers in Psychology, 2022, 13: 959026.

［31］ Zhang Y，Pang Z，Lv Y，et al. *Impact of "Expanding Powers and Strengthening Counties" Reform on Basic Public Education Services：Empirical Evidence from Sichuan，China* ［J］. Heliyon，2023，9（1）.

［32］ Li J R，Wang Y. *Talk about Local University Talent Training and the Demand of Economic Social Development* ［C］ //Advances in Computer Science，Environment，Ecoinformatics，and Education：International Conference，CSEE 2011，Wuhan，China，August 21 – 22，2011，Proceedings，Part Ⅲ. Springer Berlin Heidelberg，2011：242 – 248.

［33］ Chen W. *Analysis of Talent Training Mode for Marketing Major in Chinese Colleges from Perspective of Corporate Demand for Talents* ［C］ //3rd International Conference on Management Science，Education Technology，Arts，Social Science and Economics. Atlantis Press，2015：476 – 480.

［34］ Wu X. *Strategy Discussion on College Innovation and Entrepreneurship Education Talent Cultivation System Construction* ［C］ //2017 International Conference on Humanities Science，Management and Education Technology（HSMET 2017）. Atlantis Press，2017：197 – 200.

［35］ 邹阳、李琳：《高等教育与区域经济协调发展程度的地区差异分析》，《高教探索》2008 年第 3 期。

［36］ 刘剑虹、熊和平：《区域经济结构与区域高等教育的多元发展》，《教育研究》2013 年第 4 期。

［37］ 孙虹、魏海丽：《基于 VAR 模型的高等教育层次结构与区域经济增长关系的实证研究》，《工业技术经济》2015 年第 10 期。

［38］ 林洪：《云南省高等职业教育与区域经济协调发展研究》，《云南电大学报》2012 年第 2 期。

［39］柯玲、庞祯敬：《城镇化与城乡教育供需结构演进轨迹及协调坐标研究——来自近 40 年全国数据的证据》，《教育与经济》2016 年第 2 期。

［40］刘志林：《高等教育层次结构与社会经济发展关系分析》，《高等工程教育研究》2019 年第 5 期。

［41］马力、张连城：《高等教育结构与产业结构、就业结构的关系》，《人口与经济》2017 年第 2 期。

［42］祁占勇、杜越：《我国高等教育结构改革的过程与成效：以〈教育规划纲要〉为轴》，《高等教育研究》2020 年第 12 期。

［43］徐秋艳、房胜飞：《高等教育供给结构与产业结构升级的耦合协调性分析》，《统计与决策》2019 年第 8 期。

［44］孙敬霞、田甜：《新发展阶段河南高等教育与区域创新协调度实证研究》，《中国人民大学教育学刊》2023 年第 6 期。

［45］时浩楠：《中国省域高等教育与数字经济耦合协调发展研究》，《重庆高教研究》2023 年第 6 期。

［46］Smith A. *The Wealth of Nations* ［M］. New York：Bantam Clas-sics，2003：35－40.

［47］Nicolas Cachanosky. *Monetary Equilibrium and Monetary Theory* ［M］. Taylor and Francis，2018.

［48］Hansen A H. *Economic Progress and Declining Population Growth* ［J］. The American Economic Review，1939，29（1）：1－15.

［49］Anderton D L，Simon J L. *Theory of Population and Economic Growth* ［J］. Contemporary Sociology，1988，17（4）.

［50］Malthus T R. *An Essay on the Principle of Population*：*The 1803 Edition* ［M］. Yale University Press，2018.

［51］Cannan E. *A Review of Economic Theory* ［M］. Taylor and Francis，2021.

［52］ Maia R T，de Araújo M C. *Introductory Chapter*：*Population Genetics* ［M］. Population Genetics. IntechOpen，2022.

［53］ Bloom D E，Canning D，Finlay J E. *Population Aging and Economic Growth in Asia* ［J］. The economic consequences of demographic change in East Asia，2010，19：61 –89.

［54］ Choi K H，Shin S. *Population Aging*，*Economic Growth*，*and the Social Transmission of Human Capital*：*An Analysis with an Overlapping Generations Model* ［J］. Economic modelling，2015，50：138 –147.

［55］ Muto I，Oda T，Sudo N. *Macroeconomic Impact of Population Aging in Japan*：*a Perspective from an Overlapping Generations Model* ［J］. IMF Economic Review，2016，64（3）：408 –442.

［56］ 王丰、安德鲁·梅森、沈可：《中国经济转型过程中的人口因素》，《中国人口科学》2006 年第 3 期。

［57］ 李建民：《中国的人口新常态与经济新常态》，《人口研究》2015 年第 1 期。

［58］ 胡鞍钢、刘生龙、马振国：《人口老龄化、人口增长与经济增长——来自中国省际面板数据的实证证据》，《人口研究》2012 年第 3 期。

［59］ 程婉静、武康平、田亚峻：《劳动力年龄结构对中国经济发展的影响》，《技术经济》2019 年第 1 期。

［60］ 李闻起、刘宏儒、陆怡雅等：《山东省经济、人口与环境耦合协调性演化分析》，《资源与产业》2020 年第 1 期。

［61］ 贺丹、刘中一：《从人口安全视角完善中国人口发展战略的再思考》，《人口研究》2023 年第 2 期。

［62］ 郑旭涵：《东北三省边境县域人口—经济发展时空特征及其协调性研究》，东北师范大学 2020 年硕士论文。

［63］ 王德怀、李旭东：《贵州乌江流域人口与经济发展协调性

研究》,《地理科学》2019 年第 3 期。

［64］王胜今、杨鸿儒:《我国中原经济区人口与经济空间格局演变研究》,《人口学刊》2019 年第 5 期。

［65］闫东升、杨槿、高金龙:《长江三角洲人口与经济的非均衡格局及其影响因素研究》,《地理科学》2018 年第 3 期。

［66］廉晓梅、吴金华:《东北地区人口与经济空间格局演变分析》,《人口学刊》2018 年第 1 期。

［67］梁阁:《河南省县域人口——经济关联耦合的空间格局研究》,河南大学 2016 年硕士论文。

［68］梁文琼、王春晓、刘璐:《基于 ArcGIS 的人口重心和经济重心时空变化分析》,《地理空间信息》2022 年第 2 期。

［69］Fang W, An H, Li H, et al. *Accessing on the Sustainability of Urban Ecological-economic Systems by Means of a Coupled Emergy and System Dynamics Model: A Case Study of Beijing*. Energy Policy, 2017, 100: 326 – 337.

［70］Cui D, Chen X, Xue Y L, et al. *An Integrated Approach to Investigate the Relationship of Coupling Coordination between Social Economy and Water Environment on Urban Scale-A Case Study of Kunming* ［J］. Journal of Environmental Management, 2019, 234: 189 – 199.

［71］Guan D J, Gao W J, Su W C, et al. *Modeling and Dynamic Assessment of Urban Economy-resource-environment System with a Coupled System Dynamics-geographic Information System Model* ［J］. Ecological Indicators, 2011, 11 (5): 1333 – 1344.

［72］Tan Y T, Jiao L D, Shuai C Y, et al. *A System Dynamics Model for Simulating Urban Sustainability Performance: A China Case Study* ［J］. Journal of Cleaner Production, 2018, 199: 1107 – 1115.

[73] Saeed K. *Development Planning and Policy Design: a System Dynamics Approach* [M]. Avebury, 1994.

[74] Bach N L, Saeed K. *Food Self-Sufficiency in Vietnam: A Search for a Viable Solution* [J]. System Dynamics Review, 1992, 8 (2): 129 - 148.

[75] Forrester J W. *Systems Analysis as a Tool for Urban Planning* [J]. IEEE Transactions on Systems Science and Cybernetics, 1970, 6 (4): 258 - 265.

[76] Saysel A K, Barlas Y, Yenigün O. *Environmental Sustainability in an Agricultural Development Project: a System Dynamics Approach* [J]. Journal of environmental management, 2002, 64 (3): 247 - 260.

[77] Satsangi P S, Mishra D S, Gaur S K, et al. *Systems Dynamics Modelling, Simulation and Optimization of Integrated Urban Systems: a Soft Computing Approach* [J]. Kybernetes, 2003, 32 (5/6): 808 - 817.

[78] Saysel A K, Barlas Y. *A Dynamic Model of Salinization on Irrigated Lands* [J]. Ecological modelling, 2001, 139 (2 - 3): 177 - 199.

[79] Dyson B, Chang N B. *Forecasting Municipal Solid Waste Generation in a Fast-growing Urban Region with System Dynamics Modeling* [J]. Waste management, 2005, 25 (7): 669 - 679.

[80] Forrester J W. *World Dynamics* [M]. Productivity Press, 1971.

[81] Wu J, Vankat J L, Barlas Y. *Effects of Patch Connectivity and Arrangement on Animal Metapopulation Dynamics: a Simulation Study* [J]. Ecological Modelling, 1993, 65 (3 - 4): 221 - 254.

[82] 黄振中、王艳、李思一等:《中国可持续发展系统动力学

仿真模型》,《计算机仿真》1997 年第 4 期。

［83］谷国锋、蔡维英:《长春市区域社会经济发展的系统动力学仿真模型》,《东北师大学报（自然科学版)》2007 年第 1 期。

［84］贺晟晨、王远、高倩等:《城市经济环境协调发展系统动力学模拟》,《长江流域资源与环境》2009 年第 8 期。

［85］丁婕:《北京市经济环境人口协调发展系统动力学仿真》,北京林业大学 2012 年硕士论文。

［86］王奕淇、李国平:《基于 SD 模型的黄河流域生态环境与社会经济发展可持续性模拟》,《干旱区地理》2022 年第 3 期。

［87］李可欣、曹永强、范帅邦等:《东北三省“水—能源—碳”系统仿真模拟——基于系统动力学模型》,《生态学报》2023 年第 17 期。

［88］Liao S, Wu Y, Wong S W, et al. *Provincial Perspective Analysis on the Coordination between Urbanization Growth and Resource Environment Carrying Capacity（RECC）in China*［J］. Science of the Total Environment, 2020, 730: 138964.

［89］Zhu C, Fang C, Zhang L. *Analysis of the Coupling Coordinated Development of the Population-Water-Ecology-Economy System in Urban Agglomerations and Obstacle Factors Discrimination: A Case Study of the Tianshan North Slope Urban Agglomeration, China*［J］. Sustainable Cities and Society, 2023, 90: 104359.

［90］Li W, Wang Y, Xie S, et al. *Coupling Coordination Analysis and Spatiotemporal Heterogeneity between Urbanization and Ecosystem Health in Chongqing Municipality*, China［J］. Science of the Total Environment, 2021, 791: 148311.

［91］付娇、黄银洲、唐菊:《甘肃省经济与人口发展耦合研究》,《中国人口·资源与环境》2018 年第 S1 期。

[92] 肖周燕、张亚飞、李慧慧：《中国三大城市群高质量发展及影响因素研究——基于人口、经济与环境耦合协调视角》，《经济问题探索》2023 年第 9 期。

[93] 鲁继通：《长江经济带经济、人口、土地的匹配度及协调发展研究》，《经济问题探索》2018 年第 5 期。

[94] 赵智、余川江、阳盼盼：《成渝地区人口均衡发展的水平测度、耦合协调与时空演变》，《西北人口》2023 年第 4 期。

[95] 李淑琴、彭飞、刘春涛等：《地缘经济与人口资源耦合协调研究——以东北亚地区为例》，《世界地理研究》2024 年第 1 期。

[96] 赵之灿、田浩然：《以区域高等教育发展破解产业与人才之间的循环困境——基于 2005—2020 年省级面板数据的实证分析》，《中国人民大学教育学刊》2023 年第 2 期。

[97] 张立新：《新兴城市高等教育与经济系统耦合协调度实证研究——以日照与威海两市 2000—2011 年的数据分析为例》，《大连理工大学学报（社会科学版）》2015 年第 1 期。

[98] 周启良：《高等教育与产业结构耦合协调度对就业结构的影响》，《中国人口科学》2022 年第 2 期。

[99] 王成端、王石薇：《区域高等教育学科结构与产业结构相关性分析：以四川省为例》，《高等教育研究》2017 年第 12 期。

[100] 雷云：《供给侧改革视域下区域高等教育学科结构与产业结构的适切性研究》，《黑龙江高教研究》2017 年第 3 期。

[101] 蔡文伯、陈念念：《长江经济带城市群高等教育、科技创新和经济增长的耦合协调效应》，《现代教育管理》2022 年第 11 期。

[102] 汪中华、陈保华：《经济增长—生态环境—人口集聚时空耦合及空间效应研究——以松花江流域为例》，《生态经济》2023 年第 7 期。

[103] 武田艳、黎庆玲、何净净：《基本公共服务—人口发展—

区域经济耦合协调时空演变——以长三角城市群为例》,《地域研究与开发》2023 年第 4 期。

[104] 孙玉环、张冬雪、丁娇:《基于人口承载力的城市群适度人口预测研究——以长江三角洲城市群为例》,《人口与发展》2023 年第 3 期。

[105] 李佳璐、潘景茹、冯峰等:《黄河流域九省(区)人口—水资源—经济—生态环境系统耦合协调发展及障碍因素分析》,《水资源与水工程学报》2024 年第 1 期。

[106] 师应来、赵一帆、肖烯岚:《产业结构升级、科技创新与经济高质量发展的耦合协调研究》,《统计与决策》2024 年第 1 期。

[107] 刁心薇、林美茹、孙丞:《中国省域环境规制与科技创新耦合协调发展研究》,《地理与地理信息科学》2024 年第 2 期。

[108] 马红涛、楼嘉军:《黄河流域经济—环境—旅游耦合协调时空分异及影响因素》,《社会科学家》2021 年第 12 期。

[109] 温煜华:《甘肃省生态—经济—社会系统耦合协调发展趋势及其影响因素》,《甘肃行政学院学报》2023 年第 6 期。

[110] 任保平、杜宇翔:《黄河流域经济增长—产业发展—生态环境的耦合协同关系》,《中国人口·资源与环境》2021 年第 2 期。

[111] 张力隽、王余枫、夏永波等:《黄河流域资源—环境—经济耦合协调发展研究》,《人民黄河》2022 年第 3 期。

[112] Li G J, Kou C H, Wen F H. *The Dynamic Development Process of Urban Resilience: From the Perspective of Interaction and Feedback* [J]. Cities, 2021, 114: 103206.

[113] 贾晓菁、孙健、贾仁安:《养殖场原料供不应求条件下沼气反馈供应链波动规律的仿真和微分方程解研究》,《系统工程理论与实践》2012 年第 10 期。

[114] 邓群钊、贾仁安、梁英培:《循环经济生态系统的系统基

模分析》,《生态经济》2006 年第 7 期。

［115］贾仁安、王翠霞、涂国平等:《规模养种生态能源工程反馈动态复杂性分析》,科学出版社 2007 年版。

［116］Li G, Kou C, Wang Y, et al. *System Dynamics Modelling for Improving Urban Resilience in Beijing, China* [J]. Resources, conservation and recycling, 2020, 161: 104954.

［117］贾仁安、丁荣华:《系统动力学》,高等教育出版社 2002 年版。

［118］虎海峰、孙勇、刘明凯等:《民族地区经济—社会—治理系统耦合协调效应评价与系统动力学仿真——以新疆为例》,《中国管理科学》2024 年第 5 期。

［119］杨丽、张睿齐、刘海军等:《长江经济带“四水”与社会经济 SD 模型构建及应用Ⅱ——2035 年发展模式情景分析》,《人民长江》2022 年第 4 期。

［120］刘靖、张岩、李娜:《区域经济转型与教育因果反馈及仿真模拟——以长三角为例》,《经济问题探索》2015 年第 10 期。

［121］薛阳、胡丽娜、刘海滨等:《京津冀城市群城镇化质量提升的系统动力学仿真模型构建》,《统计与决策》2021 年第 24 期。

［122］秦耀辰、赵秉栋、张俊军等:《河南省持续发展系统动力学模拟与调控》,《系统工程理论与实践》1997 年第 7 期。